CorelDRAW™
6 - 7 - 8

Micro Application

PC Poche

CorelDRAW™
6 - 7 - 8

Copyright

© 1998   Data Becker GmbH
                     Merowingerstr. 30
                     40223 Düsseldorf

© 1998   Micro Application
                     20-22, rue des Petits-Hôtels
                     75010 PARIS

Téléphone :   01 53 34 20 20
Télécopie :   01 53 34 20 00
Internet :   http://www.microapp.com
CompuServe : 100270,744

1ère Édition Avril 1998

Auteur   Stefan SCHIFFERMÜLLER

Traducteur   MOSTER Jean-Marc

ISBN : 2-7429-1202-9 / RA / MJN
Réf DB : 441605

AVANT-PROPOS

La collection *PC Poche* fournit des connaissances essentielles sur un sujet donné sans jamais s'éloigner de leur application pratique. Les volumes de la collection sont basés sur une structure identique :

■ Les puces introduisent une énumération ou des solutions alternatives.

1. La numération accompagne chaque étape d'une technique.

ASTUCE :

propose conseils et trucs pratiques.

ATTENTION :

met l'accent sur un point important, souvent d'ordre technique, qu'il ne faut négliger à aucun prix.

REMARQUE :

donne des informations supplémentaires relatives au sujet traité.

Le premier chapitre des *PC Poche* constitue une entrée en matière condensée qui vous permettra d'être rapidement productif avant de perfectionner vos connaissances dans les chapitres suivants. Le dernier chapitre avant les annexes fournit les références des meilleures astuces professionnelles du livre, classées par thème.

Afin de faciliter la compréhension des techniques décrites, nous avons adopté les conventions typographiques suivantes :

■ **GRAS** : menu, commande, boîte de dialogue, onglet, bouton, touche.
■ *Italique* : rubrique, zone de texte, liste déroulante, case à cocher, bouton radio.
■ `Courier` : instruction, listing, adresse Internet, texte à saisir.

SOMMAIRE

SOMMAIRE

1. Guide express : un logo en 10 minutes

Ce guide express va vous permettre de vous familiariser rapidement et aisément avec un programme graphique complexe et doté de nombreuses fonctions : CorelDRAW. Une bonne introduction est une condition indispensable pour prendre plaisir au dessin sur ordinateur. La multiplicité des fonctions est déroutante et les nombreuses techniques différentes aboutissant souvent à un résultat identique sont tout aussi surprenantes. Quelle solution choisir pour obtenir le meilleur résultat ? Les exemples pratiques exposent pas à pas les étapes à parcourir pour optimiser la réalisation de vos différents projets. Il s'agit toujours de solutions réalisables qui ont fait leur preuve. Le premier exemple consiste en la création d'un logo personnalisé, qui sera ensuite inséré dans d'autres documents, par exemple dans l'en-tête d'un document Word.

1.1 Abracadabra : créer un nouveau fichier

La première étape consiste à créer un nouveau fichier.

1. Lancez CorelDRAW en cliquant sur **Démarrer/Programmes/CorelDRAW 8** (Voir Fig. 1.1).

2. Lorsque vous cliquez sur la commande **CorelDRAW 8** dotée de l'icône du programme, le programme démarre.

3. La fenêtre de bienvenue de CorelDRAW s'affiche alors. Elle propose plusieurs options, par exemple la création d'un nouveau dessin à partir d'un gabarit ou à l'aide d'un didacticiel, ou encore l'ouverture du dernier graphique modifié (Voir Fig. 1.2).

4. Choisissez l'option *Nouveau fichier*. Cliquez sur la sympathique icône correspondante et hop ! Vous y êtes !

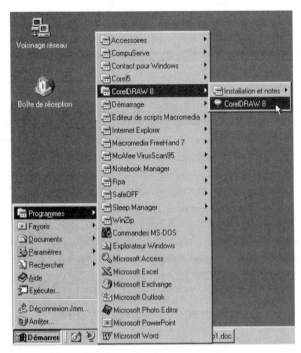

▲ *Fig. 1.1 :* *Le lancement du programme*

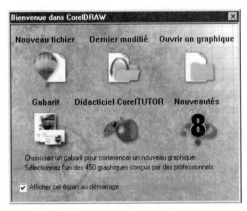

▲ *Fig. 1.2 :* *L'écran de bienvenue, avec les fonctions de fichier standard*

1.2 L'interface du programme

Ne soyez pas effrayé par la multitude des nouveaux symboles et des contrôles du programme. Nous allons commencer par un bref aperçu de tous les éléments importants affichés à l'écran.

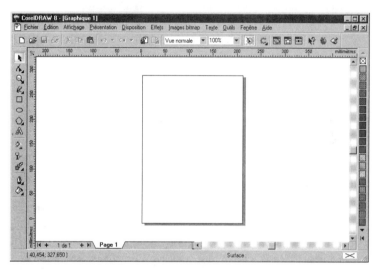

▲ *Fig. 1.3 : L'écran de travail de CorelDRAW dans sa configuration standard*

Fenêtre de dessin et page de dessin

Au milieu de l'écran figure une grande surface blanche : il s'agit de votre fenêtre de dessin. Dans cet espace est représentée une page dotée d'une ombre portée. C'est cette page qui sera imprimée : nous allons y placer les divers objets de dessin. Seuls les éléments figurant sur cette page seront imprimés. Pourquoi, dans ce cas, cette grande fenêtre de dessin ? En fait, l'espace blanc autour de la page de dessin est l'endroit idéal pour stocker temporairement des objets ou pour créer et agencer des objets avant leur mise en place définitive dans la page.

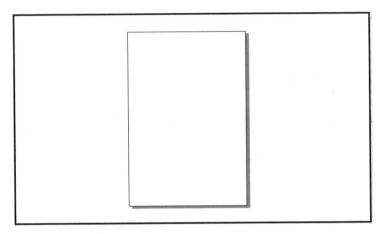

▲ *Fig. 1.4 : La fenêtre et la page de dessin*

La barre de titre

La barre de titre comporte le nom du programme ainsi que le nom du fichier que vous utilisez. Les trois petits boutons qui se trouvent à droite de la barre de titre servent respectivement à réduire la fenêtre de programme en bouton de la barre des tâches, à travailler en mode Fenêtre (que vous pourrez déplacer sur le Bureau de Windows) ou Plein écran (la fenêtre occupe la totalité de la zone d'affichage du moniteur), et à quitter le programme. Lors de la création d'un dessin, l'écran, comme vous le savez, n'est jamais assez grand ! On souhaiterait toujours avoir plus de place, aussi le mode Plein écran est-il fortement conseillé. Une autre technique pour passer du mode Fenêtre au mode Plein écran consiste à double-cliquer sur cette barre de titre.

CorelDRAW 8 - [Graphique 1]

▲ *Fig. 1.5 : En mode Plein écran, la barre de titre affiche le nom du programme suivi du nom du fichier actif*

La barre des menus

En haut de l'écran, sous la barre de titre, se trouve la barre des menus, qui comporte de nombreuses fonctions classées en catégories, en l'occurrence les menus. Chaque menu comporte une série de commandes, certaines d'entre elles donnant accès à des sous-menus. Beaucoup de fonctions ne sont accessibles que par cet intermédiaire.

▲ *Fig. 1.6 : La barre des menus*

La boîte à outils

Le long du bord gauche de la fenêtre se trouve une boîte à outils verticale. Elle comporte tous les outils de dessin avec lesquels vous pourrez créer et modifier des objets.

◄ *Fig. 1.7 :*
La boîte à outils
de CorelDRAW 8,
présentée ici à l'horizontale

La barre des propriétés

La barre des propriétés peut être déplacée ; il suffit de la saisir avec la souris par sa barre de titre. Cette barre permet de modifier les propriétés des objets. La barre des propriétés ne présente pas toujours les mêmes fonctions ; les propriétés varient en effet selon le type de l'objet sélectionné. Si vous avez sélectionné une ligne, vous y trouverez les options suivantes :

▲ *Fig. 1.8 : Un exemple de barre des propriétés de CorelDRAW*

La palette des couleurs

Sur le côté droit de la fenêtre se trouve la palette des couleurs. Elle aussi est positionnée à la verticale. Cette palette permet de colorer les objets d'un simple clic de souris. Un clic avec le bouton gauche de la souris définit la couleur de remplissage, un clic avec le bouton droit définit la couleur de contour ou de trait. La case dotée d'un "X" efface la couleur de remplissage ou de contour.

▲ *Fig. 1.9 : La palette des couleurs standard, normalement placée à*
la verticale à droite de la fenêtre

Les barres de défilement

Avec certains coefficients de zoom, un fort grossissement par exemple, il arrive que l'espace de dessin ne puisse plus afficher l'ensemble du dessin. Dans ce cas, vous pourrez déplacer l'affichage pour accéder aux autres zones du dessin tout en maintenant le facteur de zoom. Vous utiliserez à cet effet les barres de défilement, verticale ou horizontale et déplacerez à l'aide de la souris la case de position dans les barres. En variante, vous pouvez également faire appel à l'outil **Panoramique**, dans le menu contextuel de l'outil **Zoom**, de la boîte à outils.

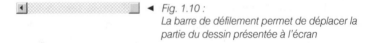

◄ *Fig. 1.10 :*
La barre de défilement permet de déplacer la
partie du dessin présentée à l'écran

Barre d'état

Au bas de la fenêtre se trouve l'un des éléments d'information les plus importants de la fenêtre, en l'occurrence la barre d'état. Elle fournit des renseignements sur les propriétés et la mise en forme d'un objet sélectionné. Il peut s'agir par exemple de sa position, sa taille, sa couleur de remplissage ou de contour, etc.

| [99,228; 3,413] | Surface : Jaune |
| | Contour : Rouge Ligne très fine |

▲ *Fig. 1.11 : La barre d'état fournit un grand nombre d'informations sur la sélection active, objet ou groupe d'objets*

1.3 Mise en page de la page de dessin

Si vous choisissez l'option de démarrage **Nouveau fichier**, vous obtenez une page de dessin blanche créée pour vous par CorelDRAW, au format A4 (soit 210 mm sur 297 mm), orientation portrait (c'est-à-dire positionnée dans le sens de la hauteur). Si vous souhaitez modifier ces données, comme dans notre exemple, vous devez obligatoirement redéfinir les paramètres de mise en page. Ces paramètres concernent le format de la page, son orientation, ses marges, la couleur d'arrière-plan, etc.

Une mise en page personnalisée

Pour notre logo, nous commencerons par redéfinir la mise en page . Ultérieurement, le logo pourra être transféré dans d'autres documents, par exemple l'en-tête du document Word, sans que ces paramètres de mise en page n'interviennent.

Astuce : Toujours définir la bonne mise en page

La vérification ou la modification de la mise en page doit systématiquement être réalisée en début de travail. Il serait en effet très désagréable de constater, une fois le dessin terminé, que la taille de la page a été mal définie. Changer la taille de la page est très simple, mais les modifications à apporter au dessin risquent d'être fort fastidieuses, les objets n'étant en effet pas automatiquement mis à l'échelle. Une bonne préparation vaut mieux que de longues modifications.

1. Pour définir la mise en page, cliquez sur la commande **Présentation/Mise en page**.

Conseil : La boîte de dialogue Mise en page de CorelDRAW 6 et 7

Elle comporte l'ensemble des options afférentes à la mise en page.
CorelDRAW 8 offrant plus d'options, il a recours à des onglets.

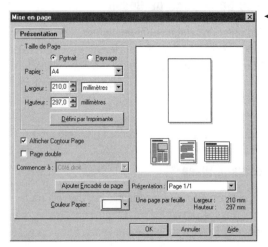

◄ *Fig. 1.12 :*
Dans CorelDRAW 6
...

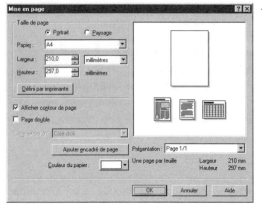

◄ *Fig. 1.13 :*
... et 7, tous les
paramètres de mise
en page sont
définis dans cette
boîte de dialogue

Conseil : La boîte de dialogue de mise en page de CorelDRAW 8

Dans CorelDRAW 8, la commande **Présentation/Mise en page** ouvre la boîte de dialogue **Options** et son onglet **Taille**. Les options étant plus nombreuses, elles sont réparties sur plusieurs onglets.

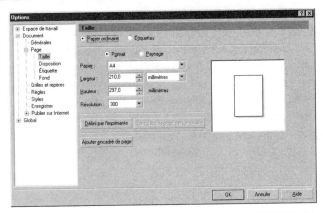

▲ *Fig. 1.14 :   Les paramètres de mise en page de CorelDRAW 8 : les divers onglets permettent d'accéder à l'ensemble des options*

2. Dans l'onglet **Taille**, vous définirez d'abord le format de la page de dessin. L'unité de mesure est en principe le millimètre, mais elle peut être modifiée : déroulez à cet effet la liste des possibilités en cliquant sur le bouton fléché, à droite du champ. Pour modifier la largeur ou la hauteur, double-cliquez respectivement dans chaque champ pour sélectionner l'ensemble du contenu. Indiquez pour les deux la valeur 50.

3. Cliquez, dans le volet de gauche de la boîte de dialogue, sur l'entrée *Disposition*, pour passer à l'onglet correspondant. Notre logo ne requérant qu'une page simple, nous avons opté pour *Page complète*.

4. Cliquez sur OK pour valider les nouveaux paramètres. La boîte de dialogue se referme et notre page de dessin réapparaît. La première étape est terminée. Il existe bien sûr une multitude d'autres possibilités de paramétrage, nous les découvrirons au fil des divers exercices.

Astuce : Mise en page rapide par double clic

Si vous ne souhaitez pas effectuer la mise en page par les menus, sachez qu'il existe une autre possibilité : double-cliquez sur le cadre de la page. La boîte de dialogue **Options**, onglet **Taille**, s'affiche instantanément. Autre solution : cliquez à l'aide du bouton droit de la souris, sur le cadre de la page. Dans le menu contextuel ainsi ouvert, sélectionnez la commande **Mise en page** et vous voici à nouveau dans la boîte de dialogue **Options**. Il existe même une quatrième possibilité : si aucun objet n'est sélectionné, vous pouvez définir les paramètres de la page, par exemple son format et son orientation, dans la barre des propriétés. Toutes ces techniques aboutissent au même résultat. Celle que vous choisirez dépend de vos goûts et de vos habitudes. Toutefois, pour gagner en vitesse et en efficacité, limitez-vous à une méthode.

Astuce : Travailler avec le menu contextuel

Il est possible de cliquer à l'aide du bouton droit de la souris sur n'importe quel objet. Le résultat est toujours le même : un menu contextuel s'ouvre. Ce menu présente l'intérêt de proposer des commandes spécifiques à l'objet.

1.4 Importer des cliparts

La façon la plus simple de créer une image est encore d'utiliser une image existante, de l'importer, de la modifier et de l'intégrer à d'autres objets. Vous trouverez sur le marché une multitude de CD contenant des cliparts ou des images pour tous les domaines d'application. CorelDRAW comporte lui aussi de nombreux cliparts. En votre qualité d'utilisateur privé, vous pouvez récupérer la grande majorité de ces images sans vous préoccuper du copyright.

Attention : Les cliparts de créateurs externes

Certains de ces cliparts proviennent de créateurs externes et ne peuvent être utilisés que sous certaines conditions. Cela vaut aussi, dans une certaine mesure, pour les cliparts de CorelDRAW. La première page du manuel des cliparts comporte des informations à cet égard. Toutefois, pour plus de précisions, reportez-vous au site Internet de CorelDRAW (`www.corel.com`).

Scotty

1. Insérez le CD des cliparts dans le lecteur de CD-ROM. Il s'agit du CD numéro 2. Les cliparts se trouvent normalement dans le dossier Clipart. Pour qu'apparaisse sur notre page une de ces images, cliquez sur le menu **Fichier** et sélectionnez la commande **Importer**.

2. La boîte de dialogue **Importation** s'affiche. Il vous reste ensuite à localiser le fichier concerné. Cliquez sur le bouton fléché, qui affiche la liste déroulante de la rubrique *Chercher*.

3. Cette liste répertorie tous vos lecteurs. Sélectionnez le lecteur de CD-ROM. Le CD-ROM contient plusieurs dossiers qui s'affichent dans la fenêtre. Un double clic sur le dossier Clipart vous permet d'obtenir la liste des sous-dossiers.

4. Chaque sous-dossier contient une multitude de fichiers. Le plus simple est de vous reporter au manuel et d'y rechercher une image correspondant à peu près à ce dont vous avez besoin pour le logo. Dans cet exemple, nous avons ouvert le dossier Horoscpe (sans "o" !) puis le dossier Set04. (Voir Fig. 1.15).

5. Lorsque vous cliquez sur le nom d'un fichier, une prévisualisation de l'image s'affiche dans la boîte de dialogue. Choisissez dans la liste le fichier correspondant à votre signe astrologique.

6. Cliquez sur le bouton **Importer**.

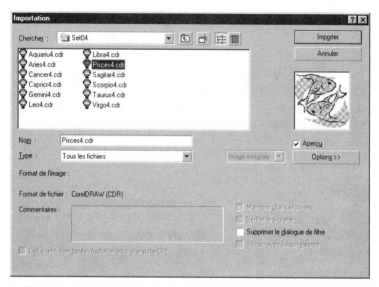

▲ *Fig. 1.15 : La boîte de dialogue Importation, avec le fichier que nous allons importer*

Astuce : Insérer un clipart dans CorelDRAW 6 et 7

Dans CorelDRAW 6 et 7, le clipart est immédiatement inséré au milieu de la page de dessin.

Astuce : Insérer un clipart dans CorelDRAW 8

Dans la version 8 de CorelDRAW, le pointeur de la souris se transforme en un angle. En maintenant le bouton gauche de la souris enfoncé, vous pouvez définir l'emplacement et la taille du clipart au moment de l'insertion. Dès que vous relâchez le bouton de la souris, l'importation est effective.

Conseil : La miniature

La prévisualisation du fichier ne peut bien sûr fonctionner que dans la mesure où le fichier sélectionné dans la boîte de dialogue est un fichier graphique (clipart, photo, etc.), disposant de ce que l'on appelle une miniature. Dans CorelDRAW, cette miniature est en principe créée automatiquement au moment de l'enregistrement. Il faut aussi que la case à cocher *Aperçu*, dans la boîte de dialogue **Importation** ou **Ouvrir**, soit activée. Rappelez-vous que lors de l'importation d'un fichier graphique, et notamment un fichier Corel-DRAW, des objets sur différents plans peuvent éventuellement être importés et engendrer une certaine confusion.

1.5 Pas seulement pour les curieux : le zoom

En principe, essayez de toujours travailler avec l'image la plus grande possible à l'écran. Vous verrez mieux les détails et agirez avec plus de précision. Deux choix s'offrent à vous : dessiner et modifier des objets agrandis et les réduire ensuite à leur taille d'origine, ou alors travailler sur des objets en taille réelle, mais avec un fort coefficient d'agrandissement du zoom.

Notre choix !

En ce qui nous concerne, nous optons systématiquement pour la seconde solution, c'est-à-dire le dessin en taille réelle, mais avec agrandissement de l'affichage par la fonction de zoom. Au début, la page de dessin remplit tout l'espace de travail. C'est un excellent point de départ.

Quatre manières de décliner le zoom

Pour modifier le facteur de zoom, vous disposez de quatre possibilités : l'outil **Zoom**, la zone de liste **Zoom**, le menu contextuel **Zoom** et le **Gestionnaire de vues**. Dans cette section, nous étudierons plus précisément l'outil **Zoom**, la zone **Zoom** de la barre d'outils et le menu contextuel **Zoom**.

L'outil Zoom

◄ *Fig. 1.16 :*
L'outil Zoom, représenté par le symbole d'une loupe

Vous trouverez l'outil **Zoom** dans la boîte à outils. Si vous cliquez dessus et maintenez le bouton gauche de la souris enfoncée, il ouvre un menu contextuel qui comporte, outre l'outil **Zoom**, l'outil **Panoramique**.

Tab. 1.1 : L'outil Zoom	
Les actions sur l'outil Zoom	**Effet**
Clic simple avec le bouton gauche de la souris	Doublement du facteur de zoom actif.
Maintien du bouton gauche de la souris enfoncé	Sélection d'un extrait de l'image, qui sera agrandi pour remplir toute la zone de travail dès relâchement du bouton de la souris.
Clic simple avec le bouton gauche de la souris + **Maj**	Réduction de moitié du facteur de zoom actif.
Clic sur le bouton droit de la souris	Ouvre un menu contextuel proposant plusieurs facteurs de zoom prédéfinis, correspondant à ceux proposés par la zone de liste **Zoom** de la barre d'outils.

Zone de Zoom

◄ *Fig. 1.17 :*
La zone de liste Niveaux de Zoom
propose des facteurs prédéfinis
d'agrandissement et de réduction

Cette liste se trouve dans la barre d'outils standard, placée immédiatement au-dessous de la barre des menus. Elle se compose d'un champ de saisie et d'une liste de valeurs prédéfinies, accessible par le bouton fléché.

Tab. 1.2 : Les options de la zone de liste Zoom	
Les options de la zone de Zoom	**Effet**
Sur la sélection	Cette option n'apparaît que si un objet au moins est sélectionné dans la page de dessin. Elle agrandit la sélection de sorte qu'elle remplisse toute la zone de travail. Elle est très pratique et nous l'emploierons souvent pour éditer les objets.
Ajusté à la page	Cette option a pour effet de remplir l'écran avec l'ensemble des objets de dessin. En fonction de leur nombre et de leur répartition sur la page et dans l'espace de dessin, les objets seront plus ou moins grands. Cette option vous permettra, par exemple , d'avoir une vue d'ensemble du dessin et de retrouver éventuellement des objets "perdus" dans un coin ou un autre de l'espace de travail.
Sur la page	Ce facteur de zoom agrandit la page pour qu'elle occupe tout l'écran. Cet agrandissement se base sur la hauteur de la page.
Sur la largeur	Ce facteur de zoom agrandit la page pour que sa largeur occupe tout l'écran.
Sur la hauteur	Cette option correspond à l'option *Sur la page*, si la page est orientée à la verticale.
100 % à 400 %	Ces coefficients exprimés en pourcentage permettent d'agrandir ou de réduire l'affichage. Les possibilités ne s'arrêtent pas à 400 %, CorelDRAW permet un agrandissement de 400 000 % (!), mais ceci n'est possible qu'avec l'outil **Zoom**.

L'outil Panoramique

◄ *Fig. 1.18 :*
L'outil Panoramique

Lorsque le taux d'agrandissement est très élevé, certaines zones du dessin ne sont plus visibles. Pour effectuer un léger déplacement de l'image, par exemple pour éditer un objet qui n'est que partiellement visible, pensez à l'outil **Panoramique** ou aux barres de défilement.

Utilisation de l'outil Panoramique

L'emploi de cet outil est d'une simplicité enfantine :

1. Sélectionnez l'outil **Panoramique** dans la boîte à outils. Il se partage le même bouton que l'outil **Zoom**. Si vous cliquez sur l'outil **Panoramique** dans le menu contextuel, le bouton sera symbolisé par une main. Si vous cliquez sur l'outil **Zoom**, il sera matérialisé par une loupe. Lorsque vous avez sélectionné l'outil **Panoramique**, le pointeur se transforme en une main.

◄ *Fig. 1.19 :*
En cliquant sur l'outil Zoom et en laissant le curseur quelques secondes dessus sans relâcher le bouton de la souris, vous verrez apparaître un menu contextuel proposant un deuxième bouton, à savoir l'outil Panoramique

2. Cliquez sur la page de dessin, maintenez le bouton enfoncé et faites glisser le dessin dans la direction voulue.

1.6 Positionner et modifier les cliparts

Le clipart importé a été inséré au départ au milieu de notre page de dessin ; il est automatiquement sélectionné. Dans l'étape suivante, nous allons le modifier.

Sélection d'objet

Lorsque vous voulez éditer un objet, la première chose à faire est de le sélectionner. Cette sélection est en général matérialisée par l'apparition de 8 poignées, les petits carrés noirs qui définissent un rectangle autour de l'objet.

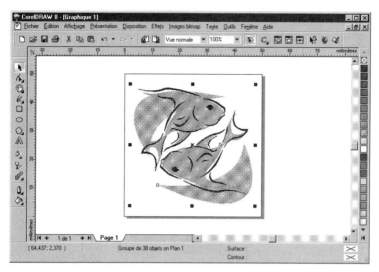

▲ *Fig. 1.20 : Le clipart sélectionné est entouré de 8 poignées*

Observez la barre d'état : vous y trouverez des informations plus détaillées sur la sélection. Dans cet exemple, nous apprenons que notre signe astrologique se compose d'un ensemble de 38 objets groupés.

La sélection est indispensable

La sélection des objets est une fonction élémentaire et essentielle. Aussi allons-nous passer en revue toutes les techniques permettant de sélectionner un ou plusieurs objets.

Tab. 1.3 : Les différentes techniques de sélection	
Sélection	**Technique**
Sélectionner un objet	Cliquez sur l'outil **Sélecteur** dans la boîte à outils, puis sur l'objet concerné. Huit poignées encadrent alors l'objet.

Tab. 1.3 : Les différentes techniques de sélection	
Sélection	**Technique**
Sélectionner plusieurs objets	Cliquez sur l'outil **Sélecteur** dans la boîte à outils, appuyez sur la touche **Maj** et, tout en la maintenant enfoncée, cliquez successivement sur tous les objets concernés. Maintenir la touche **Maj** enfoncée permet de conserver la sélection précédente et de lui adjoindre les objets sélectionnés.
Sélectionner plusieurs objets avec le cadre de sélection	Cliquez sur l'outil **Sélecteur** dans la boîte à outils, puis placez le pointeur de manière à pouvoir encadrer totalement, dans un rectangle, l'ensemble des objets à sélectionner. En général, l'emplacement le plus approprié est le coin supérieur gauche de ce rectangle théorique. Appuyez sur le bouton gauche de la souris et, tout en le maintenant enfoncé, tracez le cadre de sélection autour des objets requis. Le cadre est matérialisé par un rectangle en pointillé. Lorsque vous relâchez le bouton de la souris, tous les objets contenus dans le cadre sont automatiquement sélectionnés.
Sélectionner tous les objets	Sélectionnez **Édition/Tout sélectionner**, puis choisissez dans le sous-menu entre les commandes **Objets**, **Texte** et **Repères**. Si vous travaillez avec des plans et que vous avez désactivé la commande **Modifier sur plusieurs plans**, seuls les objets placés sur le plan actif seront sélectionnés.
Ajouter un objet à une sélection (ensemble d'objets déjà sélectionnés)	Appuyez sur la touche **Maj** et, tout en la maintenant enfoncée, cliquez à l'aide de l'outil **Sélecteur** sur l'objet en question.
Sélectionner un objet individuel, intégré dans une association, sans annuler l'association	Appuyez sur la touche **Ctrl** et, tout en la maintenant enfoncée, cliquez à l'aide de l'outil **Sélecteur** sur l'objet en question. Notez que dans ce cas, les 8 poignées ne sont pas carrées, mais rondes.
Sélectionner un objet masqué par un autre objet	Appuyez sur la touche **Alt** et, tout en la maintenant enfoncée, cliquez à l'aide de l'outil **Sélecteur** sur l'objet en question.
Sélectionner un objet masqué par plusieurs autres objets	Appuyez sur la touche **Alt** et, tout en la maintenant enfoncée, cliquez à répétition, à l'aide de l'outil **Sélecteur**, sur l'objet en question jusqu'à ce qu'il soit sélectionné. La position des poignées ou les informations affichées dans la barre d'état vous indiqueront qu'il est sélectionné.

Tab. 1.3 : Les différentes techniques de sélection	
Sélection	**Technique**
Sélectionner un objet intégré dans une association et masqué par un autre objet	Appuyez sur les touches **Alt** et **Ctrl** et, tout en les maintenant enfoncées, cliquez à répétition, à l'aide de l'outil **Sélecteur**, sur l'objet en question jusqu'à ce qu'il soit sélectionné. La position des poignées ou les informations affichées dans la barre d'état vous indiqueront qu'il est sélectionné.
Annuler la sélection	Appuyez sur la touche **Echap**.
Retirer un objet d'une sélection multiple	Appuyez sur la touche **Maj** et, tout en la maintenant enfoncée, cliquez à l'aide de l'outil **Sélecteur** sur l'objet en question. Les autres objets restent sélectionnés.

Annuler une sélection

Nous allons commencer par modifier la couleur de chaque élément. Pour changer les propriétés d'un objet faisant partie d'une association, nous choisirons la simplicité et annulerons d'abord l'association.

1. Déroulez le menu **Disposition** et cliquez sur la commande **Tout dissocier**.

2. La sélection change d'aspect ! Les objets ne sont plus associés les uns aux autres, mais ils restent tous sélectionnés. La barre d'état dévoile que la sélection porte sur 38 objets. Annulez cette sélection en appuyant sur la touche **Echap**.

2. Sélectionnez l'une des deux surfaces bleues, en cliquant dessus avec l'outil **Sélecteur**, tout en appuyant sur la touche **Maj**.

Astuce : Sélectionner un objet individuel, intégré dans une association, sans annuler l'association

Appuyez sur la touche **Ctrl** et, tout en la maintenant enfoncée, cliquez avec l'outil **Sélecteur** sur l'objet en question. Notez que dans ce cas, les 8 poignées ne sont pas carrées, mais rondes. Après édition et annulation de la sélection, vous pouvez à nouveau modifier le clipart comme une entité.

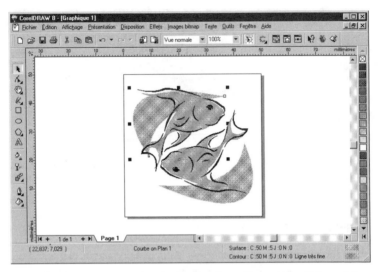

▲ *Fig. 1.21 : La surface individuelle sélectionnée, après annulation de l'association*

Modifier les propriétés de surface et de contour d'un objet

L'affectation des couleurs est une opération très simple qui peut être réalisée de diverses manières. La méthode la plus rapide passe par la palette des couleurs, le long du bord droit de la fenêtre.

La méthode la plus rapide : la palette des couleurs

1. Cliquez avec le bouton gauche de la souris sur une des cases de couleur pour modifier la couleur de surface (de remplissage).

2. Cliquez avec le bouton droit de la souris sur une des cases de couleur pour modifier la couleur de contour.

3. Cliquez sur la case marquée d'un "X" dans la palette pour annuler la couleur de surface ou de contour.

Astuce : Afficher la totalité de la palette

Il est tout à fait possible d'afficher la totalité des couleurs de la palette. Il suffit pour cela de cliquer sur le bouton fléché précédé d'un trait vertical. Après application de la couleur voulue, la palette se réduit à nouveau. Pour afficher la totalité de la palette de manière permanente, cliquez sur la bordure et maintenez le bouton enfoncé. Déplacez ensuite la souris sur la page et relâchez le bouton : la palette est désormais une barre flottante, que vous pourrez placer où bon vous semble. Sachez qu'il est possible de modifier la taille de cette barre, comme vous le feriez d'une fenêtre. Placez le pointeur sur la bordure : il se transforme en une double flèche. Appuyez sur le bouton de la souris et déplacez la double flèche dans la direction voulue. La case blanche marquée d'un "X" correspond à l'option *Pas de surface* ou *Pas de contour*.

Modifier et affecter un remplissage par le menu flottant Couleur

L'application des couleurs par la palette a cependant un inconvénient : vous ne disposez que d'un nombre limité de teintes. Une autre solution, présentant des possibilités plus vastes pour colorer les objets, consiste à utiliser les outils **Surface** et **Contour** de la boîte à outils.

Outil Surface

Pour modifier la couleur de remplissage ou de contour, vous utiliserez le menu contextuel de l'outil **Surface**.

1. Cliquez sur l'outil **Surface**. Un menu contextuel s'affiche : cliquez sur l'avant-dernier bouton (Voir Fig. 1.22).

2. Le menu flottant **Couleur** apparaît. Il permet de procéder à des mélanges personnels et d'affecter des couleurs aux objets. Dans notre exemple, nous allons choisir une couleur bleu clair pastel. Pour obtenir exactement la couleur, choisissez le modèle colorimétrique RVB et les valeurs suivantes : rouge=224, vert=255 et bleu=255.

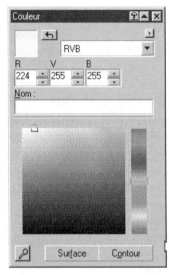

◄ Fig. 1.22 :
Le menu flottant Couleur permet d'appliquer rapidement des couleurs personnalisées

3. Assurez-vous qu'une des deux surfaces bleues est bien sélectionnée puis affectez-lui la couleur en cliquant sur le bouton **Surface** et **Contour**. Les menus flottants présentent l'avantage de rester ouverts pendant la poursuite des modifications.

4. Pour colorer la seconde surface bleue du clipart, sélectionnez-la à l'aide de l'outil **Sélecteur**. La couleur précédemment définie dans le menu flottant a été conservée et peut directement être appliquée.

5. Nous allons maintenant nous attaquer aux poissons : la couleur originale peut être conservée, nous souhaitons simplement l'éclaircir légèrement. Mais comment récupérer la couleur d'un objet ? Sélectionnez le poisson du haut avec l'outil **Sélecteur** et observez la barre d'état, au bas de l'écran : vous y trouverez le détail de la couleur de surface et de contour.

6. Il serait possible de définir ces couleurs dans le menu flottant **Couleur** mais il y a plus simple. Cliquez sur le bouton **Pipette** du menu flottant.

◄ Fig. 1.23 :
L'outil Pipette permet de récupérer une couleur dans le menu flottant

7. Le pointeur se transforme en une grosse flèche noire. Cliquez sur l'objet dont vous souhaitez récupérer la couleur, en l'occurrence le poisson du haut. Instantanément, le menu flottant affiche les paramètres de couleur correspondant.

8. Vérifiez que vous êtes bien en système RVB et augmentez la valeur de la couleur verte à 255. La teinte devient plus claire.

9. Cliquez ensuite sur les boutons **Surface** et **Contour** pour appliquer cette couleur.

L'expérience fait le maître

Nous allons traiter de la même façon le second poisson. La procédure est exactement la même : ce poisson va également être éclairci.

1. Cliquez sur le bouton **Pipette** dans le menu flottant **Couleur**.

2. Récupérez la couleur du deuxième poisson et passez sa quote-part de vert à 190.

3. Sélectionnez le poisson à traiter et cliquez sur les boutons **Surface** et **Contour**.

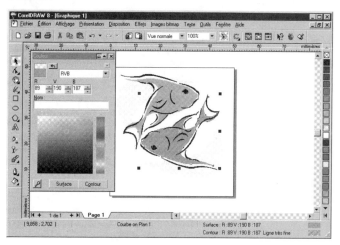

▲ *Fig. 1.24 : L'image après modification des couleurs*

Astuce : Rafraîchir la fenêtre

Les programmes graphiques sollicitent énormément les périphériques de votre PC, et notamment la carte graphique. Elle doit afficher la représentation la plus "réelle" de l'image. Dans certains cas, cet affichage pose problème : des lignes ou des morceaux d'images parasites subsistent à l'écran. C'est plus spécialement le cas avec les dégradés de couleur. Pour revenir à un affichage correct, activez la commande **Fenêtre/Rafraîchir la fenêtre**.

Vue d'ensemble de l'affectation des couleurs

Les possibilités offertes par CorelDRAW pour modifier l'apparence des objets sont innombrables. Le tableau suivant reprend les différentes techniques d'affectation des couleurs de surface et de contour.

Tab. 1.4 : Techniques d'affectation de couleurs	
Modification de couleur	**Technique**
Modifier la couleur de surface d'un clic de souris	Sélectionnez l'objet à traiter à l'aide de l'outil **Sélecteur** et cliquez sur la case de couleur requise, dans la palette.
Appliquer une couleur de surface sans sélection préalable	Cliquez sur une case de couleur quelconque de la palette, maintenez le bouton gauche de la souris enfoncé et faites glisser cette couleur sur l'objet à traiter. Relâchez le bouton. L'outil actif au moment de l'opération n'a aucune importance.
Appliquer une surface avec l'outil **Surface**	Cliquez sur l'outil **Surface**. Dans le menu contextuel ainsi ouvert, sélectionnez un outil de remplissage, définissez les paramètres et validez par OK ou **Appliquer**.
Appliquer une surface par le menu contextuel	Cliquez avec le bouton droit de la souris sur l'objet à traiter et sélectionnez la commande **Propriétés** dans le menu contextuel. Dans la boîte de dialogue **Propriétés d'objet** qui s'affiche alors, activez l'onglet **Surface** et définissez les paramètres.

Tab. 1.4 : Techniques d'affectation de couleurs	
Modification de couleur	**Technique**
Modifier la couleur de contour d'un clic de souris	Sélectionnez l'objet à traiter à l'aide de l'outil **Sélecteur** et cliquez avec le bouton droit de la souris sur la case de couleur requise, dans la palette.
Modifier un contour avec l'outil	Cliquez sur l'outil **Contour**. Dans le menu contextuel ainsi ouvert, sélectionnez un outil de remplissage, définissez les paramètres et validez par OK ou **Appliquer**.
Modifier le contour par le menu contextuel	Cliquez avec le bouton droit de la souris sur l'objet à traiter et sélectionnez la commande **Propriétés** du menu contextuel. Dans la boîte de dialogue **Propriétés d'objet** qui s'affiche alors, activez l'onglet **Contour** et définissez les paramètres.

Associer des objets

Maintenant que les divers composants du clipart ont été modifiés, nous allons à nouveau les assembler. L'association de plusieurs objets dans une même entité présente de nombreux avantages. Tout d'abord, l'ensemble des objets pourra être déplacé et repositionné, mis à l'échelle et édité comme une seule entité. S'il s'agissait d'un ensemble non associé de plusieurs objets individuels, il faudrait constamment veiller à sélectionner le tout et à ne pas perdre un élément en cours de travail. N'hésitez pas à créer des groupes de premiers niveaux à partir de plusieurs petits objets, puis à associer ces groupes à un groupe de niveau supérieur, etc.

1. Pour sélectionner tous les objets, activez l'outil **Sélecteur** et placez le pointeur en haut à gauche de l'image, à environ deux centimètres de celle-ci.

2. Cliquez et maintenez le bouton gauche enfoncé. Tracez un cadre de sélection en déplaçant le curseur vers l'angle inférieur droit, jusqu'à ce que l'intégralité de l'image soit dans le cadre en pointillé. La technique est la même que pour tracer un rectangle. Une fois le bouton relâché, tout ce qui se trouve dans le cadre est automatiquement sélectionné.

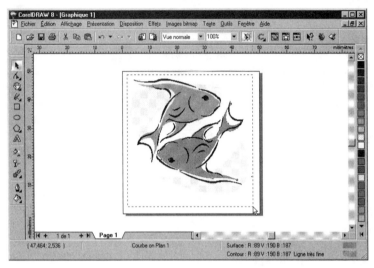

▲ Fig. 1.25 : Tout ce qui se trouve à l'intérieur du cadre en pointillé sera
sélectionné

Astuce : Ajouter des objets à une sélection existante

Si un objet n'a pas été inclus dans le cadre, vous pouvez l'ajouter à
la sélection. Appuyez sur la touche Maj et, tout en la maintenant
enfoncée, cliquez sur l'objet non sélectionné avec l'outil **Sélecteur**.
La touche Maj permet d'ajouter un objet non sélectionné à une
sélection ou de retirer d'une sélection l'un de ses composants.

3. Vous pouvez maintenant grouper tous ces objets. Sélectionnez **Dis-
position/Associer**. L'image forme désormais un tout.

4. Sélectionnez l'une des poignées d'angle, cliquez et, tout en maintenant le bouton gauche de la souris enfoncé, déplacez le curseur vers
le centre de l'image. Vous venez de réduire la taille de cette image et
de faire de la place pour la création d'un autre objet.

5. Cliquez sur l'image et déplacez-la vers le haut.

Associer et dissocier

L'association et la dissociation d'objets sont des fonctions auxquelles vous aurez très fréquemment recours. D'où l'intérêt du petit tableau suivant :

Tab. 1.5 : Association et dissociation d'objets	
Action	**Technique**
Associer	Sélectionnez les objets à associer avec l'outil **Sélecteur**, puis appelez **Disposition/Associer**. La barre d'état indique le nombre d'objets formant le groupe.
Dissocier	Sélectionnez le groupe d'objets avec l'outil **Sélecteur**, puis appelez **Disposition/Dissocier**. L'association est annulée, chaque élément retrouve son individualité. Les objets du groupe restent néanmoins sélectionnés. Pour annuler la sélection, appuyez sur **Echap**.
Tout dissocier	Si vous avez créé des imbrications de plusieurs niveaux de groupement, vous pourrez annuler l'ensemble de ces groupes et sous-groupes en sélectionnant **Disposition/Tout dissocier**.

1.7 Créer des objets personnels

Dans CorelDRAW, les objets sont créés à l'aide des outils de dessin. Tous ces outils sont regroupés dans la boîte à outils. À chaque type d'objet correspond un outil spécifique (outil **Main Levée**, outil **Polygone**, outil **Texte**, etc.). Des combinaisons de touches complémentaires permettent d'influer directement sur la forme de l'objet en cours de création.

Ce qu'il est possible de faire avec CorelDRAW...

Reportez-vous au tableau suivant ! En complément, il existe également les outils interactifs, grâce auxquels vous pourrez par exemple créer une ombre. Ces outils servant principalement à l'édition ultérieure d'objets déjà existants, nous ne les avons pas repris dans ce tableau mais nous y reviendrons par la suite.

Tab. 1.6 : Les outils de la boîte à outils	
Outils et action	**Description**
Outil **Main levée**	
Bouton gauche enfoncé	Courbe à main levée
Clic de souris	Droite
Clic de souris + **Ctrl**	Droite avec contrainte d'angle.
Outil **Bézier**	
Bouton gauche enfoncé	Courbe
Clics de souris	Droites reliées
Bouton enfoncé + **Ctrl**	Courbes dont les points de contrôle suivent les angles contraints
Bouton enfoncé + **Alt**	Courbes dont les points nodaux peuvent être déplacés.
Outil **Plume naturelle**	
Bouton gauche enfoncé	Calligraphie libre
Clic de souris	Lignes droites calligraphiques
Outil **Cotes**	
Bouton gauche enfoncé	Trait de cote
Outil **Ligne de connexion**	
Clics de souris	Lignes de connexion droites
Outil **Rectangle**	
Bouton gauche enfoncé	Rectangle

Outils et action	Description
Tab. 1.6 : Les outils de la boîte à outils	
Bouton gauche enfoncé + **Ctrl**	Carré
Bouton gauche enfoncé + **Maj**	Rectangle dessiné à partir du centre
Bouton gauche enfoncé + **Maj** + **Ctrl**	Carré dessiné à partir du centre
Outil **Ellipse**	
Bouton gauche enfoncé	Ellipse
Bouton gauche enfoncé + **Ctrl**	Cercle
Bouton gauche enfoncé + **Maj**	Ellipse dessinée à partir du centre
Bouton gauche enfoncé + **Maj** + **Ctrl**	Cercle dessiné à partir du centre
Outil **Polygone**	
Bouton gauche enfoncé	Polygone ou étoile
Bouton gauche enfoncé + **Ctrl**	Polygone ou étoile à côtés égaux
Bouton gauche enfoncé + **Maj**	Polygone ou étoile dessiné à partir du centre
Bouton gauche enfoncé + **Maj** + **Ctrl**	Polygone ou étoile dessiné à partir du centre et à côtés égaux
Outil **Spirale**	
Bouton gauche enfoncé	Spirale logarithmique ou symétrique
Bouton gauche enfoncé + **Ctrl**	Spirale logarithmique ou symétrique avec des dimensions horizontales et verticales identiques
Bouton gauche enfoncé + **Maj**	Spirale logarithmique ou symétrique dessinée à partir du centre
Bouton gauche enfoncé + **Maj** + **Ctrl**	Spirale logarithmique ou symétrique dessinée à partir du centre et avec des dimensions horizontales et verticales identiques.

Tab. 1.6 : Les outils de la boîte à outils	
Outils et action	**Description**
Outil **Papier millimétré**	
Bouton gauche enfoncé	Papier millimétré
Bouton gauche enfoncé + **Ctrl**	Papier millimétré avec carrés
Bouton gauche enfoncé + **Maj**	Papier millimétré dessiné à partir du centre
Bouton gauche enfoncé + **Maj** + **Ctrl**	Papier millimétré dessiné à partir du centre et avec carrés
Outil **Texte**	
Bouton gauche enfoncé	Encadré de texte courant
Bouton gauche enfoncé + **Ctrl**	Encadré de texte courant carré
Clic simple de souris	Texte artistique

Dessiner, formater et positionner un cercle

Dans l'exercice suivant, nous allons enrichir notre dessin d'un cercle. Ce cercle sera d'abord tracé, puis formaté et enfin placé au bon endroit. Au besoin, le nouvel élément pourra aussi être associé au reste du dessin. L'ordre chronologique des opérations est important : beaucoup d'utilisateurs essaient d'affecter la taille et la position voulues dès la création de l'objet. Ce n'est pas la solution que nous préconisons. Il est plus simple de procéder par ordre et ainsi vous obtiendrez des formes plus précises.

Création du cercle

1. Activez l'outil **Ellipse** et placez le pointeur au centre de la page de dessin.

2. Si vous maintenez enfoncé le bouton gauche de la souris et que vous déplacez le curseur vers l'angle inférieur droit, c'est-à-dire en diagonale, vous obtiendrez une forme à peu près circulaire. Ne relâchez surtout pas le bouton de la souris !

3. Pour obtenir un cercle parfait, appuyez simultanément sur la touche **Ctrl**.

4. Et c'est là que les choses acrobatiques commencent car vous devez alors appuyer sur la touche **Maj** pour tracer le cercle à partir de son centre. Lorsque le résultat vous convient, relâchez d'abord le bouton de la souris et ensuite les deux touches du clavier.

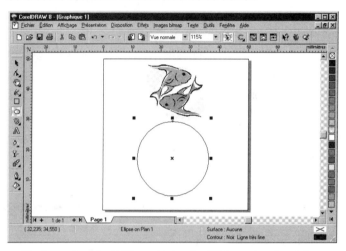

▲ *Fig. 1.26 : Avec l'outil Ellipse et la touche Ctrl, le cercle est parfait*

Astuce : L'ordre est important

L'ordre chronologique des opérations est déterminant pour arriver au résultat escompté. Si vous relâchez les touches du clavier avant le bouton de la souris, vous n'obtiendrez qu'une ellipse ordinaire. Si l'opération échoue, appuyez sur la touche **Suppr** pour effacer l'objet et recommencez. Il est souvent préférable de recommencer un objet plutôt que d'essayer de le corriger.

---

5. Si la taille du cercle ne vous convient pas, cliquez dessus avec l'outil **Sélecteur** et mettez-le à l'échelle à l'aide de ses poignées d'angle. Si vous appuyez en même temps sur la touche **Maj**, le centre du cercle restera figé.

Formatage du cercle : surface et contour

Les attributs par défaut sont automatiquement affectés au cercle que vous venez de créer. Il se compose en l'occurrence d'un trait de contour noir, sans remplissage. Nous allons le modifier :

1. Cliquez sur l'outil **Contour**. Tous les outils de la boîte dotés en leur angle inférieur droit d'un triangle noir disposent d'un menu contextuel qui comporte plusieurs outils. Dans le menu contextuel de l'outil **Contour**, cliquez sur le troisième bouton en partant de la gauche.

2. Le menu flottant **Plume** s'affiche alors. Il permet une application simple et rapide des attributs de contour. Le bouton **Modifier** ouvre la boîte de dialogue **Plume de contour**. Définissez une largeur de trait de 1,00 mm.

3. Si vous cliquez sur le bouton fléché de la liste déroulante de la rubrique **Couleur**, la palette des couleurs s'affiche. Choisissez une couleur appropriée pour le cercle, par exemple un bleu clair, le texte qui sera par la suite intégré devant être lisible.

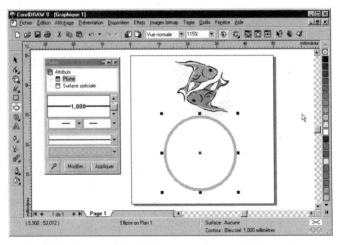

▲ *Fig. 1.27 : Le menu flottant Plume permet de modifier le contour*

4. Cliquez sur OK dans la boîte de dialogue, puis sur **Appliquer** dans le menu flottant. Voilà : le cercle est formaté. Sachez toutefois que la palette

située le long du bord droit de la fenêtre constitue souvent le moyen le plus rapide d'affectation de couleur. Il suffit d'un clic droit sur l'une des cases de couleur, pour que le contour se voie doté d'une nouvelle couleur.

Alignement et disposition

L'image doit prendre place dans le haut du cercle et recouvrir ce cercle. Pour l'instant, le cercle se trouve au-dessous des poissons et au premier plan. Que faire ? Facile !

1. Placez les deux objets (cercle et image) sur la page de dessin comme dans la figure suivante.

2. Pour mettre le cercle derrière l'image, ouvrez le menu **Disposition** et sélectionnez la commande **Ordre**.

3. Cette commande ouvre un sous-menu comportant plusieurs options de superposition des objets dans l'espace.

4. Si vous cliquez sur la commande **Arrière-plan**, l'objet sélectionné passe derrière tous les autres objets.

▲ *Fig. 1.28 : Après que vous avez sélectionné la commande Arrière-plan, l'image se retrouve devant le cercle*

5. Il faut ensuite appeler la commande **Disposition/Alignement et distribution**.

Toutefois, avant de pouvoir traiter les deux objets, il faut les sélectionner. Appelez pour cela la commande **Édition/Tout sélectionner**.

6. Dans le sous-menu, activez la commande **Objets**. La barre d'état indique que les deux objets sont bien sélectionnés.

7. Sélectionnez maintenant la commande **Alignement et distribution** du même menu **Disposition**. La boîte de dialogue **Aligner et distribuer** s'affiche alors ; elle est composée de deux onglets, l'un pour l'alignement, l'autre pour la distribution.

8. Sous l'onglet **Alignement**, activez la case à cocher *Centre*, entre les cases *Gauche* et *Droite*.

9. Un clic sur le bouton **Aperçu** permet de juger de l'effet obtenu. Cliquez ensuite sur le bouton OK pour valider et refermez la boîte de dialogue.

Astuce : Vérifier les paramètres par l'aperçu

Beaucoup de boîtes de dialogue comporte un bouton **Aperçu**. Il permet de vérifier une option et éventuellement de la corriger sans pour autant refermer la boîte de dialogue.

La dernière touche : positionnement des objets par le clavier

Annulez la sélection des objets en appuyant sur **Echap**. Éventuellement, l'image des poissons devra encore être déplacée vers le haut ou le bas, selon l'axe vertical. Deux possibilités s'offrent à vous ; elles vous permettent de conserver l'alignement horizontal.

La première consiste à sélectionner l'objet et à le déplacer à l'aide des touches de direction de votre clavier.

1. Pour déterminer le pas de déplacement obtenu par chaque action sur la flèche vers le bas ou le haut, sélectionnez la commande **Options** du menu **Outils**.

2. Cliquez sur l'entrée *Modifier*, dans la liste de gauche.

3. Dans la partie droite de la boîte de dialogue, vous trouverez la rubrique *Décalage*, où vous pourrez définir le pas de décalage des objets. Choisissez d'abord l'unité de mesure requise, en l'occurrence le millimètre, puis indiquez dans le champ *Décalage* la valeur 0,2.

4. Le champ *Super décalage* permet de définir le décalage lors du déplacement de l'objet : vous devez, outre les touches de direction, maintenir la touche **Maj** enfoncée. Indiquez ici une valeur de 50 mm.

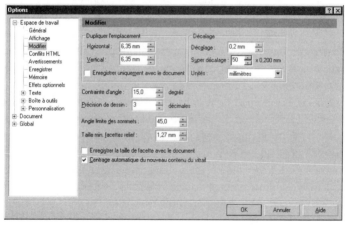

▲ *Fig. 1.29 : Le décalage pour le déplacement des objets par le clavier*

L'alternative : le déplacement par la souris

L'alternative passe par l'outil **Sélecteur**.

1. Cliquez sur l'image et, tout en maintenant le bouton enfoncé, appuyez sur la touche **Ctrl**. En principe, cette touche **Ctrl** a pour effet de permettre la sélection d'un composant individuel dans un groupe

d'objets associés. Mais tout dépend de l'ordre d'activation des touches. En l'occurrence, vous avez d'abord cliqué sur le bouton gauche de la souris puis appuyé sur la touche **Ctrl**.

2. Vous pouvez désormais déplacer l'objet ou le groupe d'objets, en limitant le déplacement à l'axe vertical ou horizontal. Déplacez l'objet de sorte à obtenir un centrage approximatif des deux éléments, puis relâchez d'abord le bouton de la souris et ensuite la touche **Ctrl**.

Astuce : Annuler une opération d'édition

Si vous avez relâché la touche Ctrl avant le bouton de la souris, il se peut que vous ayez perdu le centrage des deux objets. Ne paniquez pas ! Cliquez sur le menu **Édition** et sélectionnez la commande **Annuler** . Vous pouvez également cliquer sur le bouton **Annuler** de la barre d'outils *Standard*. Sachez qu'il est possible d'annuler les 99 dernières opérations effectuées, ce chiffre pouvant être déterminé dans la boîte de dialogue **Options** (ouverte par la commande **Outils/Options**). Vous trouverez dans cette boîte de dialogue l'onglet **Général** qui comporte la rubrique *Niveaux d'annulation* ; celle-ci contient les champs de saisie *Normal* et *Effets Bitmap*. Pour *Normal*, il vaut mieux ne pas dépasser la valeur 10. Pourquoi ? Tout simplement parce que pour pouvoir être annulée, chaque opération doit être enregistrée et enregistrer 99 actions met souvent à mal le système, surtout lorsqu'il s'agit de dessins complexes. D'ailleurs, si vous envisagez d'annuler ne serait-ce que les 50 dernières actions, il y a fort à parier qu'il vaut mieux recommencer le dessin.

1.8   Des surfaces supplémentaires : les polygones

Nous allons agrémenter l'image de quelques surfaces de couleur supplémentaires. Comme forme, nous avons retenu le polygone. Pour cela, CorelDRAW dispose d'un outil spécialisé, en l'occurrence l'outil **Polygone**, même s'il est possible de créer des polygones via l'outil **Bézier**. Nous allons expérimenter les deux techniques.

Créer un polygone avec l'outil Polygone

CorelDRAW prend en charge deux types de polygones, le polygone classique et l'étoile.

Définition du type de polygone

1. Un double clic sur l'outil **Polygone** ouvre la boîte de dialogue **Options** qui comporte le volet *Outil Polygone*, dans lequel nous allons faire notre choix.

2. Nous allons activer ici l'option *Polygone en forme d'étoile*.

Conseil : L'icône de l'outil

Malheureusement, l'icône de l'outil ne change pas en fonction du choix du type de polygone. Il n'est donc pas possible de se baser sur ce bouton pour savoir qu'elle est la forme active.

3. Le nombre de coins reste à 6, mais nous modifions l'accentuation pour la passer à la valeur 20. Il suffit pour cela de taper ce chiffre directement dans la zone de saisie numérique. Validez les options d'un clic sur OK.

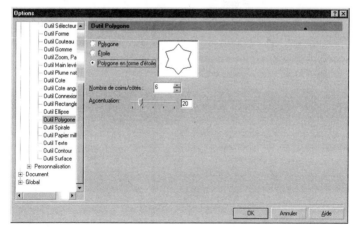

▲ *Fig. 1.30 : Un double clic sur l'outil Polygone ouvre cette boîte de dialogue*

Créer et modifier le polygone

Un objet peut subir de nombreuses modifications : mise à l'échelle, rotation, inclinaison, coloration, etc. Nous allons en expérimenter quelques-unes dans l'exercice suivant.

1. Déplacez l'image existante vers la gauche à l'aide de la barre de défilement horizontale. Placez le pointeur à côté de la page de dessin et tracez le polygone.

2. Sélectionnez l'outil **Sélecteur** et modifiez la taille de l'objet à l'aide des poignées.

3. Si vous cliquez avec l'outil **Sélecteur** sur l'objet toujours sélectionné, vous pouvez constater que les poignées sont remplacées par des flèches.

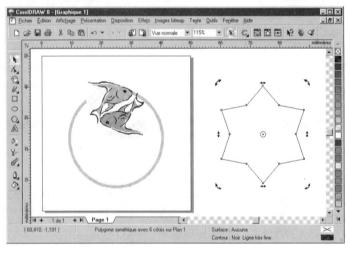

▲ *Fig. 1.31 :   Un double clic sur un objet affiche des poignées de rotation et d'inclinaison*

4. Cliquez sur l'une des flèches d'angle, maintenez le bouton enfoncé et appliquez une légère rotation à l'objet, autour de son axe. Si vous appuyez simultanément sur la touche **Ctrl**, la rotation est contrainte par pas de 15° (par défaut).

5. Sélectionnez ensuite l'une des quatre flèches latérales : elles permettent d'appliquer une inclinaison à l'objet. Choisissez par exemple la flèche médiane du bas de l'objet, maintenez le bouton enfoncé et faites glisser le curseur latéralement. Là aussi, la touche **Ctrl** permet de contraindre l'inclinaison à des pas précis.

Convertir le polygone en courbe et le modifier avec l'outil Forme

Le polygone, qui est déjà déformé, peut l'être davantage encore. Il peut en effet être converti en courbe grâce à l'outil **Forme**. Cette conversion fait perdre à l'objet les attributs spécifiques des polygones et il devient une véritable courbe, modifiable à loisir.

1. Sélectionnez le polygone avec l'outil **Sélecteur** et appelez la commande **Disposition/Convertir en courbes**.

2. Activez l'outil **Forme** dans la boîte à outils. Au lieu des 8 poignées habituelles qui s'affichent autour de l'objet, vous constaterez que le polygone est maintenant doté en ses angles de petits carrés blancs.

3. Si vous placez le pointeur de la souris sur l'un de ces petits carrés (sans cliquer), ce point s'agrandit. Il s'agit des points nodaux, que vous avez la possibilité de déplacer pour modifier la forme de la courbe.

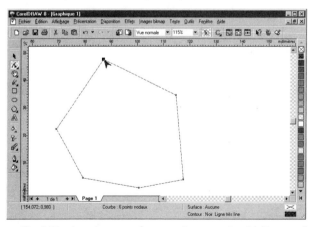

▲ *Fig. 1.32 : Le polygone, après conversion en courbe et édition avec l'outil Forme*

4. Cliquez sur l'un des sommets, maintenez le bouton enfoncé et faites glisser le curseur. Instantanément, l'objet est déformé. Répétez l'opération avec les autres points nodaux, jusqu'à arriver à peu près au même résultat que nous.

5. La touche **Suppr** permet de supprimer les points nodaux.

6. Un clic dans la palette des couleurs va permettre d'attribuer une couleur à ce polygone. Il devra servir d'arrière-plan, aussi allons-nous choisir une teinte pastel.

7. Le contour, pour sa part, deviendra invisible si vous cliquez à l'aide du bouton droit de la souris sur la case dotée d'un "X" dans la palette.

Créer un polygone avec l'outil Bézier

Le second polygone sera créé à l'aide de l'outil **Bézier**. En fait, nous pourrions utiliser également l'outil **Main levée**, mais l'outil **Bézier** est plus approprié à ce genre de travail, car les lignes sont automatiquement reliées entre elles.

1. En principe, l'outil **Bézier** n'est pas affiché dans la boîte à outils. Pour pouvoir l'activer, cliquez sur l'outil **Main levée**. Dans le menu contextuel qui apparaît, cliquez sur le deuxième bouton, en l'occurrence l'outil **Bézier** (Voir Fig. 1.33).

Astuce : Le bon outil grâce aux info-bulles

Le nom des outils s'affiche dans une info-bulle si vous laissez le pointeur de la souris sur le bouton un court instant. Cette info-bulle matérialisée par une petite fenêtre jaune s'affiche pour tous les boutons des barres d'outils et de la boîte à outils. Si l'information s'avère insuffisante, cliquez sur le bouton **Aide**, dans la barre d'outils. Le curseur est accompagné d'un grand point d'interrogation : cliquez sur le bouton qui fait l'objet de votre curiosité. Vous obtiendrez alors une explication détaillée de la fonction de ce contrôle.

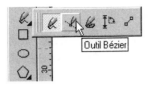

◄ Fig. 1.34 :
Dans le menu contextuel,
vous trouverez l'outil Bézier

2. Placez le pointeur à un emplacement vide de la zone de travail. Un premier clic définit le point de départ de la courbe.

3. Positionnez le pointeur en haut, vers la droite et cliquez une deuxième fois. Vous venez de tracer une droite.

4. Déplacez à nouveau le curseur vers la droite. Un nouveau clic permet de figer le troisième point de la courbe et de tracer le deuxième segment de droite.

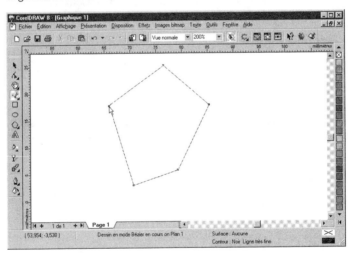

▲ Fig. 1.33 : L'outil Bézier crée des droites reliées entre elles

5. Répétez cette opération jusqu'à disposer de suffisamment de côtés pour le polygone, puis cliquez sur le point de départ. Procédez avec précision pour que les deux points soient parfaitement superposés. Ainsi, CorelDRAW ferme automatiquement l'objet et vous pourrez lui appliquer une surface de remplissage.

Que faire si tous les points ne sont pas reliés ?

Seules des formes fermées acceptent des remplissages. Les points placés aux intersections des segments de droite sont appelés des points nodaux. Si vous n'avez pas réussi à aligner le point final sur le point de départ, vous pouvez y remédier de la façon suivante :

1. Activez l'outil **Forme** pour rendre visibles les points nodaux du polygone. Ils sont matérialisés par de petits carrés.

2. Sélectionnez les deux points à relier. Pour un polygone (qui n'en est pas encore un puisqu'il n'est pas fermé), il s'agit des points de départ et d'arrivée. Pour sélectionner deux points, la technique est exactement la même que pour sélectionner deux objets : maintenez la touche **Maj** enfoncée et cliquez successivement sur les deux points.

3. Double-cliquez sur l'outil **Forme** pour ouvrir le menu flottant **Édition de point nodal**.

4. Cliquez sur le troisième bouton en partant de la gauche, dans la première rangée. Nous aurons l'occasion de revenir en détail sur ces points nodaux dans un chapitre ultérieur.

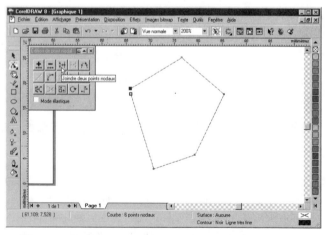

▲ Fig. 1.35 : Les points nodaux peuvent être reliés par le menu flottant Édition de point nodal

Attribuer une couleur au second polygone

Lorsque le polygone est en place, il est temps de le formater.

1. Le second polygone prend la même couleur que le précédent, mais légèrement plus sombre. Pour ce faire, la technique la plus simple est de recourir au menu flottant **Couleur**. Nous le connaissons déjà et savons qu'il s'ouvre par la boîte à outils.

2. Activez l'outil **Sélecteur** et cliquez sur le nouveau polygone.

3. Cliquez sur le bouton **Pipette** puis sur le premier polygone pour en récupérer la teinte.

4. Dans la liste des modèles colorimétriques, sélectionnez l'entrée *TSL* (T=Teinte, S=Saturation et L=Luminosité)

5. Pour assombrir légèrement la teinte, réduisez la valeur du champ *L*.

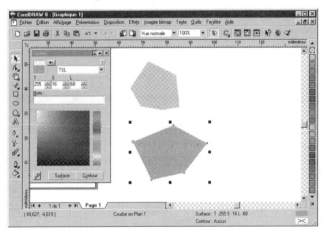

▲ *Fig. 1.36 : Le menu flottant Couleur permet de récupérer facilement une couleur, de la modifier et de l'affecter à un autre objet*

6. Un clic sur le bouton **Surface** et la couleur voulue est attribuée au second polygone.

7. Pour supprimer le contour de cet objet, cliquez avec le bouton droit de la souris sur la case dotée d'un "X" de la palette des couleurs.

Disposer et grouper les objets

Nous allons maintenant placer ces polygones sur l'image. Le dernier objet créé se trouve sur le dessus de la pile, tous les autres sont placés à des niveaux inférieurs.

1. Positionnez les deux polygones de manière à ce qu'ils recouvrent l'image comme dans l'illustration suivante. Vous pouvez éventuellement les redimensionner.

2. Lorsque les deux polygones sont en place, groupez-les en les sélectionnant tous les deux et appelez la commande **Disposition/Associer**.

3. Sélectionnez ensuite la commande **Disposition/Ordre**.

4. Cliquez, dans le sous-menu qui s'affiche alors, sur la commande **Arrière-plan**. Les objets sélectionnés sont alors placés derrière tous les autres.

5. Maintenant que tout est bien en place, nous allons rassembler tous ces objets dans un même groupe. Sélectionnez la commande **Édition/Tout sélectionner** puis cliquez sur la commande **Objets** du sous-menu.

6. Sélectionnez enfin la commande **Disposition/Associer**.

▲ *Fig. 1.37 : Le dessin au stade actuel*

1.9 L'insertion de texte

Nous voici à la partie "texte" de notre image. Dans cette section, nous ajouterons l'adresse.

La différence astucieuse : texte courant et texte artistique

CorelDRAW fait la distinction entre deux types de textes : le texte courant et le texte artistique. Les deux sont créés avec le même outil, mais leurs propriétés et leur usage sont différents.

Créer un texte artistique

Si vous activez l'outil **Texte** et que vous cliquez dans la zone de travail, la barre d'insertion s'affiche : vous pouvez commencer immédiatement la saisie du texte. Vous venez de créer un texte artistique. Ce texte artistique est modifiable avec tous les outils habituels et peut être doté des effets les plus divers. Il ne s'accommode cependant que de textes courts, car il ne dispose pas des fonctions de textes ordinaires concernant les paragraphes, les tabulations ou les retraits.

Créer un texte courant

Pour créer un texte courant, activez l'outil **Texte** et tracez, avec la souris, un encadré destiné à recevoir le texte. La technique est la même que pour le dessin d'un rectangle. Le texte courant n'accepte pas autant de formatage que le texte artistique, mais met à disposition plus de fonctions de texte.

Insérer un texte artistique

Pour notre logo, le type de texte le plus approprié est le texte artistique de par les possibilités de formatage qu'il propose.

1. Cliquez sur l'outil **Texte**, placez le pointeur dans la page de dessin. Il se transforme en une croix accompagnée de la lettre "A".

2. Cliquez dans cette page de dessin : la barre d'insertion apparaît, vous pouvez commencer la saisie du texte.

3. Tapez votre nom. Attention ! Ne terminez pas la saisie en appuyant sur la touche **Entrée**. Cette touche crée une nouvelle ligne, mais ne termine aucunement la saisie. Cliquez sur l'outil **Sélecteur** ou appuyez sur **Echap** pour clore la saisie. Le pointeur reprend sa forme de flèche.

4. Le texte saisi est automatiquement sélectionné, le formatage peut commencer de suite. Il est probable que la taille par défaut du texte, trop grande, ne vous permette pas de visualiser l'ensemble du texte. Cliquez alors sur la zone **Zoom** de la barre d'outils et activez l'option 75 % .

1.10 Formater un texte artistique

Pour commencer, nous allons modifier la police et la taille du texte. Cette taille est facile à modifier : il suffit d'utiliser des poignées.

1. Cliquez sur l'une des poignées d'angle et maintenez le bouton enfoncé. Faites glisser doucement la souris vers le centre du texte pour le réduire.

2. La boîte de dialogue **Formater le texte** vous permet de définir précisément la taille du texte. Elle s'ouvre lorsque vous appelez la commande **Texte/Formatage du texte**.

◄ Fig. 1.38 :
Toutes les possibilités de formatage du texte sont offertes par cette boîte de dialogue

3. Dans la boîte de dialogue **Formater le texte**, activez l'onglet **Police**.

4. Pour sélectionner la police de caractères, cliquez sur le bouton fléché, à droite du champ *Police*. La liste de toutes les polices installées sur votre PC s'affiche alors. Les touches de direction du clavier permettent de parcourir aisément ces polices, la zone d'aperçu affichant chaque fois le texte dans la police sélectionnée.

5. Lorsque vous aurez choisi la police (nous avons opté pour la police *Bard*), passez au champ suivant, *Taille*. En principe, elle se situe aux environs de 14 ou 15 points, cette valeur pouvant toutefois changer en fonction de la police. Il faut savoir à cet égard que chaque police a des caractères de largeur différente. Lorsque vous aurez trouvé votre bonheur, cliquez sur le bouton **Appliquer**, vous pourrez ainsi contempler tranquillement le résultat.

6. Si le résultat ne vous convient pas, modifiez les paramètres et cliquez à nouveau sur **Appliquer**. Lorsque tout est au point, cliquez sur OK. Dans notre exemple, nous avons opté pour une taille de 22 points.

Astuce : Formatage rapide par la barre des propriétés

La barre des propriétés constitue une autre technique de formatage. En saisissant les valeurs requises dans les divers champs, vous arriverez au même résultat.

Conseil : L'unité de taille est le point

La taille des caractères est exprimée en une unité de mesure appelé le point, ou plus précisément le point Pica. Cette unité vient d'un système de mesure anglo-américain fondé sur le pouce anglais (2,54 cm). Sachez que 12 points équivalent à 1 Pica et que 6 Picas équivalent à 1 pouce. Un pouce contient ainsi 72 points (en chiffres arrondis). Cette unité de mesure est le standard international en matière de PAO.

1.11 Aligner un texte artistique sur un objet

Le texte artistique peut être déformé et modifié de nombreuses façons. Remplissages spéciaux (dégradés ou motifs), perspectives et autres effets, tout est possible et facile à réaliser. Dans l'exercice suivant, nous souhaitons que le texte coure le long d'une ligne sinusoïdale. Pour ce faire, nous utiliserons la fonction d'alignement du texte sur un objet.

Dessiner une courbe de Bézier

Une forme, ligne ou objet fermé, le long de laquelle le texte sera aligné, est d'abord nécessaire.

1. Le plus simple est de faire appel à l'outil **Bézier**. S'il n'est pas affiché dans la boîte à outils, cliquez sur le quatrième bouton de la boîte, en partant du haut, et maintenez le bouton enfoncé un court instant. Le menu contextuel qui s'affiche alors propose quatre boutons. L'outil **Bézier** est le deuxième en partant de la gauche. Il permet de tracer de superbes courbes.

2. Cliquez dans la page de dessin. Ce clic met en place le point de départ de la courbe. Relâchez le bouton de la souris et déplacez le pointeur vers la droite. Cliquez à nouveau, mais cette fois maintenez le bouton de la souris enfoncé et déplacez le curseur vers le haut.

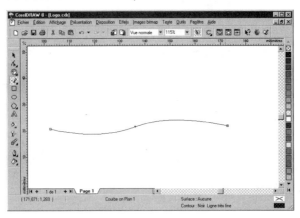

▲ *Fig. 1.39 : Une courbe de Bézier avec trois points nodaux*

3. En maintenant le bouton enfoncé, vous pourrez créer deux points de contrôle à partir du second point nodal. Avec un peu d'habileté, vous apprendrez rapidement à utiliser ces points de contrôle pour transformer le segment de droite en une courbe. Lorsque le résultat vous convient, relâchez le bouton de la souris et déplacez le pointeur plus à droite.

4. Cliquez pour fixer le troisième point et répétez l'opération précédente : maintenez le bouton enfoncé et déplacez le curseur pour former la courbe de votre choix.

Modifier une courbe de Bézier

Si la forme de la courbe ne vous satisfait pas totalement, ne désespérez pas ! Tous les objets, lignes ou objets fermés, sont modifiables. Sachez que l'outil **Bézier** est l'un des plus délicats à maîtriser.

1. Pour améliorer la courbe, cliquez d'abord sur l'outil **Forme**. Le pointeur se transforme en une pointe de flèche noire et la présentation de la courbe change. Vous distinguez désormais les points nodaux, c'est-à-dire les points que vous avez fixés par vos clics. Les points de contrôle sont également visibles si vous cliquez sur l'un des points nodaux.

2. Cliquez sur le dernier point nodal mis en place. En maintenant le bouton gauche de la souris enfoncé, vous pouvez déplacer ce point, la courbe s'adaptant à sa nouvelle position.

3. Les points de contrôle peuvent eux aussi être déplacés à l'aide de la souris. Pas facile à saisir, ces petits carrés, mais avec un peu d'habitude, vous verrez que les choses se passent très bien !

4. Lorsque les modifications vous conviennent, activez de nouveau l'outil **Sélecteur**. Au besoin, ajustez la longueur de la courbe à celle du texte. Les deux doivent êtres sensiblement de la même taille (Voir Fig. 1.40).

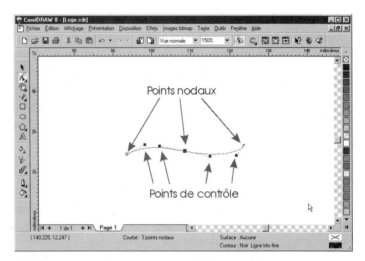

▲ *Fig. 1.40 : L'outil Forme vous permet d'éditer des points nodaux et des points de contrôle pour modifier la courbure de la ligne*

Aligner le texte sur un objet

Vient le moment d'aligner le texte sur l'objet. Pour cela, sélectionnez d'abord les deux éléments, texte et objet.

1. Cliquez successivement sur les deux en gardant la touche **Maj** enfoncée. Lorsque les deux sont sélectionnés, relâchez le bouton de la souris ainsi que la touche du clavier.

2. Appelez dans le menu **Affichage** la commande **Menus flottants** et, dans le sous-menu, cliquez sur la commande **Accoler le texte au tracé**.

3. Dans ce menu flottant, tous les paramètres nécessaires pour l'opération sont disponibles. Dans la troisième zone de liste, celle du bas, sélectionnez l'entrée dans laquelle le texte est centré horizontalement.

4. Cliquez ensuite sur le bouton **Appliquer** : le texte suit maintenant la courbe. Réduisez le menu flottant à sa barre de titre.

5. Lorsque le texte est accolé, vous pouvez sans problème supprimer la courbe de Bézier. Sélectionnez-la et appuyez sur **Suppr**.

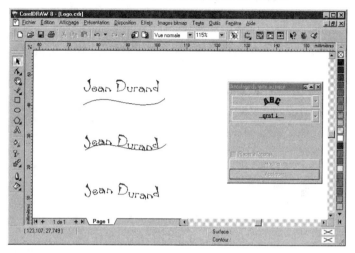

▲ *Fig. 1.41 : Les trois étapes dans le détail*

Ajouter d'autres textes

Il manque encore l'adresse !

1. Activez à nouveau l'outil **Texte**, puis cliquez dans la page de dessin et tapez l'adresse sans vous soucier de formatage ou de position.

2. Appelez ensuite la commande **Texte/Formatage du texte** et définissez la police et la taille des caractères. Dans notre exemple, nous avons choisi la police *Dauphin*.

3. Sous l'onglet **Alignement**, plusieurs options vous attendent. Activez l'option *Centre* puis validez par OK.

Positionner, associer et disposer les objets

Comme vous le constatez, certaines procédures se répètent. Ceci n'est pas lié à notre exemple, ces opérations sont incontournables quel que soit le dessin.

1. Nous allons centrer les trois composants de notre dessin : image, nom et adresse. Vous pouvez définir la position de chaque élément au jugé, avec l'aide de la souris et de l'outil **Sélecteur**, ou avec les touches de direction du clavier.

2. Lorsque la position des objets les uns par rapport aux autres est définie, il est conseillé de les associer. Sélectionnez tous les objets avec l'outil **Sélecteur** ou par la commande **Édition/Tout sélectionner**.

3. Appelez ensuite la commande **Disposition/Associer**.

4. La dernière étape, avant l'enregistrement du fichier, consiste à positionner l'image dans la page. Pour l'instant, nous avons disposé les objets les uns par rapport aux autres : c'est ce qu'on appelle leur position relative. Il s'agit maintenant de définir leur position absolue, c'est-à-dire leur position dans la page de dessin. Sélectionnez le logo et appelez la commande **Disposition /Alignement et distribution**.

5. Cochez la case *Centre de la page* et les deux cases *Centre*.

6. Cliquez maintenant sur OK pour valider : le logo se trouve désormais au centre de la page de dessin.

▲ *Fig. 1.42 : Le logo est terminé. Il reste à l'enregistrer et à l'imprimer*

1.12 Enregistrer le fichier

À n'oublier sous aucun prétexte : l'enregistrement du fichier. Si vous envisagez des utilisations différentes de ce fichier, enregistrez-le sous plusieurs formats.

Enregistrer l'image comme fichier CorelDRAW

Dans cette étape, nous allons enregistrer l'image comme fichier *Cdr*. C'est le format par défaut de CorelDRAW.

1. Ouvrez le menu **Fichier** et appelez la commande **Enregistrer sous**. La boîte de dialogue de même nom s'affiche alors.

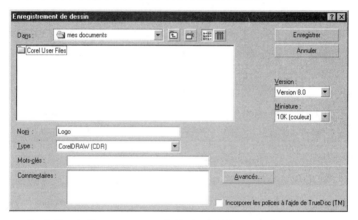

▲ *Fig. 1.43 : Attribuez un nom au fichier et choisissez son format*

2. Sélectionnez d'abord le dossier dans lequel vous souhaitez stocker le logo.

3. Attribuez-lui un nom significatif. Double-cliquez dans le champ *Nom* et tapez ce nom. Ne vous souciez pas de l'extension, CorelDRAW s'en charge pour vous. Nous l'avons appelé *Logo*.

4. Dans le champ *Type*, la mention proposée par défaut est *CorelDRAW (CDR)*. Conservez-la.

5. CorelDRAW propose également l'option *Incorporer les polices à l'aide de TrueDoc (TM)*. Par mesure de sécurité, activez systématiquement cette case, car ainsi l'image sera accompagnée de toutes les polices de caractères utilisées. Ainsi, en cas de transfert sur un autre ordinateur, les polices utilisées seront conservées.

6. Cliquez sur **Enregistrer**.

Quel format de fichier utiliser ?

Ce logo devant être inséré dans d'autres programmes, quelques réflexions quant à son format de fichier s'imposent. Beaucoup de programmes ne savent pas importer des images au format *Cdr*. Voici comment y remédier :

1. Maintenant que le fichier est enregistré au format *Cdr*, rappelez la commande **Fichier/Enregistrer sous** et sélectionnez cette fois le type *Métafichier Windows (Wmf)*. Ce programme est beaucoup plus courant que le format de CorelDRAW et il vous permettra d'insérer l'image dans tous les produits de la suite Microsoft Office.

2. Lors de l'enregistrement au format *Wmf*, le programme demande si le texte doit être exporté comme texte ou comme courbe. N'ayant que peu de texte dans le logo, nous avons opté pour des courbes. Le texte est ainsi converti, il ne sera plus considéré comme du texte mais comme un ensemble de formes géométriques.

3. Vous avez créé un fichier *Wmf* que vous pourrez incorporer dans n'importe quel document Word en appelant la commande **Insertion/Objet**.

Texte ou courbe : avantages et inconvénients de la conversion

La conversion de texte en courbes présente des avantages et des inconvénients. L'avantage est le suivant : l'image ne dépendra plus des polices de caractères installées sur le PC. L'ensemble du texte est remplacé par des lignes, des courbes et des objets fermés, représentant le texte initial. N'oubliez pas que si les polices utilisées dans l'image ne sont pas installées sur l'ordinateur avec lequel vous ouvrez l'image, elles seront remplacées (plus ou moins bien) par d'autres polices. Les modifications entraînées par le remplacement de police peuvent être dramatiques.

L'inconvénient de la conversion en courbes est le suivant : les courbes occupent beaucoup plus de place en mémoire et sur le disque que le texte.

Il n'y a cependant pas de solution idéale, le plus simple est d'expérimenter au cas par cas.

1.13 Pour faire impression : imprimer

Venons-en à l'impression.

1. Ouvrez le menu **Fichier** et cliquez sur la commande **Aperçu avant impression**. L'affichage change du tout au tout, vous avez désormais sous les yeux l'image telle qu'elle sera imprimée. Cet affichage reprend automatiquement les paramètres de l'imprimante par défaut. Ainsi, si vous avez installé une imprimante Laser, l'aperçu sera en noir et blanc.

Conseil : Les couleurs

Si vous travaillez avec des couleurs, vous risquez d'avoir quelques surprises lors de la conversion en niveaux de gris. Ce qui était auparavant nettement différencié en raison des couleurs peut être indiscernable en niveaux de gris. Le rouge par exemple devient noir.

2. Un clic sur le bouton **Fermer** permet de revenir à l'affichage normal de CorelDRAW.

3. Pour imprimer l'image, sélectionnez la commande **Fichier/Imprimer** (Voir Fig. 1.44).

4. Dans la zone de liste *Nom* de la rubrique *Imprimante*, sélectionnez l'imprimante que vous souhaitez utiliser pour l'opération. En principe, la boîte de dialogue affiche l'imprimante déclarée comme imprimante par défaut. Le bouton **Propriétés** permet éventuellement d'en modifier les paramètres.

5. Pour lancer l'impression, cliquez sur le bouton **Imprimer**.

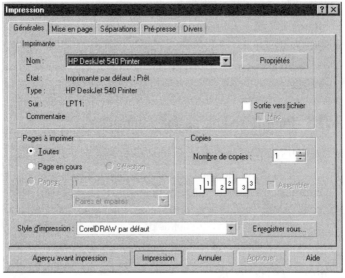

▲ *Fig. 1.44 : La boîte de dialogue Impression permet de piloter avec précision l'impression*

2. Quoi de neuf dans CorelDRAW 8 ?

La version 8 de CorelDRAW apporte quelques nouvelles fonctions. Nous allons vous en présenter les principaux changements et nouveautés. Vous trouverez un récapitulatif de ces nouveautés en fin du chapitre.

2.1 La tendance : plus intuitif, plus interactif, plus innovant

Les boutons ont également été modifiés et adaptés au goût du jour. Le but de Corel est de faciliter l'utilisation et l'apprentissage de son produit.

Les menus fixes

L'une des principales nouveautés de cette version 8 est l'apparition des menus fixes. Beaucoup de fonctions qui, dans les versions 6 et 7, passaient par des menus flottants, ont été transformées en menus fixes. Ces menus viennent se fixer la long de la bordure droite de la fenêtre de dessin et représentent, chacun, un onglet. Ces menus fixes occupent cependant une partie non négligeable de l'écran et ne sont véritablement pratiques qu'avec un écran de 17 pouces ou plus.

◄ Fig. 2.1 :
Les nouveaux
menus fixes

Flat Design

En matière de boutons, la tendance est au "flat design", c'est-à-dire aux boutons plats, qui ne prennent un aspect 3D que lorsque le pointeur est placé dessus. Cette option doit permettre à l'utilisateur de cliquer plus facilement sur le bouton requis, mais les avis sont partagés à ce sujet.

◀ Fig. 2.2 :
Les boutons plats facilitent la sélection de l'outil

Du Gestionnaire de plans au Gestionnaire d'objets

Le Gestionnaire de plans n'existe plus dans la version 8. Son activité a été reprise par le Gestionnaire d'objets. Avec ses fonctions de gestion étendues, il permet d'organiser les plans et de gérer les objets. Ce Gestionnaire d'objets est intégré dans la fenêtre de travail sous forme d'un menu fixe.

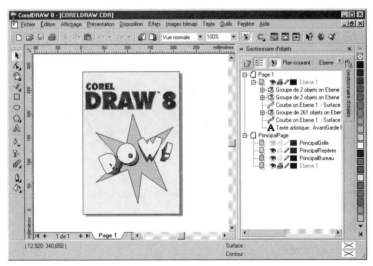

▲ Fig. 2.3 : A droite, le Gestionnaire d'objets, en menu fixe

2.2   Sans détour : affectation directe

Les techniques d'utilisation des outils ont également changé. Certaines boîtes de dialogue peuvent désormais rester ouvertes en permanence, à l'instar des menus flottants.

La boîte de dialogue Propriétés d'objet

La fonction de cette boîte de dialogue est comparable à celle de la barre des propriétés. La boîte de dialogue présente l'avantage d'offrir une meilleure lisibilité et une multitude de fonctions. Grâce aux onglets, les options sont clairement classées. Alors que dans les versions précédentes, chaque affectation d'une option fermait la boîte de dialogue, cette boîte peut désormais rester ouverte. Ainsi, une fois l'objet créé, il est possible d'en définir immédiatement les propriétés.

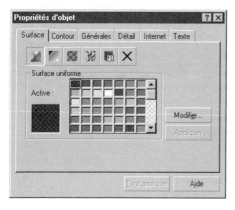

◄ *Fig. 2.4 :*
La boîte de dialogue
Propriétés d'objet

Nombreuses possibilités de formatage des textes grâce à une boîte de dialogue

Les utilisateurs de la version 5 de CorelDRAW le savent : le menu flottant **Texte** permet de formater rapidement un texte. Ce menu flottant a été remplacé par la barre des propriétés, mais cette barre n'est pas très pratique à utiliser. Dans CorelDRAW 8, la commande **Texte/Formatage**

, **du texte** ouvre la boîte de dialogue **Formater le texte**, qui propose toutes les options de texte et qui peut elle aussi rester ouverte en permanence. Elle prend bien évidemment plus de place à l'écran qu'un menu flottant, mais offre en contrepartie beaucoup plus de possibilités.

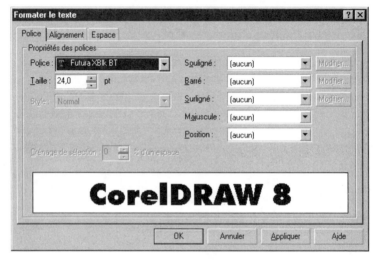

▲ *Fig. 2.5 : La boîte de dialogue Formater le texte*

2.3 Nouvelles fonctions

Certaines nouvelles fonctions ont été ajoutées, permettant d'obtenir de nouveaux effets et facilitant l'agencement.

Fond de page imprimable

Dans le passé, pour obtenir un fond de page, il fallait mettre en place un arrière-plan de couleur ou un motif sur la page de dessin. Avec la version 8, vous avez possibilité de définir ce fond de page dans la boîte de dialogue **Options**. Elle propose soit un fond uni, soit un fond Bitmap, sans que vous n'ayez à mettre quoi que ce soit en place dans le dessin en lui-même. Le fichier source peut être incorporé dans le fichier CorelDRAW, mais il est également possible de définir une liaison. Avec des fonds en très haute résolution, cette liaison permet de conserver au fichier CorelDRAW une taille acceptable. Il suffit de placer l'image CorelDRAW et le fichier de fond dans un même dossier et d'établir la liaison à partir de là.

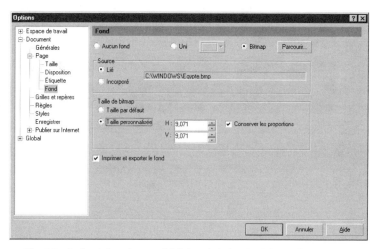

▲ *Fig. 2.6 : Le fond de page est défini dans la boîte de dialogue Options*

Des ombres interactives et non fantomatiques !

Qui n'a jamais souhaité appliquer à des objets ou à un texte une ombre ? Avec le nouvel outil interactif **Ombre portée**, c'est un véritable jeu d'enfant. Sélectionnez l'objet, activez l'outil et cliquez, c'est tout. Le reste est pris en charge par CorelDRAW. Avec l'aide de la barre des propriétés, vous aurez ensuite l'occasion d'agencer l'ombre, sa couleur, sa forme, etc. Autre possibilité : dissocier l'objet et son ombre et éditer les deux objets indivi-duellement. Les possibilités d'application sont innombrables et évitent le détour par un programme de retouche d'images.

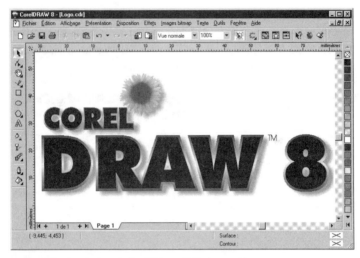

▲ Fig. 2.7 : Le résultat de l'outil interactif Ombre portée

Texte 3D

▲ Fig. 2.8 : Le texte en relief ouvre de nouveaux horizons pour les textes

La fonction **Extrusion** des versions précédentes de CorelDRAW ne vous est certainement pas inconnue. Ce que vous ne savez peut-être pas, c'est qu'avec la version 8, il est possible d'appliquer des effets du même style que l'extrusion à un texte artistique. La commande **Mettre le texte en relief** affiche une nouvelle boîte à outils et permet d'agencer le texte "online", en recourant à des fonctions d'éclairage, de biseau, etc.

Du Presse-papiers dans l'encadré de texte

Les éléments graphiques, par exemple les cliparts, peuvent être insérés directement dans un texte artistique ou courant par l'intermédiaire du Presse-papiers. Cela permet de lier les deux objets, texte et image, et d'accéder à de nouvelles possibilités de mise en forme. Avec les textes courants, c'est un moyen idéal pour créer des puces particulièrement originales.

Verrouiller des objets

Jusqu'à présent, lorsque les premiers objets étaient au point et que vous souhaitiez les protéger des modifications intempestives, la solution était de verrouiller le plan complet et de passer à un nouveau plan. Désormais, vous pouvez verrouiller individuellement un objet ou un groupe d'objets. Une icône de verrou indique que cet objet ne peut plus être édité, sauf à retirer expressément la protection.

Repères

La manipulation et l'utilisation des repères ont été fondamentalement remaniées. Ces repères sont maintenant considérés comme des objets ordinaires. Il n'est plus possible de les supprimer en les ramenant dans leur règle d'origine, il faut les sélectionner et les supprimer par la touche **Suppr**. Il est même possible de double-cliquer dessus pour afficher des poignées de rotation.

2.4 Chacun le sien : configurer l'environnement de travail

Chaque utilisateur a ses préférences en matière d'environnement de travail. Quelles barres d'outils souhaitez-vous trouver au départ, et à quel endroit ? Quels sont les paramètres de mise en page que vous aimeriez retrouver pour chaque nouveau document ? Chaque domaine d'application de CorelDRAW nécessite une configuration différente de l'interface et du programme.

Créer et enregistrer des espaces de travail

Dans CorelDRAW 6 et 7, vous pouviez enregistrer l'environnement de travail actif ainsi que quelques paramètres de manière à retrouver l'ensemble au moment de la création d'un nouveau document. Dans la nouvelle version 8, vous pouvez enregistrer autant d'espaces de travail que vous le souhaitez et les rappeler quand bon vous semble (même pendant la création d'une image). L'interface est ainsi adaptable à toutes les situations.

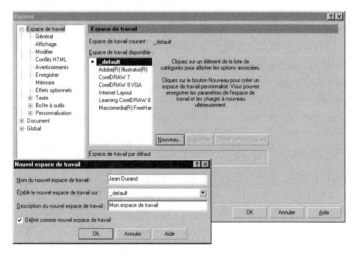

▲ Fig. 2.9 : Dans cette boîte de dialogue, vous pouvez enregistrer autant d'espaces de travail que vous le désirez

2.5   Ce que vous convoitez : les paramètres étendus

Les paramètres de base n'ont pas échappé à l'évolution : le design et l'agencement de la boîte de dialogue **Options** ont totalement changé.

Tout d'un simple coup d'œil

Ce qui était précédemment réparti entre plusieurs boîtes de dialogue et différents menus est désormais regroupé dans une seule et même boîte de dialogue. La boîte de dialogue **Options** est appelée par la commande **Outils/Options** et propose l'accès aux fonctions par le biais d'une structure arborescente.

Plus de mémoire

De nouveaux paramètres ont été ajoutés, par exemple une fonction de configuration des ressources de mémoire. Vous pouvez désormais définir individuellement le pourcentage de la mémoire de travail (RAM) que CorelDRAW est autorisé à employer. Si vous augmentez la valeur, les lenteurs et les temps de latence souvent constatés auparavant peuvent être considérablement réduits. Grâce à une fonction de compression spéciale, les ressources sont mieux préservées, ce qui est fort appréciable, notamment si la mémoire de votre PC ou votre disque dur sont proches de la saturation (par exemple un portable).

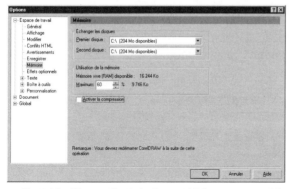

▲ *Fig. 2.10 :   Un peu d'optimisation matérielle ne peut pas faire de mal :
l'accès mémoire de CorelDRAW*

2.6 Internet & Co : les fonctions Web avancées

Le développement extraordinaire de l'Internet et son importance croissante dans le monde actuel ont bien sûr influencé CorelDRAW. Beaucoup de fonctions Web font de CorelDRAW un des éditeurs Web les plus intéressants du marché.

Publication HTML WYSIWYG

Dans CorelDRAW, il est possible d'agencer visuellement les pages HTML, sans avoir à programmer la moindre ligne de langage HTML. Ces pages Web peuvent être présentées sous forme de code HTML, avec des tables HTML, ou être converties en plans HTML. Un assistant HTML guide le concepteur Internet novice dans la conversion de la page Web. Les objets Internet, par exemple les Applets Java, les cases d'option ou les boutons trouvent place sans problème sur les pages Web.

Compatibilité Internet

Il existe même une fonction de vérification de la compatibilité des pages Web créées avec CorelDRAW, par rapport au standard HTML. Les commandes et fonctions ne répondant pas au standard actuel sont ainsi détectées, à charge pour vous de les supprimer. C'est la garantie que votre page Web sera affichable par n'importe quel navigateur.

Aperçu du Gestionnaire de signets

Le Gestionnaire de signets Internet est une fenêtre ancrable qui contient une liste de tous les liens hypertextes du document. La création et la gestion de ces liens s'en trouvent grandement facilitées.

2.7 Vue d'ensemble des nouveautés

Cette section répertorie les principales nouveautés de la version 8.

■ Les espaces de travail individuels peuvent être enregistrés séparément et rappelés à tout moment.

■ Les fonctions d'importation étendues permettent l'importation de plusieurs fichiers simultanément.

■ Les objets importés peuvent être positionnés durant l'importation.

■ Les objets importés (Bitmap) peuvent être importés en taille originale, avec une mise à l'échelle ou une déformation.

■ Le contrôle de la disposition permet une meilleure représentation des objets importés (surtout les bitmaps).

■ Le nouveau "flat design" des barres d'outils facilite la sélection du bouton requis.

■ Les menus fixes (appelés parfois "fenêtre ancrées"), permettent l'intégration des fonctions des menus flottants dans la fenêtre de travail.

■ L'outil interactif **Distorsion** permet de distordre directement l'objet.

■ L'outil interactif **Relier** offre de nouveaux effets 3D.

■ La fonction **Ajuster le texte à l'encadré** permet d'adapter un encadré de texte courant à une forme, d'un simple clic de souris.

■ Les objets graphiques peuvent être collés directement dans les textes artistiques ou courants.

■ Il est possible de verrouiller individuellement les objets, pour éviter qu'ils ne soient modifiés malencontreusement.

■ La fonction étendue **Annuler** permet de restaurer une version précédente de l'image, même si le fichier a été enregistré entre-temps.

■ Les repères sont considérés désormais comme des objets ordinaires, vous pourrez même leur appliquer des rotations.

■ Les nouveaux effets de texte 3D étendent encore les possibilités d'agencement des objets texte.

■ Grâce à une fonction d'affichage spéciale, il est possible de visualiser les objets surimprimés.

■ La création de palettes de couleurs personnalisées est largement facilitée par l'**Éditeur de palettes**.

■ Les nouvelles fonctions Internet prennent en charge les animations GIF.

■ Le Gestionnaire de signets fournit un aperçu complet des liens hypertextes du document.

■ Les fonctions HTML WYSIWYG, les tables HTML, les styles et les plans Netscape facilitent la conception des pages Web.

■ CorelDRAW 8 prend désormais en charge le format Adobe PostScript 3.

3. De la couleur avant toute chose : la carte de vœux personnelle

Dans cet exercice, nous traiterons plus précisément des fonctionnalités de CorelDRAW. Les plans et les repères représentent deux des points clés de cette section. Nous avons déjà abordé au chapitre 1 le concept de mise en page. Mais nous irons ici un peu plus avant car notre document se composera de plusieurs pages. Vous découvrirez également quelques effets intéressants, par exemple les projections. Dans le premier chapitre, nous avions accolé un texte à un tracé. Ici nous approfondirons cette fonction. Nous traiterons également de la création d'un fond de page personnalisé, de la définition de remplissage et du formatage de formes complexes.

3.1 Création d'un nouveau fichier et mise en page

Certaines opérations reviennent constamment. C'est le cas de la création d'un nouveau document et de la définition de la mise en page. Si le premier exercice portait sur un document d'une seule page, cet exemple concerne lui plusieurs pages.

Commençons par créer le nouveau fichier.

1. Si vous avez fermé CorelDRAW, redémarrez le programme et cliquez, dans la boîte de dialogue de bienvenue, sur l'icône *Nouveau fichier*. Une page de dessin vierge s'affiche alors.

2. Pour définir la mise en page, sélectionnez la commande **Présentation/ Mise en page**.

Conseil : La boîte de dialogue Mise en page de CorelDRAW 6 et 7

Cette boîte de dialogue regroupe toutes les options. Vous ne trouverez pas ici les onglets de CorelDRAW 8, tout se passe au même endroit.

Conseil : La boîte de dialogue de mise en page de CorelDRAW 8

Dans CorelDRAW 8, c'est la boîte de dialogue **Options** qui s'ouvre, avec son onglet **Taille**. Les options sont plus nombreuses et réparties sur plusieurs onglets.

3. L'orientation de la page de dessin est de type *Paysage*. Vérifiez également que l'unité de mesure est bien sur *millimètre*.

4. Dans le champ *Largeur*, tapez la valeur 280 et la valeur 190 dans le champ *Hauteur*.

5. Dans le champ *Papier*, la valeur *Personnalisée* s'affiche automatiquement.

Astuce : Mise en page rapide par double clic

Si vous ne souhaitez pas procéder à la mise en page à l'aide des menus, sachez qu'il existe une autre possibilité : double-cliquez sur le cadre de la page. Cette action ouvre instantanément la boîte de dialogue **Options** et l'onglet **Taille**. Une autre possibilité consiste à cliquer avec le bouton droit de la souris sur le cadre de la page. Dans le menu contextuel ainsi ouvert, sélectionnez la commande **Mise en page** : vous revoici de nouveau dans la boîte de dialogue **Options**. Il existe même une quatrième possibilité : si aucun objet n'est sélectionné, vous pouvez définir les paramètres de la page, format et orientation, dans la barre des propriétés. Toutes ces techniques aboutissent à un même résultat. Celle que vous choisirez dépend de vos goûts et de vos habitudes. Nous vous conseillons de vous limiter à une méthode, vous gagnerez ainsi en vitesse et en efficacité.

6. Dans la version 8 du programme, vous pouvez enregistrer la taille de la page en cliquant sur le bouton **Enregistrer la page personnalisée**. Donnez un nom à ce format de page et cliquez sur OK pour lancer l'enregistrement. Ce format vous sera proposé à l'avenir dans la liste des formats de page.

Conseil : Seules les options de l'onglet sont enregistrées

Seules les options de l'onglet **Taille** sont enregistrées. Tout le reste doit être défini manuellement si vous ne travaillez pas avec un gabarit.

7. Avant de quitter l'onglet **Taille**, cliquez sur le bouton **Ajouter encadré de page**. Peut-être ne l'avez-vous pas encore remarqué mais Corel-DRAW a créé un rectangle représentant avec précision la taille de la page. Cet encadré de page nous sera très utile par la suite pour agencer l'arrière-plan.

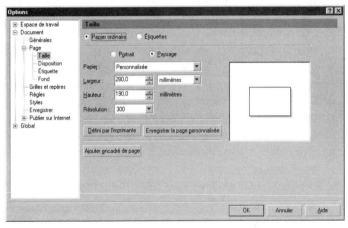

▲ *Fig. 3.1 : Une bonne mise en page est décisive pour le résultat final*

8. Activez ensuite l'onglet **Disposition** . Cliquez sur le bouton fléché de la zone de liste *Présentation* : sélectionnez l'entrée *Fascicule*.

9. La zone de prévisualisation affiche un exemple de notre disposition. La page de dessin est partagée en deux. La partie de droite sera la première page du fascicule, la page de gauche la dernière . Grâce à cette option, la première et la dernière page du fascicule seront imprimées sur la même feuille. Il ne nous reste plus qu'à plier la feuille en son milieu. Cela montre toute l'importance d'une définition correcte de la mise en page. Notre but n'est pas de créer un fascicule, mais notre carte de vœux étant elle aussi pliée en son milieu, elle forme ainsi un mini-fascicule de quatre pages.

11. Il convient maintenant d'activer la case à cocher *Pages doubles*. Cette option permet de visualiser et d'agencer simultanément les deux pages internes.

Conseil : Les nouvelles options de mise en page

La version 8 de CorelDRAW comporte de nouvelles options de mise en page. Prenons par exemple l'onglet **Fond**. Alors que dans les versions précédentes, la couleur du papier utilisé était imitée et non imprimée, il est désormais possible de définir un fond de page, avec possibilité d'impression ou d'exportation. Cette fonction définit un fond de page pour l'ensemble des pages du document, ce qui peut néanmoins constituer un inconvénient si les pages sont agencées différemment. Pourquoi définir un arrière-plan Bitmap alors qu'il sera couvert par d'autres fonds ? Dans notre exemple, nous nous en tiendrons à la méthode classique : l'utilisation d'un encadré de page agencé individuellement pour chaque page. La mise en forme des pages intérieures sera différente de celle des pages extérieures. C'est pourquoi nous conservons pour l'instant l'option *Aucun fond* et désactivons l'option *Imprimer et exporter le fond*.

---

12. Cliquez sur le bouton OK. La mise en page est terminée.

3.2   Que se passe-t-il à l'écran ?

Vous avez sous les yeux le résultat des options de mise en page, en l'occurrence la partie droite de la page de dessin. La règle horizontale est positionnée en conséquence. Le point zéro passe très exactement au milieu de la page de dessin. Cela permet de positionner simultanément des objets sur la partie gauche et droite de la page grâce à la règle ou à la grille. Si vous cliquez dans la page de dessin, l'encadré de page est sélectionné. Il ne s'agit de rien d'autre que d'un rectangle de la taille de la page. Il est invisible, puisque par défaut les objets créés avec CorelDRAW ne sont constitués que d'un trait de contour. Ce contour se superpose exactement à la bordure de la page.

Étendre la barre d'état

Si l'encadré de page est sélectionné, un certain nombre d'informations le concernant figure alors dans la barre d'état. Il s'agit par exemple du type de l'objet, de son plan et de son remplissage. Tout à gauche, s'affichent les coordonnées du pointeur de la souris. Qu'en est-il des informations relatives au contour ?

▲ *Fig. 3.2 : Un clic avec le bouton droit sur la barre d'état ouvre un menu contextuel permettant d'en modifier la présentation*

1. Vous pouvez agrandir la barre d'état, en cliquant dessus à l'aide du bouton droit de la souris et en sélectionnant la commande **Taille**.

2. Elle déroule un sous-menu proposant la commande **Deux lignes**. Lorsque vous relâchez le bouton de la souris, la barre d'état comporte désormais deux lignes, offrant ainsi plus d'informations.

3. Par la commande **Personnaliser** de ce même menu contextuel, vous accéderez à une boîte de dialogue permettant de choisir les informations affichées dans la barre d'état.

Agencer l'encadré de page en guise d'arrière-plan

L'encadré de page qui est destiné à devenir le fond de la page est très discret pour l'instant. Nous allons lui appliquer un remplissage imitant la structure du papier.

1. Sélectionnez le rectangle à l'aide de l'outil **Sélecteur**.

Conseil : Sélection facile

Sous CorelDRAW 8, la sélection est facilitée. Les utilisateurs ont la possibilité de cliquer sur l'encadré de page avec l'outil **Rectangle** ou l'outil **Ellipse** sans être obligés de recourir à l'outil **Sélecteur**. Aucun objet n'est alors créé. Pour qu'il y ait création, il faut maintenir le bouton gauche de la souris enfoncé.

2. Commençons la mise en forme. Le plus simple est d'utiliser un menu flottant qui restera ouvert en permanence et offrira toutes les options nécessaires. Pour afficher ce menu flottant, cliquez sur l'outil **Surface** dans la boîte à outils.

3. Les deux derniers boutons du menu contextuel qui s'affiche alors permettent d'ouvrir deux menus flottants : **Couleur**, pour affecter des couleurs de remplissage et de contour et **Attribut - Surface spéciale**, pour appliquer des dégradés, des motifs et des motifs Bitmap. Nous affichons ce dernier menu flottant.

Conseil : Motifs Bitmap

Les motifs Bitmap sont des cas particuliers, car vous travaillez en fait avec un programme de dessin vectoriel. L'utilisation d'images Bitmap dans une image vectorielle n'est possible que grâce à certaines fonctions spécifiques de CorelDRAW. Chaque type de remplissage (dégradé, motif ou texture) est lui-même divisé en plusieurs sous-types. Ainsi, les dégradés sont subdivisés en dégradés de type linéaire, concentrique, conique ou carré. La direction du dégradé peut être définie directement dans la zone d'aperçu, il suffit de cliquer sur cette zone et de déplacer le pointeur tout en maintenant le bouton gauche de la souris enfoncé. Si vous appuyez simultanément sur la touche **Ctrl**, l'angle de direction sera défini par pas de 15°. Les motifs et les textures se déclinent également en différentes variantes qui s'afficheront dans la zone d'aperçu. Un clic sur le bouton **Modifier** ouvre une boîte de dialogue comportant des paramètres étendus pour le type de motif sélectionné. Vous pouvez ainsi définir précisément un motif en saisissant les valeurs de votre choix.

4. Pour notre encadré de page, nous avons cliqué sur le deuxième bouton du menu, celui correspondant aux motifs. Sélectionnez l'entrée *Bitmap* dans la liste déroulante des sous-types. Nous allons importer un motif à partir du CD ; pour cela, la bonne option doit être définie dans le menu flottant. Une fois importé, le motif sera intégré à l'image, nous n'aurons plus besoin du CD.

◄ *Fig. 3.3 :*
Le menu flottant Attributs
Surface spéciale

5. Cliquez sur le bouton **Modifier**. Dans la boîte de dialogue **Surface de motif** ainsi ouverte, cliquez sur le bouton **Charger**.

6. La boîte de dialogue **Importation** s'affiche alors. Insérez le CD de la suite Corel contenant les motifs, il s'agit du CD n° 3.

7. Cliquez sur le bouton fléché de la zone de liste *Chercher* pour pouvoir sélectionner votre lecteur de CD-ROM. La liste des dossiers du CD s'affiche. Double-cliquez sur le dossier Tiles, puis sur le sous-dossier Paper.

9. Sélectionnez un fichier. Le nom de ce fichier est transféré dans le champ *Nom*. Cliquez sur le bouton **Options** pour afficher des informations complémentaires. En ce qui nous concerne, nous avons opté pour le fichier Paper12m.cpt. Faites de même et cliquez sur le bouton **Ouvrir**.

Astuce : Afficher les extensions de fichier

Si vous ne voyez pas l'extension *.cpt*, ce n'est pas grave. Une option de l'Explorateur de Windows 95 permet de les afficher. À cet effet, lancez l'Explorateur de Windows et sélectionnez la commande **Affichage/Options**. Désactivez ensuite l'option *Masquer les extensions MS-DOS pour les types de fichiers enregistrés*.

---

10. De retour à la boîte de dialogue **Surface de motif**, de nombreuses autres options vous sont proposées. Pour notre part, nous conservons les paramètres par défaut et cliquons sur OK.

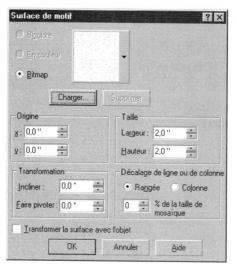

◀ *Fig. 3.4 :*
La boîte de dialogue
Surface de motif

11. Le motif s'affiche dans la zone d'aperçu. Cliquez sur le bouton **Appliquer** : l'encadré de page est alors doté du motif de papier.

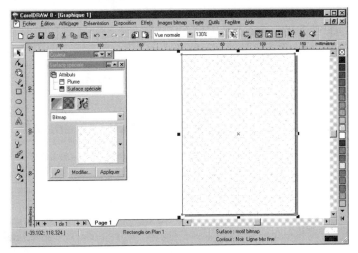

▲ *Fig. 3.5 : Le motif a été appliqué à l'encadré de page, ce dernier servira de fond de page*

12. Comme nous l'avons dit précédemment, ce motif est à présent disponible dans la liste des motifs. Pour vous en convaincre, cliquez sur le bouton fléché de la zone d'aperçu des motifs : il a été ajouté en fin de liste.

13. Le menu flottant peut à présent être réduit pour que vous puissiez récupérer de la place à l'écran. C'est le principal avantage de ces menus : lorsque vous n'en avez momentanément plus besoin, il suffit de les réduire. Pour ce faire, cliquez sur le bouton du milieu, dans la barre de titre du menu. Le menu n'est plus représenté que par sa barre de titre ; vous pourrez le rouvrir dès que nécessaire.

14. Le contour noir doit être supprimé au plus vite. Cliquez avec le bouton droit de la souris sur la case "X" de la palette des couleurs, placée le long du côté droit de la fenêtre. Le fond de la première page est alors en place.

Astuce : Réduire ou ouvrir les menus flottants par un double clic sur la barre de titre

Si l'utilisation des boutons de la barre de titre des menus flottants vous semble trop fastidieuse, sachez qu'il existe une technique plus directe : le double clic sur la barre de titre du menu. Ceci permet de réduire ou d'ouvrir rapidement le menu, en fonction des circonstances.

Quels sont les divers types de remplissage de surface ?

Dans CorelDRAW, il est possible d'affecter divers types de remplissage à des objets, vous n'êtes nullement limité à un dégradé de couleurs. Le tableau suivant reprend les types de remplissage et leurs particularités.

Tab. 3.1 : Les types de remplissage		
Icône	**Remplissage**	**Description**
	Surface uniforme	Remplissage d'une couleur unie.
	Dégradé simple	Dégradé simple entre deux couleurs. Existe en version linéaire, concentrique, conique ou carrée.
	Dégradé complexe	Dégradé passant par plusieurs couleurs différentes, librement définissables. Existe en version linéaire, concentrique, conique ou carrée.
	Motif bicolore	Le motif est basé sur une trame Bitmap et fait partie des remplissages orientés "pixel". À partir des motifs de base, il est possible de définir des motifs personnalisés. Ces motifs sont organisés en mosaïque.
	Motif en couleur	Basé sur un motif au format vectoriel. Même en agrandissement extrême, la qualité de ces motifs reste intacte (ce qui n'est pas le cas des motifs Bitmap).

Tab. 3.1 : Les types de remplissage		
Icône	**Remplissage**	**Description**
	Motif Bitmap	Cette option permet d'affecter au remplissage d'un objet une image Bitmap quelconque. Il peut s'agir par exemple d'une photo.
	Texture	Si le remplissage Bitmap suppose l'existence d'un fichier Bitmap, la texture est recalculée à chaque affectation. Ces textures sont calculées par un certain nombre d'algorithmes, dotés de divers paramètres. Sachez toutefois que ces textures mettent souvent à mal les ressources du système.
	Motifs PostScript	PostScript est un format spécial intervenant principalement dans le domaine de la PAO professionnelle. Ces motifs sont basés sur un format vectoriel et sont extrêmement complexes. Grâce à des paramètres individuels, il est possible de les agencer à loisir. Les motifs PostScript ne peuvent être imprimés que sur les imprimantes PostScript. Dans CorelDRAW, les motifs PostScript sont uniquement présentés en affichage amélioré ; il faut que l'option *Afficher les surfaces PostScript en vue améliorée*, dans la boîte de dialogue des options de CorelDRAW, soit activée.

3.3 Les repères salvateurs

Le positionnement exact d'une part des objets dans la page de dessin et d'autre part des objets entre eux constitue la base du travail graphique sur ordinateur. CorelDRAW offre une série de fonctions et d'aides à cet effet. Parallèlement aux commandes de menu permettant l'alignement, la distribution des objets ou la définition de leur ordre de superposition, vous utiliserez également des repères et une grille.

Pourquoi des repères ?

Les repères sont des aides précieuses pour aligner et agencer les objets sur la page de dessin. Ils sont représentés par des lignes en pointillé et sont placés sur un plan spécifique (voir section suivante). Ils servent à l'orientation visuelle, mais c'est là un dérivé de leur rôle initial. Il est beaucoup plus important de savoir que ces repères sont magnétiques, qu'ils attirent les objets qui s'approchent d'eux. C'est la méthode la plus simple pour procéder à l'alignement des objets entre eux ou sur la page. Vous pourrez créer autant de repères que vous le souhaitez, soit au moyen de la souris, soit par indication de coordonnées numériques. Depuis la version 6 de CorelDRAW, les repères horizontaux et verticaux sont complétés par des repères obliques. Cette fonctionnalité n'existe que dans quelques rares programmes graphiques vectoriels. Dans cette section, nous allons mettre ces repères à contribution, leur emploi est si simple que nous aurions tort de nous en priver.

Mettre en place des repères

Il y a deux façons de mettre en place des repères : à partir des règles ou à partir d'une boîte de dialogue spéciale.

À partir des règles

C'est la méthode la plus rapide :

1. Cliquez sur l'une des deux règles, horizontale ou verticale.

2. Cliquez sur le bouton de la souris, et tout en le maintenant enfoncé, déplacez le curseur dans la zone de travail. Lorsque vous relâchez le bouton, le repère est en place.

À partir de la boîte de dialogue

Pour une technique plus précise, passez par la boîte de dialogue **Configuration des repères**. C'est ainsi que nous allons mettre en place les repères pour cet exercice. Commençons par matérialiser les limites de la page de dessin par des repères.

1. Appelez la commande **Présentation/Configurer les repères**.

2. La boîte de dialogue **Configuration des repères** s'affiche alors : elle se compose de trois onglets. Définissez comme unité de mesure le millimètre.

3. Sous l'onglet **Horizontal**, tapez dans le champ *Position* la valeur 0 et cliquez sur le bouton **Ajouter**. Le nouveau repère apparaît instantanément à l'écran, au bas de la page. La position du repère est définie en fonction de la règle.

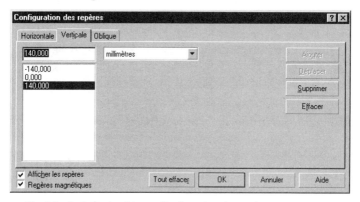

▲ *Fig. 3.6 : La boîte de dialogue Configuration des repères, pour une définition précise des positions*

4. Tapez ensuite la valeur 190 et validez par un clic sur **Ajouter**. Le repère détermine la limite supérieure de la page.

5. Passez ensuite à l'onglet **Vertical**.

6. Tapez un 0 et cliquez sur **Ajouter**.

7. Tapez ensuite la valeur 140 et validez par **Ajouter**. Cette ligne apparaît du côté droit de la page de dessin. Pourquoi 140 ? C'est très simple : rappelez-vous que nous avons choisi une orientation *Paysage*, avec une largeur de page de 280 mm, au moment de la mise en page. Mais comme nous avons choisi la présentation en fascicule, la page affichée à l'écran ne correspond qu'à une demi-page imprimée.

8. Comme nous allons bientôt ajouter au document les pages intérieures et la page arrière de notre carte de vœux, nous allons en matérialiser les limites par un repère placé à -140. Tapez -140 et cliquez sur **Ajouter**.

9. La case à cocher *Afficher les repères* est active et c'est très bien, car à quoi nous serviraient des repères s'ils n'étaient pas affichés à l'écran ?

10. Pour activer leur magnétisme, activez également la case à cocher *Repères magnétiques*.

11. Cliquez sur le bouton OK de la boîte de dialogue.

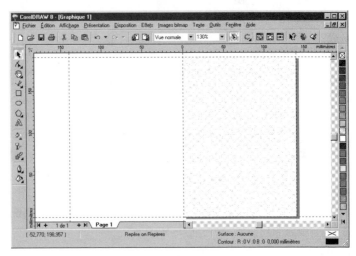

▲ *Fig. 3.7 : Une aide précieuse : les repères*

Supprimer un repère

Il vous arrivera aussi de vouloir supprimer un repère devenu inutile.

Astuce : Supprimer des repères dans CorelDRAW 6 et 7

Pour supprimer un repère dans ces versions, cliquez dessus et, tout en maintenant le bouton enfoncé, faites glisser le pointeur vers la règle dont il est issu.

Astuce : Supprimer des repères dans CorelDRAW 8

Pour supprimer un repère dans CorelDRAW 8, cliquez dessus et appuyez sur la touche **Suppr**. Autre technique : cliquez avec le bouton droit de la souris sur le repère et sélectionnez la commande **Supprimer** dans le menu contextuel.

Astuce : Attention au pointeur de la souris lors
de la modification des repères

Il n'est pas évident de saisir les repères avec la souris pour les supprimer ou les déplacer. Au départ, il vous arrivera fréquemment de manquer le repère et de déplacer à sa place un objet de la page de dessin. Sachez que lorsque le pointeur est en position de saisir un repère, il se transforme en une double flèche. C'est à ce moment que vous cliquerez pour sélectionner le repère ou le déplacer. Une autre solution consiste à travailler avec les plans. Pour cela, désactivez le bouton **Modifier les plans en travers** dans le Gestionnaire d'objets et passez sur le plan des repères. Ainsi, vous ne risquez pas de sélectionner par mégarde un autre objet. Vous en apprendrez plus à la section traitant des plans, dans la suite de ce chapitre.

Verrouiller des repères

Ces repères installés à grand peine doivent être protégés contre tout déplacement accidentel. Pour ce faire, vous pourrez verrouiller le plan complet des repères ou des repères individuels. Dans notre exercice, nous allons opter pour la seconde solution, pour garder la possibilité d'ajouter ou de supprimer rapidement un repère complémentaire en fonction de nos besoins.

Astuce : Dans CorelDRAW 6 et 7

1. Dans la boîte de dialogue de définition des repères, choisissez une valeur dans la liste affichant les coordonnées des repères.

2. Dans l'image, le repère en question est sélectionné. Cliquez ensuite sur l'icône du verrou. Ce repère est désormais verrouillé, il ne pourra pas être déplacé.

3. Répétez l'opération pour les autres repères, y compris sur les autres onglets.

Pour vérifier si un repère est verrouillé, cliquez sur la valeur correspondante dans la boîte de dialogue et jetez un coup d'œil à l'icône du verrou, pour voir si elle est activée ou non.

Astuce : Dans CorelDRAW 8

1. Dans CorelDRAW 8, les repères sont traités comme n'importe quel autre objet graphique. Cette version disposant d'une fonction de verrouillage des objets individuels, les choses sont très simples. Fermez la boîte de dialogue **Configuration des repères**.

2. Cliquez sur un repère pour le sélectionner : il doit s'afficher en rouge.

3. Appelez la commande **Disposition/Verrouiller l'objet**.

4. Répétez cette opération pour les autres repères qui l'exigent.

5. Rien n'indique qu'un repère est verrouillé, aussi est-il délicat de savoir si un repère précis est verrouillé ou si vous avez fait une fausse manœuvre. Le plus simple est de cliquer avec le bouton droit de la souris sur le repère et de sélectionner la commande **Déverrouiller l'objet** du menu contextuel. Une variante plus expéditive consiste à appeler la commande **Disposition/Tout déverrouiller**.

Astuce : Ne cumulez pas repère et grille

Un verrouillage global de tous les repères est possible s'il s'applique au plan qui leur est réservé. L'activation de leur magnétisme se fait par la commande **Présentation/Repères magnétiques**. Il est conseillé de travailler soit avec des repères, soit avec la grille magnétique. Même si les repères et la grille ne sont pas visibles, ils peuvent malgré tout être magnétisés. Cumuler les deux magnétisations peut poser des problèmes.

Enregistrer le fichier

Le moment est venu d'enregistrer notre fichier. Certes, il existe une fonction de sauvegarde automatique qui enregistre à intervalle régulier le fruit de votre travail ; il vaut cependant mieux procéder à un enregistrement manuel.

1. Appelez la commande **Fichier/Enregistrer sous** ou cliquez sur le bouton **Enregistrer** de la barre d'outils. Troisième variante possible : la combinaison de touches **Ctrl+S**.

2. Dans la boîte de dialogue **Enregistrer sous**, sélectionnez le dossier dans lequel vous souhaitez enregistrer le fichier et attribuez un nom à ce dernier, par exemple Carte de vœux.cdr.

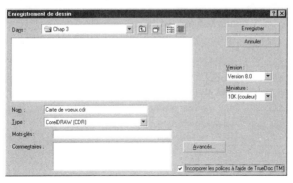

▲ *Fig. 3.8 : La boîte de dialogue Enregistrer de dessin*

3. Si vous activez la case à cocher *Incorporer les polices à l'aide de TrueDoc (TM)*, toutes les polices de caractères utilisées dans l'image sont enregistrées avec le fichier graphique. Les polices sont ainsi conservées si vous ouvrez les fichiers sur un ordinateur sur lequel elles ne sont pas installées.

4. Cliquez sur le bouton **Enregistrer**.

Conseil : Il faut faire des sauvegardes

Un dysfonctionnement du système ou du programme peut survenir inopinément. Dans ce cas, tout le travail entrepris depuis le dernier enregistrement est perdu. Dans le pire des cas, il peut même se produire que l'ensemble du fichier soit inexploitable, alors qu'il existe physiquement. D'où l'intérêt de créer des sauvegardes de vos fichiers.

3.4 Travailler avec des plans

Avant de poursuivre, un détour par une nouvelle fonction est indispensable. Vous vous êtes peut-être déjà demandé, en regardant la barre d'état, à quoi correspondait la notion de plan dont il est souvent question ! Les plans sont des aides particulièrement intéressantes pour la création de dessins complexes. Représentez-vous le plan comme l'étage d'un grand immeuble. À chaque étage, repose un nombre non défini d'objets, objets placés les uns sur les autres. Grâce à un mode de travail spécial, le programme peut être configuré de manière à ne permettre l'accès qu'aux objets d'un plan, le plan actif. Ce mode de travail présente l'avantage d'empêcher le déplacement ou la modification par mégarde des objets des autres plans. De plus, un dessin complexe entraîne de temps à autre un fort ralentissement des performances du PC. Dans ce cas, masquez le plan qui en est la cause : le PC retrouve immédiatement une nouvelle jeunesse.

Conseil : Le Gestionnaire de plans n'existe plus dans CorelDRAW 8

Dans les versions 6 et 7 de CorelDRAW, il existe un Gestionnaire de plans et un Gestionnaire d'objets, fonctionnant sous la forme de menus flottants. Dans CorelDRAW 8, le Gestionnaire de plans a été abandonné et le Gestionnaire d'objets est devenu un menu fixe.

Modifier un plan existant

Dans cette étape, nous allons modifier un plan à l'aide du Gestionnaire d'objets. Par défaut, tout document se compose au départ de quatre plans, qui seront détaillés à la fin de cette section, dans un tableau.

1. Ouvrez d'abord le Gestionnaire d'objets, qui n'est pas présenté par défaut alors qu'il joue un rôle déterminant.

Dans CorelDRAW 6 et 7

1. Appelez la commande **Présentation/Gestionnaire de plans**.

2. Le gestionnaire affiche les quatre plans de base de tout document. Cliquez avec le bouton droit de la souris sur l'entrée *Plan 1*. Il s'agit du plan de travail, celui sur lequel vous allez créer les objets.

3. Dans le menu contextuel, sélectionnez la commande **Renommer**. Il est aussi possible de renommer le plan en double-cliquant sur son nom.

4. Tapez comme nom `Arrière-plan` et validez par **Entrée**.

◄ *Fig. 3.9 :*
Le Gestionnaire de plans
de CorelDRAW 6 et 7

Dans CorelDRAW 8

1. Appelez la commande **Affichage/Menus fixes**.

2. Dans le sous-menu, sélectionnez la commande **Gestionnaire d'objets**. En variante, sachez que ce Gestionnaire d'objets vous attend également sous forme d'une commande dans le menu **Présentation**.

3. Le Gestionnaire d'objets vient se fixer du côté droit de la fenêtre de travail. Chaque page du document est appelée "plan", ce qui entraîne rapidement un trouble certain. Comme notre document ne dispose pour l'instant que d'une seule page, notez , en haut du gestionnaire, la mention *Page 1*. En fait, le plan de travail effectif est représenté par l'entrée placée juste en dessous, *Plan 1*. Cliquez dessus avec le bouton droit de la souris.

4. Dans le menu contextuel, sélectionnez la commande **Renommer**, changez son nom en *Arrière-plan* et validez par **Entrée**.

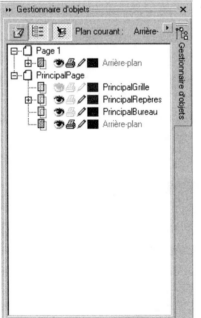

◄ *Fig. 3.10 :*
Le Gestionnaire d'objets
dans CorelDRAW 8

Les quatre types de plan

Chaque type de plan dispose de fonctions spéciales et d'un rôle précis. Voici un répertoire des quatre types de plan de base.

Plan de grille

Le plan de grille constitue le plan de niveau supérieur, si l'on s'en tient à l'ordre d'empilage des plans. Par défaut, il est invisible afin que l'écran ne soit pas encombré des points magnétiques de cette grille. Si vous activez l'icône représentant l'œil, la grille devient visible. Qu'elle soit visible ou invisible, le magnétisme de la grille peut en toute circonstance être activé ou désactivé. Pour ce faire, vous appellerez la commande **Présentation/Grille magnétique**. Par défaut, le plan de la grille n'est pas modifiable, l'espacement de la grille étant défini par une boîte de dialogue.

Dans CorelDRAW 6 et 7, appelez la commande **Présentation/Configurer grille et règle**.

Dans CorelDRAW 8, le paramétrage de la grille s'effectue par le menu **Outils** via la commande **Options**. Dans la boîte de dialogue de même nom qui s'affiche alors, cliquez sur le signe + en regard de l'entrée *Document*, dans la liste de gauche. Vous trouverez dans la sous-arborescence l'entrée *Grilles et repères* requise : elle donne accès aux paramètres de la grille.

Plan des repères

Ce plan contient les repères. Il est possible par exemple d'installer les repères en début de travail, puis de verrouiller ce plan pour éviter de déplacer les repères par mégarde. Par défaut, la couleur des repères est bleue, mais ce paramètre est variable.

Plan du bureau

Le plan du bureau est conçu pour la création et le stockage temporaire d'objets. Il faut savoir à cet effet que les objets posés sur le bureau sont visibles quelle que soit la page active du document.

Plan de travail

CorelDRAW affecte automatiquement un nom aux plans de travail ordinaires. Il y en a toujours au minimum un, le *Plan 1*. C'est sur ce plan que se trouvent les objets placés sur la page de dessin. Le nom par défaut étant en général peu significatif, nous vous conseillons de renommer les divers plans de travail.

Créer un nouveau plan

Comme nous l'annoncions au départ de ce chapitre, il est judicieux de travailler avec différents plans pour les dessins complexes. C'est la raison pour laquelle nous allons créer un nouveau plan dans lequel nous importerons ensuite un clipart.

1. Cliquez sur le bouton fléché, en haut du Gestionnaire d'objets.

2. Dans le menu ainsi ouvert, cliquez sur **Nouveau plan**. Le nouveau plan s'affiche immédiatement.

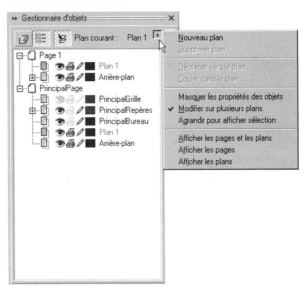

▲ *Fig. 3.11 : Le menu du Gestionnaire d'objets permet de créer de nouveaux plans et d'en définir les propriétés*

3. Modifiez sans plus attendre le nom de ce plan. Pour ce faire, cliquez dessus à l'aide du bouton droit de la souris et appelez la commande **Renommer** dans le menu contextuel.

4. Appelez ce plan *Clipart*, puisqu'il est destiné à contenir un clipart.

Les paramètres de plan

Avant de poursuivre l'agencement de notre carte de vœux, une mesure importante s'impose : il convient en effet de désactiver la modification simultanée sur plusieurs plans. Si ce mode de travail est actif, vous pouvez accéder à tous les objets du document, quel que soit le plan sur lequel ils sont placés. Pourquoi créer des plans si tout est accessible et modifiable en permanence ?

1. Cliquez sur le bouton fléché du Gestionnaire d'objets.

2. Dans le menu qui s'affiche alors, cliquez sur la commande **Modifier sur plusieurs plans**.

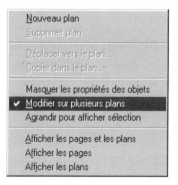

◄ *Fig. 3.12 :*
N'oubliez pas de désactiver
cette commande

Importer un clipart sur un plan

Maintenant que tout est prêt, l'importation du clipart peut commencer.

1. Assurez-vous que le plan actif est bien notre nouveau plan *Clipart*. Dans le doute, cliquez sur son nom, dans le Gestionnaire d'objets.

2. L'importation de clipart est une opération que nous avons déjà effectuée dans l'exercice précédent : appelez la commande **Fichier/Importer**.

3. Insérez le CD n° 2 : ils comportent les cliparts. Dans la boîte de dialogue **Importation**, localisez le CD, sélectionnez le dossier Spec_occ puis le sous-dossier Birthday.

4. Nous commencerons par insérer l'image d'un gâteau d'anniversaire. Sélectionnez le fichier Brthday2.cdr.

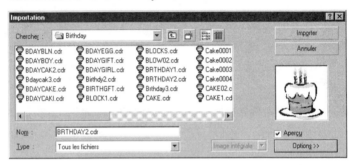

▲ *Fig. 3.13 : La boîte de dialogue Importation*

5. Dans les versions 6 et 7 de CorelDRAW, le clipart est immédiatement mis en place. Dans CorelDRAW 8, le pointeur se transforme en angle. Cliquez sur le bouton gauche de la souris et, tout en le maintenant enfoncé, tracez l'encadré dans lequel le clipart prendra place. Lorsque vous relâchez le bouton, le clipart est inséré.

6. Cliquez dans le menu **Disposition** sur **Alignement et distribution**.

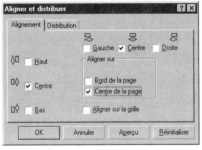

◄ *Fig. 3.14 :*
Positionnement exact au
centre de la page, par
cette boîte de dialogue

7. Activez les deux cases à cocher *Centre* et *Centre de la page*, et validez par OK. Le clipart est parfaitement centré.

Vue d'ensemble des fonctions de plan

L'utilisation des plans est un aspect essentiel de CorelDRAW. Lors de la création d'une nouvelle image, réfléchissez bien à l'organisation des plans. Vous en tirerez les bénéfices par la suite, lorsque l'image commencera à devenir complexe. Le tableau suivant reprend les diverses fonctions des plans et du Gestionnaire d'objets.

Visible ou Invisible

Vous pouvez choisir d'afficher ou de masquer un plan dans votre dessin. Lorsqu'un plan est masqué, l'icône représentant un œil s'affiche en grisé, ainsi que ses objets. Si certains plans sont masqués, le temps nécessaire à CorelDRAW pour rafraîchir votre illustration lors des modifications s'en trouve réduit. Ce paramètre est particulièrement efficace dans les illustrations comportant de nombreux objets sur plusieurs plans.

Imprimable ou Non imprimable

Vous trouverez une icône représentant une imprimante en regard de chaque nom de plan du Gestionnaire d'objets. Lorsque l'impression est désactivée pour un plan, cette icône est grisée. En principe, CorelDRAW imprime tout ce qui est affiché à l'écran, dans la page de dessin.

La désactivation de l'impression d'un plan est particulièrement utile si vous travaillez sur un dessin élaboré et que vous souhaitez imprimer des plans spécifiques pour les vérifier.

Modifiable ou Non modifiable

Vous trouverez une icône représentant un crayon en regard de chaque nom de plan du Gestionnaire d'objets. Lorsqu'un plan est verrouillé, cette icône s'affiche en grisé, ainsi que ses objets.

Lorsqu'un plan est verrouillé, ses objets ne peuvent en aucun cas être sélectionnés ou modifiés.

Plan principal

Les plans principaux sont surtout utiles dans les documents de plusieurs pages. Les objets figurant sur le plan principal apparaissent sur toutes les pages de ce document. Les plans principaux sont particulièrement opportuns pour les objets (par exemple un logo) que vous voulez reproduire sur toutes les pages d'un document. Créer un plan principal contenant cet objet vous évite de placer manuellement l'objet sur toutes les pages.

Dans CorelDRAW 6 et 7

Dans le Gestionnaire d'objets, cette propriété est matérialisée par une icône représentant trois pages superposées. Un clic de souris permet d'activer ou de désactiver cette propriété.

Dans CorelDRAW 8

Dans la nouvelle version, les choses sont un peu plus compliquées.

Pour créer un plan principal à l'aide de la boîte de dialogue **Propriétés** :

1. Cliquez sur le nom du plan à utiliser comme plan principal, dans le Gestionnaire d'objets.

2. Cliquez avec le bouton droit de la souris sur ce plan et appelez la commande **Propriétés**.

3. Activez la case à cocher *Plan principal*.

Autre technique :

■ Cliquez avec le bouton droit de la souris sur le nom du plan à utiliser comme plan principal, puis cliquez sur la commande **Principal**.

Modifier sur plusieurs plans

Si vous activez la commande **Modifier sur plusieurs plans**, dans le menu du Gestionnaire d'objets, vous pouvez modifier des objets sur tous les plans non verrouillés. Une coche figure à la gauche de cette commande lorsqu'elle est activée.

En revanche, les objets sur les plans verrouillés resteront en toute circonstance inaccessibles.

Il est recommandé de désactiver systématiquement cette commande pour limiter vos actions aux objets du plan actif.

Couleur du plan/Affichage en couleur

Dans certains cas, il peut être judicieux de ne pas afficher les objets d'un plan en couleur. Au lieu de masquer le plan concerné et de faire disparaître ainsi tous ses objets, vous pouvez réduire les objets à leur contour.

Affichez, d'un clic droit sur le plan, le menu contextuel et sélectionnez la commande **Propriétés**. Dans la boîte de dialogue qui s'affiche alors, activez la case à cocher *Annuler l'affichage en couleur* dans la rubrique *Couleur*. CorelDRAW affiche le contenu du plan sélectionné sous forme de contours colorés. Cette annulation de couleur n'affecte que l'apparence des objets à l'écran et est utile pour identifier les objets des différents plans.

Dans CorelDRAW 6 et 7

Sélectionnez le plan voulu d'un clic de souris, puis affichez ses propriétés. C'est dans cette boîte de dialogue que vous trouverez l'option requise. Tous les objets de ce plan sont traités à l'identique.

Créer, renommer et supprimer des plans

Dans le menu affiché par un clic sur le bouton fléché, cliquez sur **Nouveau plan**. Vous pouvez ainsi renommer immédiatement le plan.

Si vous souhaitez le renommer par la suite, procédez de la même façon et validez par **Entrée**.

Pour supprimer un plan, cliquez avec le bouton droit de la souris sur le nom du plan et sélectionnez la commande **Supprimer** du menu contextuel. Attention cependant : le programme effectue immédiatement la suppression, sans demande de confirmation. En supprimant un plan, vous supprimez également tous les objets qui y sont placés. En cas de fausse manœuvre, faites appel à la commande **Édition/Annuler**.

Passer d'un plan à l'autre

Dans CorelDRAW 6 et 7

La grosse flèche noire dans le Gestionnaire de plans indique le plan actif. Pour changer de plan, cliquez devant le nom du plan voulu, dans la même colonne que la flèche noire.

Dans CorelDRAW 8

Dans CorelDRAW 8, le nom du plan actif est toujours affiché en rouge. Pour changer de plan, il suffit de cliquer sur l'icône de page à gauche du plan voulu.

Copier ou déplacer des objets entre les plans

Pour copier un objet d'un plan vers un autre, commencez par sélectionner l'objet. Passez ensuite au menu du Gestionnaire d'objets, en cliquant sur le bouton fléché du Gestionnaire d'objets. Vous y trouverez les commandes **Déplacer vers le plan** et **Copier dans le plan**.

Le pointeur se transforme en une grosse flèche noire, avec laquelle il vous suffit de cliquer sur le nom du plan cible.

Conseil : En cas d'association et de combinaison

Notez que les objets placés sur des plans différents sont rassemblés sur un même plan en cas d'association ou de combinaison.

Modifier l'ordre des plans

Imaginez l'empilage des plans comme un immeuble de plusieurs étages, dont les sols et les plafonds seraient en verre. Tous les objets sont visibles, quel que soit l'étage où ils sont placés. Du fait de leurs attributs de surface, certains objets masquent totalement ou partiellement les objets des étages inférieurs. Il est possible de modifier l'ordre de superposition des objets d'un même étage (**Disposition/Ordre**), mais aussi l'ordre d'empilage des étages.

La liste de plans *Page principale* du Gestionnaire d'objets affiche l'ordre dans lequel les plans sont empilés dans le dessin actif. Le premier plan de la liste correspond au plan supérieur tandis que le dernier plan correspond au plan inférieur. En changeant l'ordre des plans dans la liste, vous changez leur ordre vertical dans le dessin.

Dans CorelDRAW 6 et 7

Dans les versions 6 et 7, la modification de l'ordre des plans est une opération toute simple : cliquez sur le nom du plan à déplacer, et tout en maintenant le bouton gauche de la souris enfoncé, faites glisser le plan vers le haut ou le bas. Arrivé à bon port, relâchez le bouton. Pendant le déplacement, la position théorique est matérialisée par une ligne en pointillé.

Dans CorelDRAW 8

Pour changer la position d'un plan dans l'ordre d'empilage, faites glisser le nom du plan vers la position voulue, dans la liste *Page principale*. Au cours de l'opération, une flèche indique la position courante du plan.

3.5 Tous nos vœux !

Passons maintenant au texte de notre carte. CorelDRAW comporte un grand nombre de polices de caractères, mais vous ne pouvez utiliser que celles qui sont installées sur votre PC. Nous allons commencer par choisir la police et l'installer. Cette installation s'effectue dans le Panneau de configuration de Windows.

Sélection et installation d'une police

CorelDRAW 8 étant livré avec près de 1 000 polices, vous devriez trouver votre bonheur ! Jetez un coup d'œil au manuel accompagnant le logiciel CorelDRAW et choisissez une police.

1. Pour notre exemple, nous avons opté pour la police *Kids*. Elle est sympathique et se présente comme une écriture manuelle, ce qui donne au document un aspect "personnel" plus appuyé.

2. Insérez le CD n° 1 de CorelDRAW, c'est lui qui contient les polices. Pour installer la police par le Panneau de configuration, cliquez sur la commande **Démarrer**.

3. Passez par **Paramètres** pour ouvrir le sous-menu correspondant.

4. Cliquez sur la commande **Panneau de configuration**. Dans cette fenêtre, vous trouvez une icône de dossier nommée *Polices*.

5. Double-cliquez sur cette icône pour accéder au dossier de Windows répertoriant toutes les polices installées.

6. Appelez la commande **Fichier/Installer la nouvelle police**. Localisez le lecteur de CD-ROM et double-cliquez sur le dossier Fonts.

7. Vous y trouverez plusieurs sous-dossiers. Celui qui nous intéresse s'appelle ttf ; il contient les polices TrueType.

8. Nous y sommes presque. Dans ce dossier, les polices sont classées par initiale. Ouvrez le dossier K.

9. Sélectionnez la police *Kids* et activez la case à cocher *Copier les polices dans le répertoire Fonts*. Validez par OK. La police est maintenant installée sur votre PC, elle est prête à l'emploi. Refermez toutes les boîtes de dialogue et revenez à l'écran CorelDRAW.

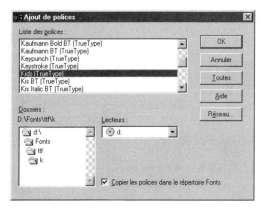

◄ *Fig. 3.15 :*
L'installation de
nouvelles polices
passe par le
Panneau de
configuration de
Windows

Astuce : Installer simultanément plusieurs polices

Il est possible de sélectionner simultanément plusieurs polices dans cette boîte de dialogue. Il suffit de cliquer sur chacune d'elles en maintenant la touche Ctrl enfoncée. N'installez cependant pas trop de polices, car elles ralentissent l'ordinateur et peuvent vous forcer à une réinstallation totale de Windows. N'installez que les polices véritablement utiles. Au besoin, supprimez celles dont vous n'avez que faire, en les sélectionnant dans le dossier C:\Windows\Fonts et en appuyant sur la touche Suppr.

Paramétrer l'outil Texte et saisir le texte

Pour l'instant, nous avons toujours saisi le texte en premier lieu, puis avons modifié ses attributs. Ainsi, l'outil **Texte** utilise la police par défaut. Il serait plus judicieux de définir d'abord la police par défaut et de ne saisir le texte qu'après. La marche à suivre est à cet effet la suivante :

1. Pour modifier la police par défaut de l'outil **Texte**, veillez à ce qu'aucun objet texte ne soit sélectionné et qu'aucune barre d'insertion ne clignote dans un texte. Par mesure de précaution, appuyez sur la touche **Echap**.

2. Appelez la commande **Texte/Formatage du texte**.

3. Dans la boîte de dialogue **Formater le texte**, sélectionnez la police requise, *Kids*. Profitez-en pour régler également la taille par défaut des caractères en tapant dans le champ *Taille* la valeur 40.

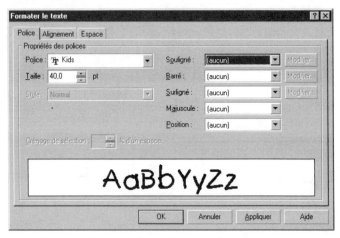

▲ *Fig. 3.16 : La boîte de dialogue Formater le texte*

4. Un clic sur le bouton OK valide les options et ouvre une autre boîte de dialogue. Aucun texte n'étant sélectionné, CorelDRAW veut savoir si ces options s'appliquent au texte artistique, au texte courant ou aux deux. En ce qui nous concerne, nous n'appliquons ces paramètres qu'au texte artistique.

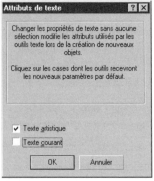

◄ *Fig. 3.17 :*
À quel type de texte
ces paramètres
doivent-ils s'appliquer ?

5. Validez par OK.

6. Activez l'outil **Texte**, cliquez dans la page de dessin et tapez le mot
Meilleurs. Rappelez-vous qu'un clic de souris crée automatiquement
un texte artistique. À l'inverse, vous créerez un texte courant en maintenant
le bouton de la souris enfoncé et en traçant un encadré de texte.

7. Créez ensuite le second mot : cliquez à nouveau à un emplacement
vierge de la page et tapez Vœux. Vous disposez désormais de deux
objets de texte indépendants.

▲ *Fig. 3.18 : Notre carte de vœux a pour l'instant cet aspect*

Modifier l'espacement des caractères avec l'outil Forme

La police *Kids* est une police très amusante, les caractères semblent
danser sur la ligne. Malheureusement, certains caractères sont trop proches les uns des autres. Il nous faut intervenir manuellement.

1. Sélectionnez l'objet texte du haut et activez l'outil **Forme** dans la boîte
à outils.

2. Vous constatez alors que la présentation du texte change. Il n'est plus encadré par les 8 poignées noires habituelles, mais par une série de petits carrés blancs, à raison d'un carré par caractère. En fait, l'outil **Forme** représente une courbe avec un point nodal. La flèche noire matérialise le pointeur de la souris. Sous le premier caractère, une autre marque est visible. Elle permet de modifier l'interligne d'un texte de plusieurs lignes. La même marque apparaît également en fin de texte, mais cette fois avec une flèche vers la droite. Ce symbole permet de modifier l'espacement des caractères de manière égale entre tous les caractères. Il suffit pour cela de cliquer sur la marque, de maintenir le bouton enfoncé et de faire glisser le curseur dans la direction voulue. Mais ces deux marques ne nous sont d'aucune utilité pour résoudre notre problème. En fait, nous souhaitons écarter le "u" du "r".

▲ *Fig. 3.19 : Avec l'outil Forme, il est facile de modifier la position des caractères individuels*

3. Cliquez sur le petit carré blanc devant la lettre à déplacer (le "u") et, tout en maintenant le bouton de la souris enfoncé, déplacez le curseur vers la droite. Si vous appuyez simultanément sur la touche **Ctrl**, le déplacement est contraint à l'axe horizontal et le caractère reste ainsi sur la ligne de base du texte. Nous vous conseillons de travailler avec un fort taux de grossissement du zoom pour obtenir une plus grande précision.

4. Vous pouvez également effectuer le déplacement par les touches de direction du clavier. Si la petite case blanche est sélectionnée (elle est alors noire), chaque action sur une flèche entraîne un décalage par défaut. Si vous appuyez simultanément sur la touche **Ctrl** (CorelDRAW 6 et 7) ou **Maj** (CorelDRAW 8), ce décalage est plus important (*Super décalage*).

Astuce : Définir le décalage pour les touches de direction

Le pas de déplacement obtenu par chaque action sur les flèches du clavier est réglable par la commande **Options** du menu **Outils**. Cliquez sur l'entrée *Modifier*, dans le volet de gauche. Dans la partie droite de la boîte de dialogue, vous trouverez la rubrique *Décalage*, où vous pourrez définir le pas de décalage des objets. Choisissez d'abord l'unité de mesure requise, en l'occurrence le millimètre, puis définissez dans le champ *Décalage* la valeur 0,1. Le champ *Super décalage* vous permet de définir le décalage en cas de déplacement de l'objet si vous maintenez la touche Maj (CorelDRAW 8) enfoncée. Indiquez ici une valeur de 50 mm.

Appliquer un dégradé de couleur au texte

Nous allons maintenant entreprendre le formatage du texte.

1. Placez les deux objets de texte à peu près comme dans l'illustration. Un positionnement précis n'est pas encore à l'ordre du jour.

2. Nous allons appliquer un dégradé de plusieurs couleurs. Pour cela, ouvrez le menu flottant **Surface spéciale**. Pour l'afficher, cliquez sur l'outil **Surface** de la boîte à outils et activez le dernier bouton du menu contextuel.

3. Ce menu flottant vous est maintenant familier. Cliquez sur le bouton **Dégradé**, puis sur le bouton **Modifier**, pour ouvrir la boîte de dialogue **Surface dégradée**.

4. Conservez l'option *Linéaire*, sauf si vous décidez de procéder à quelques expérimentations et si vous trouvez une option qui vous plaît davantage.

5. Nous voici au point important. Dans la rubrique *Dégradé de couleurs*, désactivez l'option *Bicolore* et activez l'option *Personnalisé*.

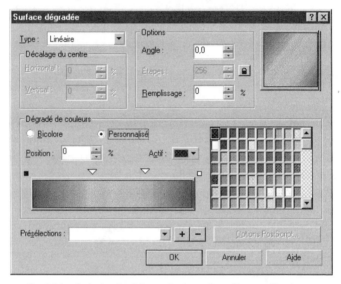

▲ *Fig. 3.20 : La boîte de dialogue Surface dégradée avec l'option Personnalisé*

6. L'image change : le ruban de dégradé dans la rubrique *Dégradé de couleur* affiche le dégradé actif. Deux petits carrés de part et d'autre du ruban permettent de définir la couleur de départ et celle d'arrivée. Pour modifier les couleurs qui leur sont affectées, cliquez sur l'un des carrés, puis sur la couleur voulue de la palette.

7. Une autre technique, après sélection d'un petit carré, consiste à cliquer sur le bouton fléché de la zone de liste *Actif*. Vous y retrouverez une autre palette, comportant même le bouton **Autres** qui permet de créer des mélanges personnels. Appliquez à ces deux carrés des couleurs gaies, par exemple du mauve et du rose. La couleur ne doit pas être trop claire, faute de quoi le texte sera difficilement lisible.

8. Le dégradé étant toujours quelque peu austère, nous allons l'agrémenter d'autres couleurs. Pour ce faire, double cliquez sur la petite barre horizontale en pointillé, entre les deux carrés. Ce double clic met en place un nouveau repère triangulaire auquel vous pourrez affecter une couleur, par exemple le jaune. Vous pourrez également le déplacer sur la barre, avec la souris. Pour supprimer une de ces marques, double-cliquez dessus, c'est tout ! Autre technique : cliquez sur le repère et appuyez sur **Suppr**.

9. Dans la partie supérieure de la boîte de dialogue, vous trouvez la rubrique *Options*. Vous avez possibilité d'y définir, entre autres, l'angle du dégradé.

10. Si vous souhaitez enregistrer ce dégradé de manière à le réutiliser par la suite, attribuez-lui un nom dans la zone de saisie *Présélections* au bas de la boîte de dialogue puis cliquez sur le bouton marqué d'un signe +.

11. Lorsque tout est au point, cliquez sur le bouton OK pour fermer la boîte de dialogue et revenir au menu flottant. Cliquez sur le bouton **Appliquer** et voici le texte doté de votre dégradé de couleurs.

12. Faites de même avec le second objet de texte, avec un dégradé différent si vous le souhaitez, puis associez les deux objets.

▲ *Fig. 3.21 : Les deux textes artistiques avec leur dégradé*

Il nous manque le reste du texte, à placer sous le clipart.

1. Activez l'outil **Texte** et tapez la chaîne de caractères Bon Anniversaire.

2. Pour couronner le tout, affectez-lui également un dégradé coloré.

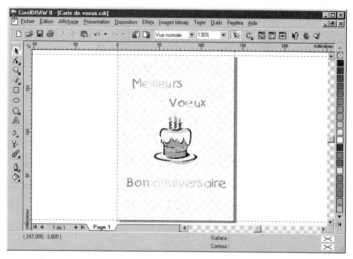

▲ *Fig. 3.22 : La carte de vœux*

Dessiner une ellipse

L'opération suivante consiste à faire courir le texte en forme d'ellipse autour du gâteau. Nous avons déjà effectué un formatage similaire au cours du premier exercice, mais cette fois c'est une ellipse qui servira de tracé au texte.

1. Cliquez sur l'outil **Ellipse** de la boîte à outils et placez le pointeur au centre du gâteau. Appuyez sur le bouton gauche de la souris et maintenez-le enfoncé. Si vous déplacez le curseur vers le bas, vous voyez apparaître l'ébauche de l'ellipse.

2. Appuyez simultanément sur la touche **Maj**, pour tracer l'ellipse à partir de son centre. Ce centre est le point correspondant au clic de départ, en l'occurrence le centre du gâteau. C'est exactement ce qu'il nous faut. Lorsque le gâteau est totalement encerclé par l'ellipse, relâchez le bouton de la souris, puis dans un deuxième temps, la touche **Maj**.

Astuce : L'ordre dans lequel les touches et boutons sont relâchés est déterminant

Il est essentiel de relâcher en premier le bouton de la souris, et ensuite seulement la touche Maj. Faute de quoi, le résultat sera une ellipse normale, tracée à partir de sa diagonale et non depuis son centre.

3. Pour modifier la forme de l'ellipse, cliquez sur une de ses poignées, maintenez le bouton de la souris et tirez dans la direction requise. Là aussi, vous pouvez faire intervenir la touche **Maj** pour exécuter une modification symétrique tout en conservant le centre de l'objet en place.

4. Pour modifier la position de l'ellipse, cliquez sur l'objet, et tout en maintenant le bouton de la souris, déplacez le curseur dans la direction requise. Bien sûr, la précision n'est pas forcément au rendez-vous, aussi allons-nous maintenant peaufiner cette position.

Disposer les objets les uns par rapport aux autres

Pour disposer ou aligner des objets les uns par rapport aux autres, faites appel à la fonction d'alignement :

1. Commencez par sélectionner tous les objets à traiter. Maintenez la touche **Maj** enfoncée et cliquez successivement sur tous les objets requis avec l'outil **Sélecteur** : il s'agit de l'ellipse et du gâteau. L'ordre de sélection est important, vous le verrez dans un instant. Jetez un coup d'œil dans la barre d'état pour vérifier que vous avez bien marqué les deux objets. Vous devez y trouver l'entrée *2 objets sélectionnés on Clipart*.

2. Appelez la commande **Disposition/Alignement et distribution**. Dans cette boîte de dialogue, activez les deux cases à cocher *Centrer* et validez d'un clic sur OK.

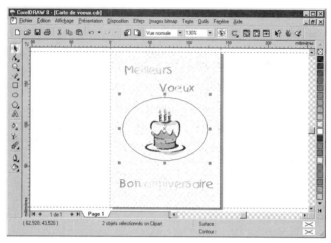

▲ *Fig. 3.23 : L'ellipse servira de tracé pour le texte*

3. Les deux objets sont exactement centrés l'un par rapport à l'autre. L'ellipse ayant d'abord été sélectionnée, c'est elle qui est déplacée. Le dernier objet sélectionné reste toujours en place.

4. Si les deux objets ne sont pas centrés dans la page, remédiez à la situation à l'aide des touches de direction du clavier. Nous allons ensuite accoler le texte à l'ellipse.

Accoler un texte à un objet

Toutes les conditions requises pour l'opération sont réunies : nous disposons d'un texte artistique (il n'est pas possible d'accoler un texte courant) et d'un tracé.

1. Annulez la sélection des objets en appuyant sur **Echap**.

2. Sélectionnez le texte et l'ellipse en utilisant la touche **Maj** et l'outil **Sélecteur**. Dans la barre d'état, doit à nouveau figurer l'entrée *2 objets sélectionnés on Clipart*.

3. En fonction de la version utilisée, les méthodes varient.

Dans CorelDRAW 6 et 7

Appelez la commande **Texte/Accoler le texte**.

Dans CorelDRAW 8

Appelez dans le menu **Affichage** la commande **Menus flottants/Accoler le texte au tracé**. Le menu flottant que nous avions déjà rencontré au cours du premier exercice apparaît.

4. Avant le lancement de l'opération, quelques options sont à définir pour que le texte vienne bien prendre la position que nous souhaitons. Dans le premier champ, nous conservons l'option d'alignement des caractères sur le tracé.

5. Dans le second champ, *Position verticale*, nous souhaitons placer le texte sous le tracé. Mais nous réglerons ce problème par une boîte de dialogue. Cliquez sur le bouton **Modifier**.

6. Dans cette boîte de dialogue, tapez la valeur -20 pour le champ *Ecart texte/tracé*. Validez par OK.

7. Pour placer le texte au bas de l'ellipse, cliquez sur le quart inférieur du contrôle carré du menu flottant. Activez également la case à cocher *Placer à l'opposé*.

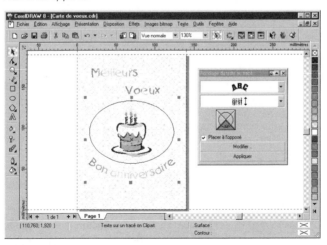

▲ *Fig. 3.24 : Le texte artistique est accolé sous l'ellipse, avec un décalage*

8. Cliquez sur le bouton **Appliquer**, puis annulez la sélection.

Vous aurez éventuellement à modifier l'espacement de certains caractères du texte, par exemple entre le "r" et le "e", à la fin du mot "anniversaire". Utilisez la même technique que précédemment, c'est-à-dire l'outil **Forme**.

3.6 Projection : agencer une couronne d'étoiles

Nous allons ensuite orner notre gâteau d'une couronne d'étoiles. C'est l'occasion de découvrir quelques nouvelles fonctions. Commencez par agrandir l'affichage.

Dessiner et formater une étoile

1. Cliquez sur la liste des facteurs de zoom, dans la barre d'outils et cliquez sur l'entrée *Ajusté à la page*. Elle a pour effet d'agrandir au maximum la page de dessin et de l'afficher au milieu de l'écran.

2. Activez dans la boîte à outils l'outil **Polygone**. Si cet outil n'est pas présenté dans la boîte, cliquez pendant une ou deux secondes sur l'outil **Spirale** ou sur l'outil **Papier millimétré**. Vous déroulerez ainsi un menu contextuel dans lequel vous trouverez l'outil **Polygone** (Voir Fig. 3.26).

3. Double-cliquez sur l'outil **Polygone** (Voir Fig. 3.27).

4. Tout est prêt pour le dessin des étoiles. En ce qui nous concerne, nous allons tracer une étoile parfaitement symétrique, en utilisant conjointement avec la souris la touche **Ctrl**. La taille et la position ne sont pas très importantes pour l'instant, nous y reviendrons plus tard.

5. Une fois l'étoile dessinée, il reste à la formater. Appliquez-lui, d'un clic dans la palette de couleurs, une teinte vive et supprimez sa couleur de contour d'un clic sur la case marquée du "X".

6. L'étoile doit ensuite être réduite. Appelez la commande **Disposition/ Transformer**.

7. Dans le sous-menu, cliquez sur la commande **Taille**. Dans le menu flottant, affectez à l'étoile une dimension horizontale (*H*) de 5 mm, après avoir activé la case à cocher *Proportionnelle*. Cliquez ensuite sur le bouton **Appliquer** (Voir Fig. 3.28).

8. Placez l'étoile à gauche de la page de dessin.

◀ *Fig. 3.26 :*
L'outil Polygone dans
le menu contextuel

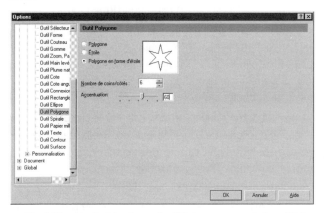

▲ *Fig. 3.25 : Un double clic sur l'outil Polygone permet d'en définir*
les options dans cette boîte de dialogue

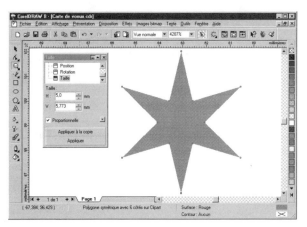

▲ *Fig. 3.27 : L'étoile*

Dupliquer un objet

Une seconde étoile de la même taille est nécessaire. Nous allons adopter la solution de facilité : dupliquer la première étoile, puis modifier les attributs requis. Pour une duplication, plusieurs solutions sont envisageables :

1. L'objet peut être copié dans le Presse-papiers puis collé. Vous pouvez aussi faire appel à la commande **Édition/Dupliquer**.

2. Nous allons cependant adopter une autre méthode : cliquez sur l'étoile et, tout en maintenant le bouton gauche de la souris enfoncé, déplacez le pointeur vers la droite, comme si vous vouliez déplacer l'étoile. Sans relâcher le bouton gauche de la souris, cliquez simultanément sur le bouton droit.

4. Relâchez le bouton gauche de la souris. Par le clic droit, vous venez de créer un duplicata de l'objet. Si vous complétez cette opération en appuyant sur la touche **Ctrl**, le déplacement est contraint à l'axe horizontal ou vertical. Faites quelques essais, vous constaterez que cette technique est absolument fantastique.

5. Appliquez à la copie de l'étoile une couleur assez proche de celle de la première étoile. Dans notre exemple, nous avons opté pour un rouge et un violet.

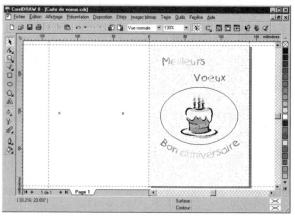

▲ *Fig. 3.28 : Petites, mais bien présentes : nos deux étoiles*

Un dégradé de forme

Un dégradé de forme est le passage de la forme d'un objet à un autre objet, par un certain nombre d'étapes intermédiaires. Le nombre, l'alignement et l'agencement des objets intermédiaires sont librement définissables.

Créer un dégradé

Créons d'abord le dégradé.

1. Activez l'outil **Sélecteur** et sélectionnez les deux étoiles, soit par des clics successifs en appuyant sur la touche **Maj** et en la maintenant enfoncée, soit en traçant un cadre de sélection.

2. Pour le dégradé, nous ferons appel à la commande **Effets/Dégradé**.

3. Le menu flottant **Dégradé** apparaît à l'écran ; il se compose de quatre onglets. Dans le premier, vous définirez le nombre d'étapes, de phases intermédiaires, souhaité. Indiquez la valeur 30.

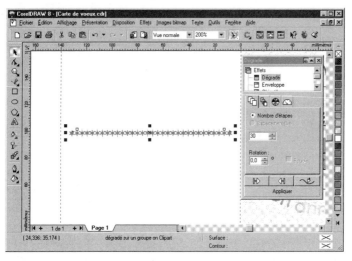

▲ *Fig. 3.29 : Le menu flottant Dégradé*

4. Un clic sur le bouton **Appliquer**, et vous voici face à 30 nouveaux objets assurant la transition de la première étoile à la seconde.

Modifier le dégradé

Le résultat est intéressant, mais il manque un peu de couleur.

1. Passez au troisième onglet du menu flottant. Il est représenté par une roue chromatique. C'est ici que sont définies les couleurs du dégradé. Par défaut, il s'agit d'un dégradé linéaire.

2. Les choses deviennent beaucoup plus colorées si vous activez l'un des deux boutons portant une flèche circulaire. Faites l'essai. Dans notre exemple, nous avons opté pour celui du bas, puis avons cliqué sur **Appliquer**.

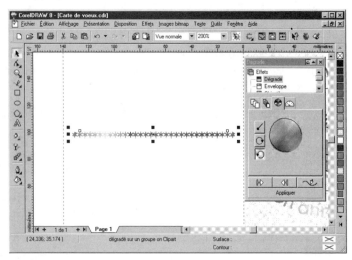

▲ Fig. 3.30 : Un dégradé circulaire permet plus de couleurs

Astuce : Modifier les couleurs du dégradé

Il est très facile de modifier les couleurs du dégradé, il suffit pour cela de changer la couleur d'un des deux objets d'extrémité. Les couleurs des éléments intermédiaires sont immédiatement ajustées.

Appliquer un nouveau tracé

Tout serait parfait si ce dégradé était de forme circulaire. Mais comment faire ?

1. Sélectionnez le groupe de dégradés (l'ensemble des 32 étoiles). Dans le menu flottant **Dégradé**, toujours ouvert, cliquez sur **Bouton Tracé** (il est marqué d'une ligne sinusoïdale et d'une flèche).

◄ *Fig. 3.31 :*
Le bouton Tracé : il permet d'accoler
le dégradé à un nouveau tracé

2. Il ouvre un menu dans lequel vous cliquerez sur la première commande, **Nouveau tracé**.

3. Le pointeur se transforme en une flèche noire tordue : cliquez sur l'ellipse entourant le gâteau. À l'écran, rien ne bouge, et pourtant vous venez d'appliquer ce tracé au dégradé.

4. Repassez au premier onglet du menu flottant et activez la case à cocher *Dég. sur tout le tracé*. Cliquez sur le bouton **Appliquer**. Cette fois, les 32 étoiles sont réparties sur l'ellipse, tout autour du gâteau.

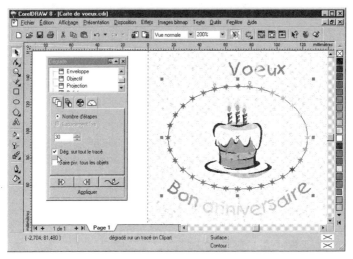

▲ *Fig. 3.32 : Le dégradé est accolé à l'ellipse*

Supprimer le tracé

L'ellipse ne nous étant plus d'aucune utilité, il est temps de la supprimer. Quelques préparatifs sont pour cela nécessaires. L'ellipse est en effet liée aux étoiles (elle leur a servi de tracé) et doit d'abord être dissociée.

1. Cliquez sur l'une des 30 étoiles créées automatiquement. Attention, il ne doit pas s'agir d'une des deux étoiles de départ.

2. Activez dans la zone de liste **Zoom** de la barre d'outils l'option *Sur la sélection*. Les choses sérieuses commencent : vérifiez que l'ellipse n'est pas sélectionnée. Reportez-vous au gestionnaire d'objets pour vérifier le type 'objet sélectionné. Si l'ellipse en effet sélectionnée, le gestionnaire d'objets affiche alors *Contrôler l'ellipse on Plan1*.

3. Lorsque le groupe d'étoiles est sélectionné, appelez la commande **Disposition/Séparer**. L'ellipse est ainsi séparée du groupe d'objets de dégradé et peut être supprimée.

4. Annulez toutes les sélections par **Echap**, puis cliquez sur l'ellipse et enfin sur **Suppr**.

▲ *Fig. 3.33 : La page de titre après suppression de l'ellipse*

5. Activez l'option de zoom *Ajusté à la page*, dans la barre d'outils. Pour finir cette étape, sélectionnez l'ensemble des étoiles ainsi que le gâteau et appelez la commande **Disposition/Associer**.

3.7 Ajouter cliparts et ombres

Pour agrémenter cette page de titre, nous allons encore importer quelques cliparts à partir du CD de CorelDRAW. Mais cette fois, nous suivrons une autre marche pour l'importation.

Utiliser le classeur

Le classeur est un peu comme un gestionnaire de fichiers intégré, il permet d'importer divers types de fichiers de manière très simple.

1. Insérez le CD de CorelDRAW contenant les cliparts et appelez la page **Parcourir** du classeur.

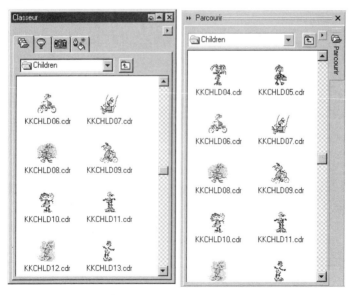

▲ *Fig. 3.34 : La page Parcourir du classeur*

Dans CorelDRAW 6 et 7

Dans les versions 6 et 7, vous appelez cette fonction par la commande **Outils**, puis **Parcourir**, **Clipart**, **Photos** ou **Surfaces et contours préférés**.

Les quatre commandes vous amènent au même endroit. Le plus simple est de commencer par la commande **Parcourir**. La boîte de dialogue dispose de quatre onglets pour les répertoires, les fichiers CorelDRAW, les images Bitmap et les motifs et textures.

Dans CorelDRAW 8

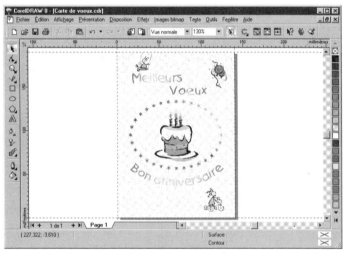

▲ Fig. 3.35 : La page de titre avec les cliparts importés

Dans CorelDRAW 8, appelez la commande **Affichage/Classeur/Parcourir**, puis localisez les fichiers dans l'arborescence des lecteurs et des dossiers. Dans notre exercice, nous avons activé le lecteur de CD-ROM, puis les dossiers Cliparts, People et enfin Children.

2. Tous les fichiers de ce dossier sont présentés avec leur nom et une miniature. Cliquez sur le fichier Kkchld07.cdr et maintenez le bouton gauche enfoncé.

3. Faites glisser le fichier dans la page de dessin et relâchez le bouton de la souris. Vous venez d'effectuer une copie du clipart dans votre page. Activez l'outil **Sélecteur**, réduisez la taille du clipart et placez-le au bon endroit, comme dans la figure précédente.

4. Répétez ces opérations avec les fichiers Kkchld09.cdr (tiré du même dossier), ainsi qu'avec le fichier Brthday1.cdr du dossier Spec_occ\Birthday.

Rechercher un fichier dans la page Parcourir

Que faire si vous connaissez le nom du fichier à importer, mais ignorez son emplacement sur le disque ou le CD ? La solution consiste à demander à la page **Parcourir** de se mettre au travail.

1. Cliquez sur le bouton fléché situé à droite du bouton **Niveau supérieur**, dans l'en-tête de l'onglet **Parcourir**.

2. Dans le menu, cliquez sur la commande **Rechercher**. Elle ouvre une boîte de dialogue permettant de définir des critères de recherche. La seule chose à vérifier est que le lecteur affiché dans le champ *Rechercher dans* soit correct.

3. Si tel n'est pas le cas, cliquez sur le bouton **Parcourir** et sélectionnez le lecteur voulu. Un clic sur le *Poste de travail* affiche la liste de tous les lecteurs disponibles sur votre PC.

4. Dans le champ *Nommé*, indiquez le nom du fichier que vous souhaitez importer. Un clic sur le bouton **Rechercher maintenant** lance l'opération, les fichiers répondant aux critères définis apparaissent dans la partie inférieure de la boîte de recherche.

5. Une fois le fichier trouvé, il suffit de le faire glisser dans la page de dessin à partir de la boîte de recherche.

Outil interactif Ombre portée

Dans cette étape, nous allons adjoindre une ombre portée à nos objets. Le dessin prendra ainsi plus de profondeur. L'outil interactif **Ombre portée** représente une nouveauté de la version CorelDRAW 8.

Préparatifs : tout associer

Avant de commencer, il nous faut associer tous les objets de la page. La création de l'ombre n'en sera que plus simple.

1. Sélectionnez dans la zone de liste **Zoom** de la barre d'outils l'entrée *Ajusté à la page*.

2. Nous sommes sur le plan *Clipart* et la commande **Modifier sur plusieurs plans** est désactivée. Rien ne nous empêche donc de tracer un rectangle de sélection autour de l'ensemble des objets, sans inclure dans ce cadre l'arrière-plan. Activez pour cela l'outil **Sélecteur**, placez le pointeur environ deux centimètres au-dessus de l'angle supérieur gauche de la page, appuyez sur le bouton gauche de la souris et, tout en le maintenant enfoncé, faites-le glisser vers l'angle inférieur droit de la page, sans dépasser cet angle. Tous les objets placés sur la page de dessin, hormis le rectangle d'arrière-plan, sont sélectionnés.

3. Appelez la commande **Disposition/Associer**.

Création d'une ombre portée dans CorelDRAW 6 et 7

1. Créez un duplicata de ce groupe d'objets et appliquez à la copie un remplissage gris de 10 %. Supprimez le contour.

2. Placez cet objet gris à l'arrière-plan (tout en restant cependant sur le plan *Clipart*) et décalez-le légèrement par rapport au groupe original.

Création d'une ombre portée dans CorelDRAW 8

1. Activez l'outil interactif **Ombre portée** dans la boîte à outils et cliquez sur le groupe d'objets. Maintenez le bouton de la souris enfoncé et faites

glisser le pointeur vers l'angle inférieur droit, jusqu'à ce que s'affiche un rectangle bleu. Relâchez le bouton de la souris dès que le rectangle bleu pointillé n'est plus parfaitement superposé au groupe initial.

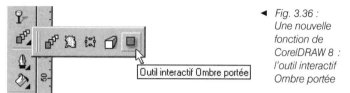

◀ *Fig. 3.36 :*
Une nouvelle
fonction de
CorelDRAW 8 :
l'outil interactif
Ombre portée

2. La barre des propriétés s'affiche automatiquement. C'est ici que nous allons définir les paramètres de l'ombre. Position, adoucissement, opacité et couleur sont réglables. Dans le champ *Adoucissement*, indiquez la valeur 4, et validez par **Entrée**. Les contours de l'ombre deviennent ainsi plus nets. Si le résultat ne vous convient pas, cliquez à nouveau sur le groupe et recommencez.

▲ *Fig. 3.37 : La barre des propriétés permet de paramétrer l'ombre portée*

3.8 Ajouter et mettre en forme les pages intérieures

La carte de vœux se compose d'une seule feuille, mais imprimée recto verso et pliée en deux. L'option *Fascicule*, dans les paramètres de mise en page, correspond bien à ce que nous souhaitons. Il reste simplement à ajouter et à formater les autres pages.

Insérer les pages intérieures

1. Dans le menu **Présentation**, activez la commande **Insérer une page**.

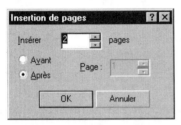

◄ *Fig. 3.38 :*
La boîte de dialogue
Insertion de pages

2. Dans la petite boîte de dialogue ainsi ouverte, définissez le nombre de pages à insérer, en l'occurrence 2, et vérifiez que la case à cocher *Après* est activée. Validez alors par OK.

Les nouvelles pages s'affichent immédiatement à l'écran. Comme nous avions activé l'option *Pages doubles* dans la boîte de dialogue de mise en page, les deux pages sont affichées côte à côte. L'avantage est qu'elles peuvent être formatées comme si elles n'en formaient qu'une.

Passer d'une page à l'autre

Jetez un coup d'œil au bas de l'espace de travail de CorelDRAW. À droite de la barre de défilement horizontale, de nouveaux onglets sont apparus.

Changement de page par les onglets

Chaque onglet correspond à une page précise. Un clic sur un de ces onglets permet de passer à la page concernée.

Page 1   **Page 2**   Page 3   ◄ *Fig. 3.39 :*
La barre d'onglets, au bas
de l'espace de travail

Changement de page par la barre de navigation

Les flèches placées à droite de ces onglets ressemblent un peu aux touches d'un enregistreur de cassettes audio. Elles permettent, elles aussi, de passer d'une page du document à une autre. Les deux flèches d'extrémités (celles accompagnées d'une barre verticale) servent à passer directement à la première ou à la dernière page, les deux flèches internes servent à revenir à la page précédente ou à accéder à la suivante.

◄ ◄   2 de 3   ► ► ◄ *Fig. 3.40 :*
La barre de navigation

Où suis-je ?

La barre de navigation vous indique le numéro de la page sur laquelle vous vous trouvez. Pour l'instant, vous pouvez lire *2 de 3*. Vous êtes donc sur la seconde page d'un document qui en comprend 3 au total.

Agencement de l'arrière-plan

Sur notre page de couverture, nous avons mis en place un rectangle affecté d'une texture de type "papier". Nous allons faire de même pour les deux pages intérieures, mais au lieu de passer par la boîte de dialogue de mise en page, comme précédemment, nous allons réaliser l'opération manuellement. L'outil **Rectangle** va nous permettre de tracer un grand rectangle sur les deux pages, opération facilitée par la mise en place de repères.

1. Vérifiez dans le Gestionnaire d'objets que vous êtes dans le plan adéquat. Il doit s'agir du plan *Arrière-plan*, celui sur lequel se trouve déjà l'encadré de page de la page de garde. Au besoin, passez sur ce plan en cliquant sur son nom dans le bas du Gestionnaire d'objets, dans la catégorie *PrincipalPage*.

Attention : Pas de plan principal

Veillez à ce qu'aucun de vos plans ne soit "plan principal", faute de quoi tous les objets qui y sont placés apparaissent sur toutes les pages du document.

2. Vérifiez à nouveau si le plan *PrincipalRepères* est verrouillé. Vous le reconnaîtrez facilement à l'icône du stylo, dans le Gestionnaire d'objets : si cette icône est grisée, le plan est verrouillé. Au besoin, activez ce verrouillage en cliquant sur le stylo devant *PrincipalRepères*.

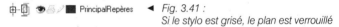 ◄ *Fig. 3.41 :*
Si le stylo est grisé, le plan est verrouillé

3. Le magnétisme des repères doit être activé. Appelez pour cela la commande **Présentation/Repères magnétiques**. Si une coche figure en regard de la commande, cela signifie que le magnétisme est déjà activé.

 ◄ *Fig. 3.42 :*
Si une coche figure en regard de la commande, le magnétisme est activé

4. Activez ensuite l'outil **Rectangle** dans la boîte à outils. Placez le pointeur dans l'angle supérieur gauche de la page de dessin. Le magnétisme agit, le curseur est automatiquement attiré sur le repère.

5. Cliquez sur le bouton gauche de la souris et, tout en le maintenant enfoncé, déplacez le curseur vers l'angle inférieur droit de la seconde page. Relâchez le bouton. En principe, le rectangle a la taille voulue.

6. Pour l'instant, le rectangle n'est constitué que d'un mince trait de contour. Ce contour est placé directement sur les repères, il est assez difficile à visualiser. Pour que le rectangle reste bien visible, nous allons lui appliquer une surface provisoire. Cliquez pour cela sur une case de couleur quelconque de la palette. Profitez-en pour supprimer le contour en cliquant avec le bouton droit de la souris sur le bouton marqué d'un "X".

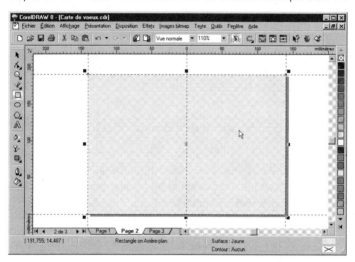

▲ *Fig. 3.43 : Un remplissage provisoire permet de mieux distinguer l'arrière-plan*

Créer un motif personnel

Nous allons appliquer à ce rectangle un motif de surface personnalisé. Rappelez-vous : sur la page de garde, nous avons appliqué un motif tiré du CD de CorelDRAW. Cette fois-ci, nous allons créer notre propre motif.

Créer l'objet de départ et adapter les couleurs

1. Commençons par importer deux cliparts. Nous les déformerons et ils serviront de base à notre motif. Insérez le CD n° 2 de CorelDRAW, celui qui contient les cliparts, puis appelez la commande **Fichier/Importer**.

2. Passez dans le dossier \Spec_occ\Birthday et sélectionnez le fichier Brthday3.cdr. Passez ensuite dans le dossier \Spec_occ\Newyear et sélectionnez le fichier Party.cdr. Si vous le souhaitez, vous pouvez bien évidemment choisir d'autres images, à condition qu'elles illustrent le thème de l'anniversaire ou de la fête.

3. Réduisez les deux cliparts en utilisant leurs poignées d'angle à l'aide de l'outil **Sélecteur**. Placez-les sur le bureau de CorelDRAW, en dehors de la page de dessin. Si vous n'avez pas suffisamment de place à côté de la page de dessin, réduisez le facteur de zoom. Les deux doivent être placés de manière à former une oblique, comme dans les illustrations suivantes.

4. Associez les deux cliparts en les sélectionnant tous deux puis en appelant la commande **Disposition/Associer**.

5. Le groupe est automatiquement sélectionné et pourrait être converti directement en arrière-plan. Mais leurs couleurs sont trop vives, nous allons d'abord en réduire l'intensité. Appelez pour cela la commande **Effets/Ajustement des couleurs**. Dans le sous-menu, cliquez sur la commande **Teinte-Saturation-Luminance**.

▲ *Fig. 3.44 : Cette boîte de dialogue permet de modifier les couleurs de surface*

6. Une boîte de dialogue apparaît, dotée de trois curseurs de réglage. Conservez la position du curseur *Teinte*, placez le curseur *Saturation* sur la valeur *100* et le curseur *Luminance* sur *95*. Vous pouvez également taper les valeurs dans les champs de saisie placés à droite des réglettes.

7. Cliquez sur le bouton **Aperçu** (dans CorelDRAW 6 et 7) ou sur l'icône représentant un œil (CorelDRAW 8) pour juger du résultat. Si le résultat ne vous convient pas, vous pouvez encore corriger les valeurs. Cliquez sur OK pour valider l'opération.

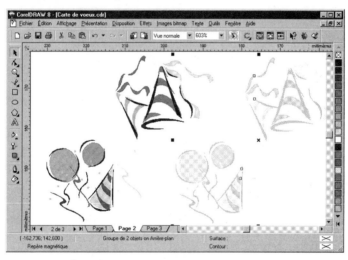

▲ *Fig. 3.45 :* *À gauche, les cliparts d'origine, à droite, les mêmes après modification des paramètres de couleur*

Enregistrer comme motif

1. Le groupe d'objets est beaucoup plus clair qu'auparavant. Appelez la commande **Fichier/Enregistrer sous**. Vous allez enregistrer le groupe d'objets dans le répertoire utilisé par CorelDRAW pour le stockage de ses fichiers de motif. Dans CorelDRAW 8, il s'agit du dossier \Corel\ Graphics8\Custom\Motifs.

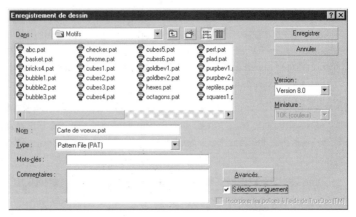

▲ *Fig. 3.46 : Le motif est enregistré lors de la sélection du type de fichier
requis : Pattern File (PAT)*

**Astuce : Trouver des fichiers et des dossiers
avec l'Explorateur de Windows 95**

Si vous ne savez pas exactement comment s'appelle le dossier et où
il se trouve, appelez l'Explorateur de Windows et activez la commande **Outils/Rechercher**. Dans le sous-menu, cliquez sur la commande **Fichier ou dossiers**. La boîte de dialogue **Rechercher** apparaît.
Dans le champ *Nommé*, tapez *.PAT, puis sélectionnez le Poste de
travail dans le champ *Chercher dans*. Ces critères permettent de
retrouver tous les fichiers dotés de l'extension *.pat* sur tous les
lecteurs du PC. Après un clic sur le bouton **Rechercher maintenant**, le
résultat s'affiche dans le bas de la boîte de recherche. Au besoin,
élargissez la colonne *Dans le dossier*, pour visualiser l'ensemble du
chemin d'accès. Pour élargir la colonne, placez le pointeur de la
souris sur la séparation verticale à droite de la colonne concernée,
dans la barre de titre (à gauche du champ *Taille*). Appuyez alors sur
le bouton gauche de la souris et, tout en le maintenant enfoncé, faites
glisser le curseur vers la droite. Notez le chemin d'accès et refermez
la boîte de recherche.

2. Lorsque vous aurez trouvé le dossier, attribuez un nom à votre motif (sans extension)

3. Vient l'opération la plus importante : la définition du type de fichier. Déroulez la liste des types et sélectionnez la mention *Pattern File (PAT)*. Pensez également à activer la case à cocher *Sélection uniquement*. Elle a pour effet de n'enregistrer que les objets sélectionnés du document, en l'occurrence notre groupe de deux cliparts. Cliquez sur le bouton **Enregistrer** puis supprimez les deux icônes sur le bureau, vous n'en avez plus besoin.

Appliquer le motif personnel

L'étape suivante consiste à appliquer notre nouveau motif au rectangle de l'arrière-plan. La procédure vous est en principe connue :

1. Ouvrez le menu flottant **Surface spéciale**. Cliquez à cet effet sur l'outil **Surface** de la boîte à outils, puis sur le dernier bouton du menu contextuel.

2. Dans le menu flottant, cliquez sur le bouton médian, c'est lui qui est en charge des motifs de remplissage. Les zones de liste permettent de sélectionner trois sous-catégories de motifs. Optez pour *En couleur* pour accéder au fichier *Pat*.

3. Cliquez sur le bouton **Modifier**. La boîte de dialogue **Surface de motif** s'affiche alors. L'option *En couleur* est activée, c'est d'ailleurs la seule disponible.

4. Pour accéder à notre motif personnel, cliquez sur le bouton **Charger** pour ouvrir la boîte de dialogue d'importation.

5. Localisez le dossier dans lequel vous avez stocké le motif personnalisé, sélectionnez le fichier et cliquez sur **Ouvrir**.

6. Le chargement dure un certain temps, puis vous verrez apparaître le motif dans la boîte de dialogue **Surface de motif**.

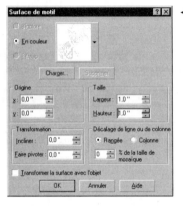

◄ Fig. 3.47 :
Le bouton Charger permet de charger le fichier de motif personnel. Le menu flottant permet d'appliquer le motif à un objet

7. Réduisez la taille du motif en tapant la valeur 1 dans les champs *Largeur* et *Hauteur* de la boîte de dialogue. La taille des carreaux de la future mosaïque s'en trouve ainsi réduite. Un clic sur OK vous ramène au menu flottant **Surface spéciale**.

8. Sélectionnez le rectangle d'arrière-plan avec l'outil **Sélecteur**, puis cliquez sur le bouton **Appliquer** du menu flottant. Le rectangle affiche immédiatement notre motif. Sympathique, non ?

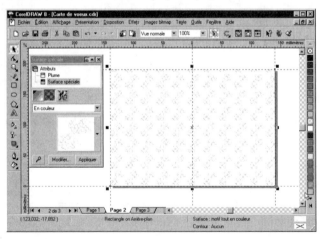

▲ Fig. 3.48 : *Le fichier de motif a été appliqué au rectangle de l'arrière-plan*

Ajouter le texte et lui appliquer un dégradé

Voilà une bonne chose de faite. Nous allons compléter le tout par un texte et un autre clipart.

1. Passez sur le plan *Clipart*, par le Gestionnaire d'objets et tapez le texte Te souhaite.

2. Ce texte va être mis en couleur de la même façon que le texte de la page de titre. Pour récupérer le même dégradé, nous repassons à la première page et affichons le menu flottant **Surface spéciale**.

3. Dans ce menu flottant, cliquez sur le bouton **Pipette**. Le curseur se transforme en une grosse flèche noire.

 ◄ *Fig. 3.49 :*
La pipette permet de récupérer des remplissages
de surface pour affectation à d'autres objets

4. Avec ce pointeur, cliquez sur un des objets de texte de la première page. Ne vous en faites pas si vous manquez votre cible : il suffit de cliquer une nouvelle fois sur l'outil **Pipette** et de recommencer. Avec un peu d'entraînement, vous verrez que c'est très simple.

5. Lorsque le dégradé apparaît dans la zone d'aperçu du menu flottant, repassez à la page 2 et sélectionnez le nouveau texte. Il reste ensuite à cliquer sur le bouton **Appliquer** du menu flottant **Surface spéciale**.

◄ *Fig. 3.50 :*
Pourquoi
compliquer
les choses ?
Avec le menu
flottant, il est
facile de
récupérer une
surface et de
l'attribuer à un
autre objet.

Garçon, un autre clipart !

Pas mal, cette carte de vœux, vous ne trouvez pas ? Une fois imprimée, vous disposerez de suffisamment de place pour quelques lignes manuelles. La cerise sur le gâteau : deux petits cliparts complémentaires, pour agrémenter les pages intérieures.

1. Appelez la commande **Fichier/Importer**. Vous connaissez désormais la procédure : insertion du CD n° 2, localisation du fichier (ici \Clipart\People\Kkchld10.cdr et \Clipart\Spec_occ\Newyear.cdr) puis mise en place. Positionnez les cliparts comme dans l'illustration suivante.

2. Sélectionnez tous les objets des pages intérieures et associez-les par la commande **Disposition/Associer**.

3. Vous devinez la suite ? Eh oui ! Nous allons à nouveau appliquer à ce groupe une ombre portée interactive.

Astuce : Copier une ombre interactive (uniquement CorelDRAW 8)

La création d'une ombre portée avec l'outil interactif prend du temps et occupe beaucoup de ressources système. Il est souvent plus rapide de créer une ombre portée pour un seul petit objet, puis de copier l'effet par la commande **Effets/Copier /Ombre portée à partir de**. Vous découvrirez tous les détails de ces opérations au chapitre 8.

4. Lorsque le groupe est formé, il reste sélectionné. Vous pouvez ainsi lui appliquer une ombre portée par l'outil interactif correspondant de la boîte à outils.

5. Par la barre des propriétés, vous paramétrerez l'ombre à loisir (Voir Fig. 3.51).

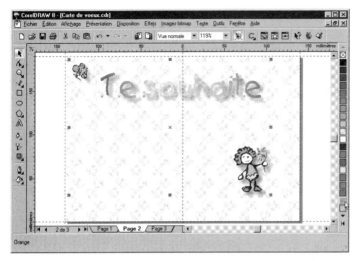

▲ *Fig. 3.51 : Les pages intérieures, avec les cliparts et l'ombre portée*

3.9 La dernière page

Pour l'instant, notre document se compose de trois pages : la page de couverture et les deux pages intérieures. Il nous reste à agencer la dernière page.

Création de la dernière page

1. Dans le menu **Présentation**, sélectionnez la commande **Insérer une page**.

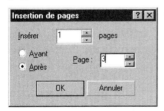

◄ *Fig. 3.52 :*
La boîte de dialogue
Insertion de pages

2. Dans la petite boîte de dialogue ainsi ouverte, définissez le nombre de pages à insérer, en l'occurrence 1, vérifiez que la case à cocher *Après* est activée et que le champ *Page* soit sur 3 (la dernière page vient après la page n° 3).

3. Validez par OK. Un nouvel onglet s'affiche au bas de la fenêtre : **Page 4**.

Copier et disposer l'arrière-plan

Cette dernière page doit reprendre le même motif d'arrière-plan que la page de titre. N'oublions pas que la première et dernière page du fascicule sont imprimées sur une seule et même page papier, la pliure n'étant effectuée que par la suite. Il suffit de copier le rectangle d'arrière-plan de la première page sur la dernière et de le disposer correctement.

1. Passez à la page de couverture et au plan *Arrière-plan*.

2. Sélectionnez le rectangle faisant office d'arrière-plan. Copiez-le dans le Presse-papiers par le bouton **Copier** de la barre d'outils. En variante, vous pouvez aussi recourir à la combinaison de touches **Ctrl**+**C**.

Conseil : Le Presse-papiers

Le Presse-papiers de Windows est une zone de mémoire à laquelle tous les programmes ont accès. Il est possible d'y placer un objet sélectionné ou de coller son contenu à un autre endroit, dans un autre document voire dans un autre programme. Ce Presse-papiers ne peut toujours contenir qu'un seul objet : à chaque Couper ou Copier, l'ancien contenu est remplacé par la sélection.

3. Passez à la quatrième page du document en veillant à rester sur le plan *Arrière-plan*. Appelez ensuite la commande **Édition/Coller**. Le rectangle est inséré, il convient maintenant de le positionner correctement.

4. Le rectangle est sélectionné, la mise en place peut se faire immédiatement. Appelez pour cela la commande **Disposition/Alignement et**

distribution. Dans la boîte de dialogue, activez la case à cocher *Centre de la page*, ce qui sélectionne instantanément les deux cases *Centre*.

5. Cliquez sur OK : le rectangle est parfaitement centré sur la page.

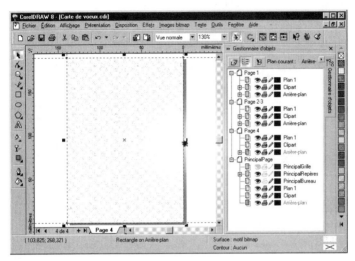

▲ *Fig. 3.53 : La dernière page avec son arrière-plan*

Agencer la dernière page

Que diriez-vous d'ajouter une petite image et de préciser le nom de l'auteur ?

1. Restez sur la dernière page et passez au plan *Clipart*. Activez l'outil **Texte** et cliquez dans la page de dessin. La barre d'insertion pour le texte graphique clignote : saisissez `Agencé par : votre nom`.

2. Lorsque vous avez saisi le texte et votre nom, sélectionnez l'objet avec l'outil **Sélecteur** et appelez la commande **Texte/Formatage du texte**. Le formatage peut aussi être réalisé par le biais de la barre des propriétés. Pour l'afficher, activez la commande **Affichage/Barre des propriétés**.

3. Dans notre exercice, nous avons appliqué au texte la police *Bernhardfashion BT*, en 16 points.

4. Il nous manque notre clipart final : que pensez-vous du fichier Desgn022.cdr du dossier \Clipart\Designs\ ?

5. N'oublions pas notre ombre portée interactive. Associez le texte et le clipart et activez l'outil interactif **Ombre portée**

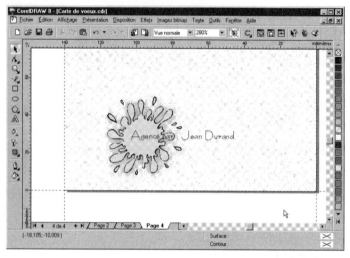

▲ *Fig. 3.54 : Texte et clipart avec ombre portée*

6. Pour finir, nous allons verrouiller tous les plans en cliquant sur l'icône de stylo dans le Gestionnaire d'objets. Cette icône doit être grisée.

7. Enregistrez le fichier et accordez-vous une courte pause, vous l'avez bien méritée.

3.10 C'est parti pour l'impression

Vaste sujet que l'impression du document CorelDRAW ! Nous lui avons consacré un chapitre spécial. Mais lorsqu'il s'agit d'une impression simple, par exemple sur une imprimante à jet d'encre, il n'est pas nécessaire de disposer de beaucoup de connaissances.

1. Après avoir enregistré votre document par la commande **Fichier/ Enregistrer**, appelez la commande **Fichier/Imprimer**. Comme nous avons opté pour une orientation de type *Paysage*, CorelDRAW demande s'il doit adapter l'imprimante en conséquence. Répondez par l'affirmative. La boîte de dialogue **Imprimer** apparaît.

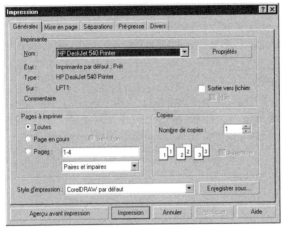

▲ *Fig. 3.55 : La boîte de dialogue Imprimer, avec ses nombreux onglets*

2. Cette boîte de dialogue contient beaucoup d'options, réparties sur plusieurs onglets. Pour l'instant, nous nous limiterons au strict minimum. Vérifiez d'abord que le nom de votre imprimante figure bien dans le champ *Nom* de la rubrique *Imprimante*. Au besoin, cliquez sur le bouton fléché, à droite du champ, et sélectionnez votre périphérique de sortie.

3. Nous avons volontairement défini une taille de page de dessin légèrement inférieure à celle du papier. C'est l'assurance que tous les éléments seront bien imprimés, même s'ils sont très près du bord de page.

4. Les bordures superflues de la feuille de papier seront massicotées ou coupées au ciseau par la suite. Pour les matérialiser, nous avons fait

appel à une fonction spéciale : les repères de coupe. Activez l'onglet **Pré-presse** et sélectionnez les deux cases à cocher *Imprimer les repères de coupe* et *Repères de coupe extérieurs uniquement*, au bas de la boîte de dialogue.

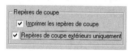

◄ *Fig. 3.56 :*
Sur l'onglet Pré-presse,
activez les repères de coupe

5. Cliquez sur le bouton **Imprimer**. Si le document comporte plusieurs pages, CorelDRAW propose un assistant d'impression qui vous guidera pour l'opération. Pour cet exercice, nous nous passerons de ses services : activez sur la case *Désactiver les messages et imprimer sur une seule face*.

6. Cliquez sur OK pour lancer l'impression. En fonction de la rapidité de votre imprimante, sachez que l'impression peut prendre un certain temps. Une boîte de dialogue indique l'avancement de l'opération.

Vous obtiendrez deux pages A4 imprimées, qu'il vous suffira de coller dos à dos et de découper.

4. Avec mesure : le plan de l'appartement

Ce chapitre aborde grille et fonctions de mise à l'échelle. L'exercice traite de l'aménagement d'un appartement. Il fait moins appel aux couleurs et sera principalement axé sur un plan à l'échelle et l'exactitude des mesures. Ces mesures seront entreprises avec l'outil **Cote** et nous ferons appel à la grille pour le positionnement des objets dans la page.

4.1 Mise en page

Avant de commencer, une courte préparation est nécessaire, à savoir la mise en page. Comme il s'agit d'un document d'une seule page, nous nous limiterons au strict minimum.

La mise en page

Pour la création du plan de notre appartement, une orientation Paysage de la page de dessin est un bon choix. Nous allons sans plus attendre modifier ce paramètre et compléterons le point de départ par quelques repères qui nous éviteront de placer des objets en dehors de la zone imprimable.

Orientation Paysage

Astuce : Mise en page rapide par double clic ou menu contextuel

Si vous avez la main sûre, double-cliquez sur le cadre de la page. Vous pouvez aussi cliquer avec le bouton droit de la souris sur le cadre de la page et activer la commande **Mise en page** dans le menu contextuel. Toutes les techniques aboutissent au même endroit : la boîte de dialogue **Options**.

1. Si vous venez de démarrer CorelDRAW, cliquez sur le bouton **Nouveau fichier** dans l'écran de bienvenue. Si vous êtes déjà dans CorelDRAW, sélectionnez la commande **Fichier/Nouveau**.

2. Pour effectuer la mise en page, appelez la commande **Présentation/Mise en page**.

3. Ce que nous allons définir ici n'a rien de spectaculaire. Pour changer l'orientation de la page, nous activons l'option *Paysage*, que les utilisateurs de CorelDRAW 8 trouveront sous l'onglet **Taille**.

4. Cliquez sur le bouton OK. Les préparatifs sont terminés.

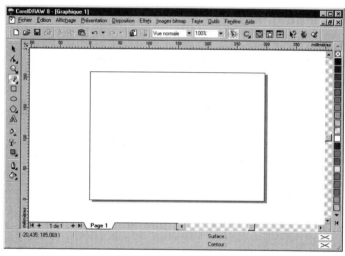

▲ *Fig. 4.1 : La page de dessin vierge, en orientation Paysage*

Affichage de la zone imprimable

Pour avoir une vision claire des limites de la zone imprimable, nous allons afficher cette zone. Il s'agit de la zone de la feuille de papier que l'imprimante est effectivement en mesure d'imprimer. En fonction du modèle d'imprimante, les dimensions de cette zone varient.

1. Appelez la commande **Affichage/Zone imprimable**. Un cadre en pointillé s'affiche alors. Il indique jusqu'où le périphérique est capable d'imprimer.

2. Si ce cadre en pointillé apparaît en orientation Portrait, alors que la page est en orientation Paysage, il se peut que vous ayez un léger problème. C'est plus particulièrement le cas avec CorelDRAW 8. Dans ce cas, appelez la commande **Fichier/Configuration de l'impression**.

3. Cliquez sur le bouton **Propriétés**. L'aspect de la boîte de dialogue et le nombre de ses onglets changent d'un modèle à l'autre, mais vous y trouverez toujours un onglet dans lequel il est possible de définir l'orientation. Activez là aussi l'orientation *Paysage* et validez par OK. Le problème est alors résolu.

▲ *Fig. 4.2 : Dans la boîte de dialogue des propriétés de l'imprimante, il faut définir l'orientation de la page pour que l'affichage de la zone imprimable soit correct*

4. Il se peut malgré tout que votre carte graphique continue à afficher des parties de l'ancienne zone d'impression. Si c'est le cas, appelez la commande **Fenêtre/Rafraîchir la fenêtre**. En principe, votre écran devrait avoir l'aspect suivant :

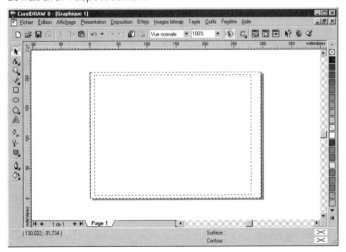

▲ *Fig. 4.3 : La page de dessin avec affichage de la zone imprimable*

Astuce : Activer l'affichage de l'encadré de page

Si, pour une raison ou une autre, les limites de la page de dessin (l'encadré) ne sont pas affichées, commencez par faire un zoom sur la page entière. Il arrive en effet que l'affichage soit décalé au point que la page de dessin soit totalement hors champ. Si rien n'y fait, vérifiez dans la boîte de dialogue **Mise en page** de CorelDRAW 6 ou 7, si la case à cocher *Afficher contour de page* est activée. Dans CorelDRAW 8, appelez la commande **Outils/Options**, cliquez sur *Document* puis *Page* et vérifiez que la case à cocher *Afficher la bordure de page* est activée. Si ces options sont sélectionnées, l'encadré de page doit alors s'afficher.

4.2　Règles, échelle et quadrillage

Venons-en aux choses concrètes : la mise en place des règles, la définition de l'échelle du dessin et de la grille. Les paramètres par défaut de CorelDRAW spécifient en général une échelle de 1:1 et une unité de mesure qui est le millimètre. Dans les diverses boîtes de dialogue, dans les menus flottants et dans la barre d'état, c'est l'unité de mesure définie pour les règles qui est employée. Comme notre exercice porte sur le plan d'un appartement, nous souhaitons utiliser comme unité de mesure le mètre. L'imprimante ne permettant pas d'imprimer le plan au format original, nous allons mettre en place une échelle par laquelle les mesures réelles seront converties aux dimensions du dessin et de l'impression.

Configuration des règles

Le choix de l'unité de mesure est déterminant, car cette unité intervient à la fois dans les dimensions des objets dessinés et dans les coordonnées de leur position.

La première partie de l'opération varie en fonction des versions du programme.

Les règles dans CorelDRAW 6 et 7

1. Appelez la commande **Présentation/Configurer grille et règle**. Elle ouvre une boîte de dialogue composée de deux onglets dont l'un se nomme **Règle**.

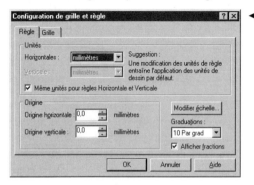

◄ *Fig. 4.4 :*
La boîte
de dialogue
permettant
de configurer la
grille et les règles
dans CorelDRAW
6 et 7

Les règles dans CorelDRAW 8

1. Appelez la commande **Outils/Options**, puis double-cliquez sur *Document* et enfin sur *Règles*. Le volet de droite de la boîte de dialogue propose les options de configuration des règles et de définition de l'échelle.

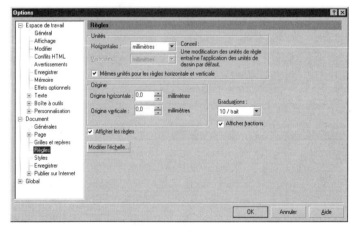

▲ *Fig. 4.5 : La boîte de dialogue permettant de configurer la grille et les*
règles dans CorelDRAW 8

À partir de là, la procédure redevient commune.

2. La rubrique *Unités* comporte les champs *Horizontales* et *Verticales*. Pour l'instant, seul le premier de ces champs est disponible car la case à cocher *Mêmes unités pour les règles horizontale et verticale* est activée. C'est très bien ainsi, l'unité définie pour la règle horizontale s'appliquant également à la règle verticale. Pour changer d'unité de mesure, cliquez sur le bouton fléché de la zone de liste *Horizontales* et sélectionnez l'entrée *mètres* dans la liste qui s'affiche alors.

3. Vérifiez que dans la rubrique *Origine* les deux champs sont bien sur 0. L'origine est le point de la page de dessin correspondant aux valeurs 0 des règles. En principe, il s'agit de l'angle inférieur gauche. Imaginez un système de coordonnées avec un axe X (la règle horizontale) et un axe Y (la règle verticale). Ce point 0 correspond à l'intersection des deux axes. À partir de là, il y a une zone de valeurs positives et une zone de valeurs négatives. Vous serez confronté à ces valeurs lors du positionnement des objets dans la page.

4. Notez bien la méthode d'accès à cette boîte de dialogue, car dans un instant vous aurez à y revenir. Pour vérifier les effets de nos paramètres, cliquez sur le bouton OK.

5. Dans les règles, les valeurs sont désormais exprimées en mètre. De plus, l'affichage des règles a légèrement changé. La page fait désormais 0,297 m de largeur et 0,210 de hauteur, ce qui correspond parfaitement au format A4. Dans l'angle inférieur gauche, vous distinguez le point 0 des deux règles. Ce point est également appelé origine de la grille.

Astuce : Modifier l'origine avec la souris

Parallèlement à la possibilité de modifier l'origine des règles par saisie d'une valeur numérique, CorelDRAW permet également de déplacer cette origine avec la souris. Cliquez pour cela sur l'intersection des règles verticale et horizontale, appuyez sur le bouton gauche de la souris et, tout en le maintenant enfoncé, faites glisser la souris dans une direction quelconque. Dès que vous relâchez le bouton, l'origine est déplacée. Toutes les coordonnées des objets et tous les repères mis en place s'adaptent automatiquement à cette nouvelle origine. Pour ramener le point 0 dans l'angle inférieur gauche de la page, double-cliquez sur l'intersection des deux règles. L'origine par défaut est automatiquement restaurée.

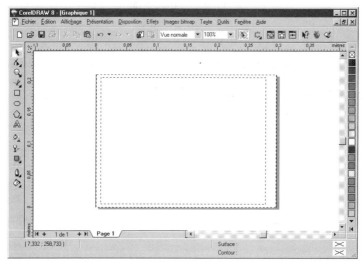

▲ *Fig. 4.6 : Les règles affichent des mesures exprimées en mètre*

Définition de l'échelle

Nous allons maintenant configurer l'échelle. Comme nous ne pouvons pas créer et imprimer le plan à sa taille originale, il faut définir un facteur de mise à l'échelle.

Qu'est-ce qu'une échelle

Dans l'état actuel des choses, le dessin et l'impression sont réalisés à l'échelle 1:1, c'est-à-dire que si vous dessinez un carré, que vous lui appliquez par le menu flottant **Taille** une dimension de 10 cm de côté et que vous l'imprimez, vous obtiendrez sur la feuille de papier un carré de 10 cm x 10 cm. Ne vous laissez pas tromper par l'affichage à l'écran, car cet affichage varie en fonction de la carte graphique, du moniteur et du facteur de Zoom. C'est dans la barre d'état que vous trouverez la taille exacte d'un objet.

En changeant d'échelle, vous pouvez simuler à l'écran la taille réelle. Si l'unité de mesure est le centimètre, la taille d'une page au format A4 est de 21 cm de large sur 29,7 cm de haut. Avec une échelle de 1:1, cela correspond aux mesures indiquées par les règles.

Avec une échelle de 1:10, tout ce qui est présenté à l'écran est, dans la réalité, 10 fois plus grand. La page a désormais une taille de 210 cm sur 297 cm. Si vous dessinez un carré et que vous lui appliquez par le menu flottant **Taille** une dimension de 1 cm sur 1 cm, vous constaterez à l'écran qu'il est ridiculement petit. Si vous l'imprimez et le mesurez avec une règle, vous noterez qu'il mesure 1 mm sur 1 mm. Pourquoi a-t-il été réduit à 1 mm de côté ? Tout simplement parce que la page de dessin simule une page 10 fois plus grande en raison du facteur de mise à l'échelle. En fait, un millimètre à l'écran correspond dans la réalité à 1 centimètre. La page placée dans le bac d'alimentation de votre imprimante conservera, elle, toujours la même taille !

Définir la bonne échelle

Voilà pour la théorie, venons-en maintenant à la pratique. Pour dessiner sur notre page de papier un carré de 10 mètres de côté et pour que ce carré soit imprimé en 10 centimètres sur 10 centimètres, il faut définir un facteur de mise à l'échelle de 1:100 (un centimètre imprimé ou affiché à l'écran correspond en réalité à 1 mètre)

Dans CorelDRAW 6 et 7

Appelez la commande **Présentation/Configurer grille et règle**. Elle ouvre une boîte de dialogue composée de deux onglets dont l'un se nomme **Règle**.

Dans CorelDRAW 8

1. Appelez la commande **Outils/Options**, puis double-cliquez sur *Document* et enfin sur *Règles*. Dans le volet droit de la boîte de dialogue sont proposées les options de configuration des règles et de définition de l'échelle.

Ici les versions se rejoignent...

2. Cliquez sur le bouton **Modifier l'échelle**.

3. La boîte de dialogue **Echelle du dessin** s'affiche alors. Dans la zone de liste *Echelles spécifiques*, vous trouverez un certain nombre d'échelles standard prédéfinies, les deux champs *Distance sur la page* et *Distance réelle* correspondant à l'option choisie dans le champ *Echelles spécifiques*. Sélectionnez dans ce champ l'entrée *1:100*.

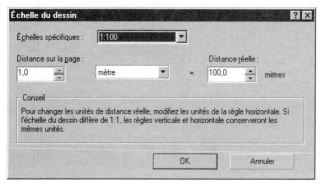

▲ *Fig. 4.7 : La configuration de l'échelle du dessin*

4. Refermez toutes les boîtes de dialogue en cliquant sur OK.

Jetez un coup d'œil sur les règles et les valeurs qui y sont affichées : vous constatez que votre page simule désormais une surface de 29,7 mètres de large sur 21 mètres de haut (1:100 = cent fois plus que la taille originale).

Configuration de la grille

La grille est un quadrillage de petits points ou de lignes agissant comme une grille de dessin. Grâce à son magnétisme, que vous activerez ou désactiverez en fonction des besoins, il est très facile d'aligner et de positionner les objets dans la page. L'espacement de la grille est librement définissable.

Dans CorelDRAW 6 et 7

Appelez la commande **Présentation/Configurer grille et règle**. Elle ouvre une boîte de dialogue composée de deux onglets : cliquez sur l'onglet **Grille**.

◄ Fig. 4.8 :
La configuration
de la grille dans
CorelDRAW 6 et 7

Dans CorelDRAW 8

1. Appelez la commande **Outils/Options**, puis double-cliquez sur *Document* et enfin sur *Grilles et repères*.

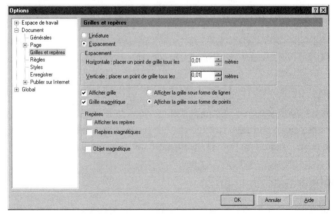

▲ Fig. 4.9 : La boîte de dialogue correspondante dans CorelDRAW 8

Et nous revoici au point de rencontre des versions.

2. Il existe deux façons de définir l'intervalle des points ou des lignes de la grille. La première consiste à fixer le nombre de points par unité de mesure, la seconde revient à définir un intervalle fixe. Les deux méthodes ont le même effet, seule la procédure change. La seconde technique étant plus simple, c'est elle que nous privilégions. Cliquez sur l'option *Espacement*.

3. En dessous, des champs de saisie pour l'espacement horizontal et vertical vous attendent. Dans CorelDRAW 6 et 7, indiquez la valeur *0,0001* car la grille prend en compte le facteur de mise à l'échelle. Dans CorelDRAW 8, indiquez comme valeur dans ces deux champs *0,01*, car dans cette version, le facteur d'échelle n'est pas pris en considération par la grille. Avec une valeur de 0,01 et une unité de mesure en mètre, l'espacement sera de 1 cm.

4. Activez pour finir les deux cases à cocher *Afficher grille* et *Grille magnétique*. Dans la version 8, vous pouvez choisir deux types d'affichage de la grille : sous forme de points ou sous forme de lignes. Optez pour l'affichage en points. Un clic sur OK et c'en est fini des préparatifs.

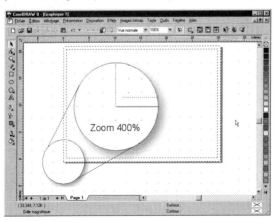

▲ *Fig. 4.10 : Une page de dessin avec les points de la grille : l'agrandissement montre qu'en fonction du facteur de zoom le nombre de points affichés peut varier*

Conseil : Un agrandissement de l'affichage peut être nécessaire

En fonction du facteur de zoom, tous les points de la grille ne seront peut-être pas affichés à l'écran. Dans ce cas, seul un agrandissement de l'affichage (zoom) permettra de visualiser l'ensemble des points.

4.3 Dessiner l'esquisse

Nous voici enfin prêts à dessiner le plan de notre appartement. Nous allons commencer par l'esquisse.

Utiliser l'outil Bézier

Pour dessiner l'esquisse de l'appartement, de nombreuses solutions s'offrent à vous. Théoriquement, tous les outils de dessin peuvent faire l'affaire : outil **Main levée**, outil **Rectangle**, outil **Ellipse** et même outil **Polygone**, tous sont susceptibles d'être utilisés. Mais le plus intéressant dans ce cadre est l'outil **Bézier**, car il permet de dessiner à la fois des courbes et des droites automatiquement reliées entre elles. Aux emplacements des ouvertures, le trait peut être immédiatement interrompu.

1. Cliquez sur l'outil **Bézier** dans la boîte à outils.

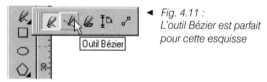

◄ *Fig. 4.11 :*
L'outil Bézier est parfait
pour cette esquisse

2. Dans l'espace de travail, les points de la grille devraient normalement être visibles. Placez le pointeur de la souris dans l'angle supérieur gauche de la page de dessin et cliquez sur le bouton gauche de la souris. Du fait du magnétisme des points de grille, le point de départ de la ligne est automatiquement attiré par le point le plus proche. Veillez simplement à ce que vos objets restent bien dans la zone imprimable.

3. Déplacez le pointeur horizontalement vers la droite et cliquez une nouvelle fois. À nouveau, le point du clic est attiré par la grille, la ligne tracée est une droite parfaitement horizontale.

4. Déplacez le pointeur de quelques centimètres vers le bas et cliquez. Comme nous travaillons avec l'outil **Bézier**, les lignes sont toutes reliées entre elles.

5. Fermez la forme en terminant par un clic final sur la position du clic de départ. C'est très important pour l'édition ultérieure (les mesures). Au besoin, modifiez l'objet à l'aide de l'outil **Forme**, et du menu flottant **Édition de point nodal** (Voir Fig. 4.12).

Vous pouvez bien sûr mettre en œuvre les compétences acquises au cours des exercices précédents pour ajouter éventuellement des courbes dans ce contour.

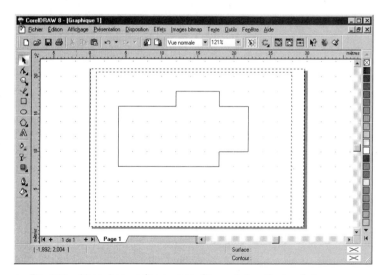

▲ *Fig. 4.12 : L'esquisse : grâce au magnétisme de la grille, la création du contour est un jeu d'enfant*

Définition des propriétés de trait

Personne n'accepterait d'habiter un appartement où les murs auraient l'épaisseur de papier à cigarette. Nous allons représenter l'épaisseur des murs par l'épaisseur des traits de contour. Un problème risque cependant de se poser lors des futures mesures : du fait de l'épaisseur des traits, il est extrêmement délicat de mesurer l'intérieur de la forme. C'est pourquoi nous allons recourir à une astuce, de manière à contourner le problème.

1. Lorsque la forme de base est dessinée, sélectionnez l'objet avec l'outil **Sélecteur**.

2. Ouvrez la boîte de dialogue **Plume de contour** en cliquant sur l'outil **Contour** de la boîte à outils, puis en cliquant sur le premier bouton du menu contextuel.

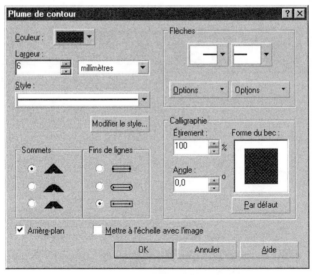

▲ *Fig. 4.13 : La boîte de dialogue Plume de contour permet de formater facilement les contours*

3. Définissez une largeur de trait de 6 mm.

4. Dans la partie inférieure de la boîte de dialogue, activez, à la rubrique *Sommets*, les sommets pointus et à la rubrique *Fins de lignes*, cliquez sur l'option du bas.

5. Il manque encore un paramètre important : activez la case à cocher *Arrière-plan*. Grâce à cette option, si vous appliquez une surface à cet objet, la moitié intérieure de l'épaisseur de ligne sera recouverte par le remplissage. Les traits de cote, que nous ajouterons dans un instant, partent toujours précisément du milieu du trait de contour. Avec la fonction de recouvrement de la moitié du contour par le remplissage, nos traits de cote seront parfaitement représentés (Voir Fig. 4.14).

6. La prochaine étape revient à appliquer un remplissage à notre contour. Sélectionnez l'objet et appliquez-lui une couleur de surface. Si l'objet n'accepte pas de remplissage, c'est certainement parce qu'il ne s'agit pas d'un objet fermé. Avec l'outil **Forme** et le menu flottant **Édition de point nodal**, vous y remédierez sans peine (Voir Fig. 4.16).

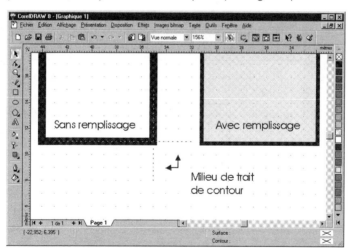

▲ *Fig. 4.14 : La case à cocher Arrière-plan provoque l'effet suivant : la moitié interne de l'épaisseur de contour est recouverte du remplissage*

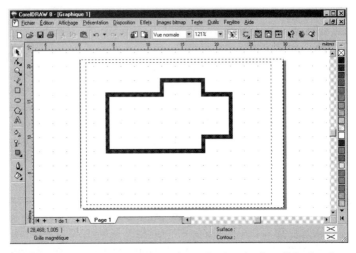

▲ Fig. 4.15 : Le contour de base après application des Propriétés de trait de contour

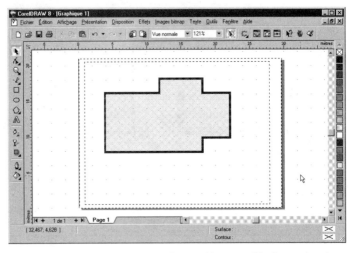

▲ Fig. 4.16 : Le contour avec remplissage. Notez que l'épaisseur de trait de contour a été diminuée de moitié

Définition de la taille et de la position exacte

Bien évidemment, CorelDRAW permet d'appliquer une taille et une position précises aux objets. La grille constitue une première aide lorsqu'il s'agit de définir une taille exacte. Les menus flottants **Taille** et **Position** offrent pour leur part des possibilités autres pour la définition des dimensions et de la position. Dans cet exercice, nous allons ajouter une pièce à notre appartement ; cette pièce devra avoir une taille très précise. Puis nous positionnerons l'ensemble dans la page de dessin, opération au cours de laquelle l'origine de la règle jouera son rôle.

Une taille exacte

1. Dessinez un simple rectangle avec l'outil **Rectangle**. La taille et la position n'ont aucune importance à ce stade.

2. Appelez la commande **Disposition/Transformer**.

3. Dans le sous-menu, cliquez sur la commande **Taille**, de manière à ouvrir le menu flottant de même nom.

◄ *Fig. 4.17 :*
Le menu flottant Taille permet de définir précisément la taille de l'objet

4. Le nouveau rectangle est toujours sélectionné, le menu flottant en affiche les dimensions actuelles. Modifiez ces dimensions en tapant la valeur 6 dans le champ *H* (elle correspond à la dimension horizontale

et non à la hauteur), et la valeur 8 dans le champ *V* (c'est-à-dire la dimension verticale). Cette pièce a ainsi une taille de 6 m sur 8 m. Cliquez sur le bouton **Appliquer**.

5. Il nous reste à souder ce rectangle avec le premier objet pour qu'il en reprenne automatiquement les propriétés de trait de plume et de remplissage. Placez le rectangle comme dans l'illustration suivante, en veillant à ce que les deux objets aient au minimum une partie commune. Appelez ensuite la commande **Souder** du menu **Disposition**.

6. Sélectionnez le rectangle, cliquez, dans le menu flottant **Soudure**, sur le bouton **Souder à**. Avec la grosse flèche noire qui tient ainsi lieu de pointeur, cliquez sur le premier objet. Instantanément les deux objets n'en forment plus qu'un. L'objet sur lequel vous avez cliqué en dernier transmet toutes ses propriétés de contour et de remplissage à la forme résultant de la soudure. C'est un moyen très simple d'agrandir rapidement votre appartement, nous ferons appel à lui pour ajouter la salle de bain dans un bref instant.

Attention : Magnétisme et déplacement

Du fait du magnétisme de la grille, certains points de grille sont automatiquement choisis lors du positionnement. Si les contours de certains objets ne correspondent pas exactement aux points de grille, seules certaines parties des objets seront ancrées sur la grille. Si vous déplacez par exemple l'objet vers la gauche, la ligne de contour externe gauche viendra se placer sur la grille. Vers la droite, il en va de même de la ligne de contour externe droite. En revanche, lors d'un déplacement vers le haut et le bas, c'est la ligne opposée au sens du déplacement qui sera attirée (par exemple la ligne supérieure en cas d'un déplacement vers le bas).

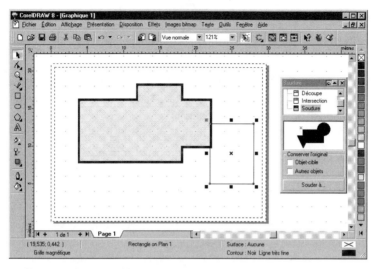

▲ *Fig. 4.18 :* *Les deux objets avant la soudure*

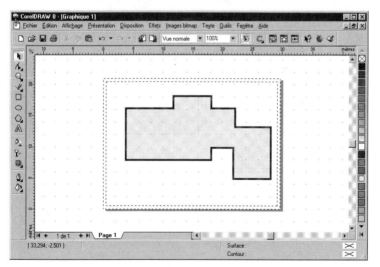

▲ *Fig. 4.19 :* *Le résultat de la soudure*

La position absolue

Le moment est venu de positionner l'objet de façon précise dans la page de dessin.

1. Dans le menu flottant **Taille**, passez directement au menu **Position**. Si vous aviez refermé le menu flottant **Taille**, appelez la commande **Disposition/Transformer/Position**.

2. Cliquez sur le bouton fléché pour accéder aux options étendues. C'est ici que vous pourrez choisir un autre point d'ancrage : ce point servira de référence pour l'indication de la position. Activez la petite case à cocher inférieure gauche.

3. La question qui se pose alors est la suivante : absolue ou relative ? La position courante d'un objet correspond à la position relative . Si vous saisissez une valeur dans les champs du haut, l'objet est déplacé relativement à sa position d'origine. Nous souhaitons ici un déplacement absolu ! Désactivez la case à cocher *Position relative*.

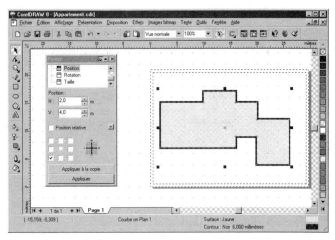

▲ *Fig. 4.20 : Relatif ou absolu ? Avec les bons paramètres, les objets peuvent être déplacés sur la page par saisie de valeurs numériques*

4. Désormais, les valeurs saisies prennent comme référence les valeurs affichées sur les règles. Le point d'ancrage sélectionné, l'angle infé-

rieur gauche, prend très précisément la position correspondant aux valeurs saisies, sur les règles. Pour affecter une nouvelle position à un objet, indiquez comme valeur 2 pour *H* et 4 pour *V*. Cliquez sur le bouton **Appliquer**.

Les cloisons de séparation

Les cloisons de séparation entre les différentes pièces sont créées à l'aide de l'outil **Main levée**. Comme le contour doit rester un objet fermé (pour pouvoir être affecté d'un remplissage), nous grouperons le tout.

1. Activez dans la boîte à outils l'outil **Main levée** ou **Bézier**.

2. Dessinez les séparations. Maintenez la touche **Ctrl** enfoncée pour contraindre des lignes horizontales ou verticales.

3. Avec le menu flottant **Plume**, il est très facile d'appliquer à ces droites l'épaisseur requise, en l'occurrence 3 mm. Nous obtiendrons ainsi des traits de même épaisseur que le contour extérieur.

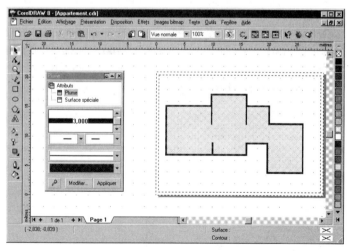

▲ *Fig. 4.21 : Les séparations sont tracées et mises en forme*

4. Le positionnement précis de ces séparations est très facile avec les touches de direction du clavier. Au besoin, désactivez le magnétisme de la grille, par la commande **Présentation/Grille magnétique**. La grille est désactivée lorsque la commande n'est pas précédée d'une coche. Vous pouvez aussi affiner le travail des touches de direction en définissant un décalage de base de 0,1 mm.

Fenêtres et portes

Ces éléments sont traités de la même façon que les séparations. Les fenêtres et portes sont en fait des lignes individuelles, formatées de manière à couvrir très exactement le trait noir du contour aux endroits appropriés.

1. Les lignes doivent prendre la même couleur que le remplissage du contour. Nous allons définir cette couleur comme couleur de contour par défaut. Ouvrez la boîte de dialogue **Plume de contour** par l'outil **Contour** de la boîte à outils.

2. Aucun objet n'étant sélectionné, CorelDRAW subodore que le but de la manœuvre est de modifier les paramètres par défaut. Le programme affiche la boîte de dialogue **Plume de contour** pour savoir à quoi s'appliqueront les nouveaux paramètres que nous allons définir. L'option *Graphique* est activée, il suffit de cliquer sur le bouton OK pour valider.

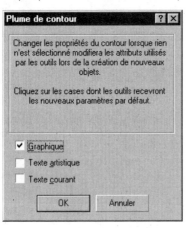

◄ *Fig. 4.22 :*
Si rien n'est sélectionné,
il s'agit certainement
d'une modification des
paramètres par défaut

3. Dans le champ *Largeur*, fixez une valeur de 6 mm, puis appliquez au contour la même couleur que celle que vous aviez choisie pour le remplissage.

4. Lorsque tout est au point, cliquez sur OK.

5. Cliquez de nouveau sur l'outil **Main levée** ou l'outil **Bézier**, puis tracez les ouvertures des fenêtres. Aidez-vous à nouveau de la grille pour superposer parfaitement les traits au contour de base.

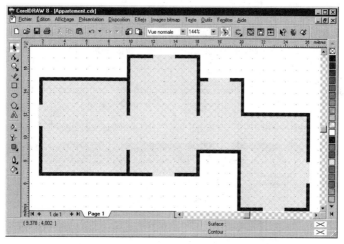

▲ *Fig. 4.23 : Grâce au magnétisme de la grille, le positionnement des droites est très facile*

4.4 Les dimensions insoupçonnées : les cotes

Dans CorelDRAW, les traits de cote sont mis en place à l'aide de l'outil **Cote**. Cet outil regroupe à lui seul 6 modes différents. La particularité des traits de cote est qu'ils représentent automatiquement une dimension précise.

Les paramètres de base

Comme tous les autres outils, l'outil **Cote** est doté au départ d'un certain nombre de paramètres par défaut.

1. Sélectionnez l'outil **Cote** dans le menu contextuel.

◄ *Fig. 4.24 :*
Le menu contextuel
contenant l'outil Cote

2. Un double clic sur le bouton ouvre la boîte de dialogue **Options** qui comporte les paramètres concernés. Dans le champ *Précision*, saisissez la valeur 0,00.

3. Dans la zone de liste *Unités*, sélectionnez l'entrée *mètres*. Si vous le souhaitez, vous pouvez également définir un texte fixe qui sera affiché devant la valeur (*Préfixe*) ou après la valeur (*Suffixe*). Validez par OK.

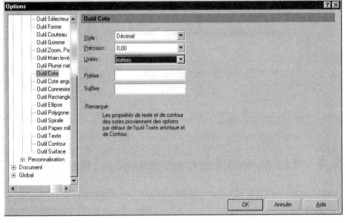

▲ *Fig. 4.25 : La boîte de dialogue Options avec les options de l'outil Cote*

4. Il est également possible de formater le texte des cotes. Appelez pour cela le menu **Texte** et sa commande **Formatage du texte**. Dans les versions 6 et 7, le programme demande à quel type de texte ce formatage

---

doit être appliqué. Dans CorelDRAW 8, cette demande n'intervient qu'à la fin de l'opération. Dans cette boîte de dialogue, veillez à ce que la case à cocher *Texte artistique* soit activée. Dans la boîte de dialogue **Formater le texte**, sélectionnez la police *Arial* en taille *12 points*.

Ajouter les cotes

Mettre en place un trait de cote est d'une simplicité enfantine, à condition que les préparatifs, définition de l'échelle et de l'unité de mesure, aient été correctement réalisés.

1. Dès que l'outil **Cote** est sélectionné, la barre des propriétés *Cote ou légende* s'affiche. Elle propose divers types de traits de cote. Le premier bouton active l'outil **Cote automatique** : il permet de créer aussi bien des cotes verticales qu'horizontales.

▲ *Fig. 4.26 : La barre des propriétés offrent divers types de cotes*

2. Placez le pointeur sur l'un des coins et cliquez sur le bouton gauche de la souris. De par le magnétisme de la grille, le premier point du trait de cote est placé automatiquement sur le point de départ.

3. Placez le pointeur sur le coin opposé et cliquez à nouveau. L'outil **Cote automatique** contraint les déplacements à l'axe horizontal ou vertical.

4. Pour l'étape suivante, éloignez le pointeur du contour du plan. Une petite case apparaît, matérialisant la position du texte de cote. Vous avez toute liberté pour définir l'espacement et la position de ce texte.

5. Lorsque vous avez trouvé une position qui vous convient, cliquez une troisième et dernière fois. Le texte est fixé. En répétant cette opération, vous pourrez sans problème coter tout le plan.

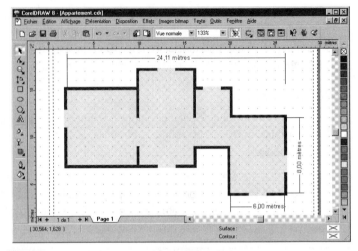

▲ *Fig. 4.27 :* *Les cotes affichent automatiquement les mesures de l'appartement*

Éditer les dimensions

Une fois en place, le trait de cote peut être modifié de diverses manières.

1. Vous pouvez déplacer toute la cote (ligne et texte), en la sélectionnant avec l'outil **Sélecteur** et en effectuant le déplacement avec, par exemple, les touches de direction du clavier ou la souris.

2. En cliquant avec l'outil **Sélecteur** sur le trait de cote, il est également possible de déplacer le texte et de le reformater.

Ajouter des légendes

La barre des propriétés *Cote ou légende* comporte l'outil **Légende**. Il permet de légender facilement le dessin. Le texte est automatiquement relié à la flèche, si cette flèche est déplacée, le texte suit.

Définir les paramètres de l'outil au préalable

Il est conseillé de définir le format de texte des légendes ainsi que les propriétés des lignes de connexion des légendes avant de mettre ces légendes en place. L'utilisation de l'outil en sera facilité.

1. Pour modifier les paramètres de l'outil, assurez-vous d'abord que rien n'est sélectionné dans le dessin, faute de quoi les paramètres définis seront appliqués à la sélection. Le plus simple est d'appuyer sur la touche **Echap**.

2. Le texte des légendes est un texte de type artistique. Pour en modifier le format, appelez la commande **Texte/Formatage du texte** et définissez les options. Choisissez par exemple la police *Arial* en *16 points*.

3. Lorsque CorelDRAW vous invite à préciser si ces paramètres s'appliquent au texte artistique ou au texte courant, activez la case à cocher *Texte artistique*.

4. Le formatage des lignes est entrepris par la boîte de dialogue **Plume de contour**. Ouvrez pour cela le menu contextuel **Contour** et cliquez sur le premier bouton en partant de la gauche.

5. Au départ, le programme demande pour quel outil les paramètres vont être définis. Activez la case à cocher *Graphique*.

6. Dans la boîte de dialogue **Plume de contour**, passez d'abord dans la rubrique *Flèches*, et sélectionnez une pointe par la liste déroulante de gauche.

7. Dans le champ de saisie *Largeur*, indiquez une largeur d'au moins 1 mm. Cette épaisseur est indispensable, car la taille de la pointe de flèche est proportionnelle à l'épaisseur des lignes. Avec une largeur de 1 mm, la pointe est bien visible (Voir Fig. 4.28).

8. Validez par OK. Désormais, tout est prêt pour les légendes.

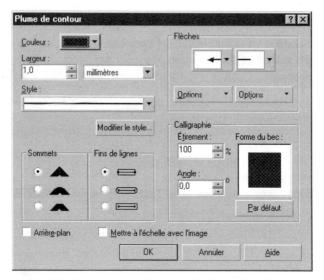

▲ Fig. 4.28 : Les bons paramètres pour les futures légendes

Ajouter des légendes

1. Cliquez sur l'outil **Cote** dans le menu contextuel. Dans la barre des propriétés *Cote ou légende* ainsi affichée, cliquez sur l'outil **Légende**.

2. Placez le pointeur à l'emplacement où doit pointer la flèche et cliquez sur le bouton gauche de la souris.

3. Déplacez le pointeur et cliquez à l'endroit où il doit y avoir un angle. Cliquez de nouveau. Écartez le pointeur, appuyez sur la touche **Ctrl** et maintenez-la enfoncée. Elle a pour effet de contraindre le deuxième segment de la ligne à l'horizontale. Un nouveau clic permet de poursuivre la ligne, un double clic fixe le point final et fait apparaître un petit encadré de texte où vous effectuerez la saisie (Voir Fig. 4.29).

4. Pour ajouter une nouvelle légende, répétez l'opération.

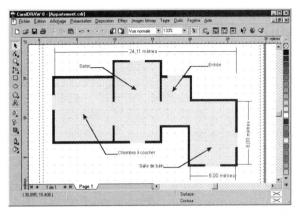

▲ *Fig. 4.29 : Le plan de l'appartement avec les légendes*

Ajouter texte et cliparts

Sur le CD n° 2 du package CorelDRAW, vous trouverez une collection de cliparts représentant des meubles. Utilisez ces cliparts pour meubler votre plan. Il suffit de les récupérer par la commande d'importation du menu **Fichier**.

Pour finir, intégrez un texte artistique en guise de titre du dessin, puis enregistrez le tout et lancez l'impression.

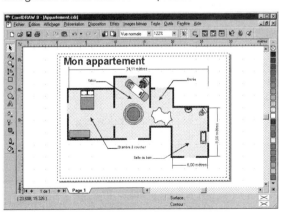

▲ *Fig. 4.30 : L'appartement meublé, avec son titre*

5. Mon journal de vacances

Dans ce chapitre, nous allons découvrir quelques nouvelles fonctions. L'exercice consistera en la création d'un journal de vacances, dans lequel nous importerons les photos de notre récent tour du monde et que nous agrémenterons de textes explicatifs. Pour l'instant, tous les textes que nous avons mis en place étaient des textes artistiques. Cette fois, nous ferons également appel à du texte courant. Le clou de ce document sera une image créée à partir de fonctions telles que la soudure ou la découpe. Les objets seront édités avec l'outil **Forme**, ce sera l'occasion d'étudier en détail les manipulations du menu flottant **Édition de point nodal**.

5.1 Mise en page et repères

Comme d'habitude avec les projets complexes, tout commence par la définition de la mise en page et l'installation des repères. Nous avons déjà effectué cette procédure à plusieurs reprises auparavant, nous ne nous étendrons pas sur le sujet.

La mise en page

Il s'agit cette fois de créer un livre. C'est pourquoi nous utiliserons une présentation spéciale : *Livre*.

1. Après avoir créé un nouveau fichier, CorelDRAW met automatiquement en place une page A4 en orientation Portrait. Pour modifier ces paramètres, appelez la commande **Présentation/Mise en page**.

2. La page reste au format A4, mais pour l'orientation, cliquez sur l'option *Paysage*.

3. Passez ensuite à l'onglet **Disposition** et dans le champ *Présentation*, sélectionnez l'entrée *Livre*. Nous ne travaillerons pas avec des doubles pages, aussi la case *Pages doubles* doit-elle être désactivée. À l'impression, chaque feuille (A4) contiendra deux pages. CorelDRAW affiche un bref descriptif du format de page : la largeur de chaque page

sera de 148,5 mm, la hauteur de 210 mm (ce qui correspond au format A5). Lorsque tout est au point, validez par OK.

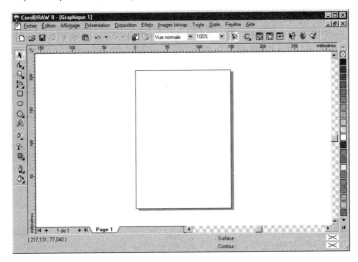

▲ *Fig. 5.1 : La feuille A4 avec orientation Paysage et présentation Livre*

Remarque : Livre et fascicule

Les présentations *Livre* et *Fascicule* sont très proches l'une de l'autre. La feuille imprimée contient toujours deux pages. La principale différence tient à l'impression des feuilles. Le fascicule suppose une pliure au milieu de la feuille, cette feuille restant d'un seul tenant, alors que dans un livre, les feuilles sont coupées en leur milieu en vue d'une future reliure.

Les repères

Pour les livres, il est important de définir précisément la zone qui contiendra le texte, c'est-à-dire qui sera imprimée. Cette zone est entourée de marges. Dans CorelDRAW, la définition de cette zone est réalisée à l'aide de repères. Des repères interviendront également pour matérialiser les bordures de page.

Définition des bordures de la page

Nous allons commencer par définir les limites de page à l'aide de repères.

1. Appelez la commande **Présentation/Configurer les repères**.

2. Dans cette boîte de dialogue, la taille de la page correspond au format A5, c'est-à-dire une feuille au format A4, avec orientation Paysage et divisée en deux. Voici les repères à mettre en place : repères horizontaux en position 0 et 210, repères verticaux en position 0 et 148,5. Vérifiez au départ que l'unité de mesure est bien le millimètre et définissez ces repères sur les onglets correspondants, sans oublier de cliquer à chaque fois sur le bouton **Ajouter**. Ne refermez pas la boîte de dialogue, nous en aurons encore besoin dans un instant.

Astuce : Déplacer et supprimer des repères

Il vous arrivera certainement un jour de définir un repère en indiquant une position erronée, ou encore d'avoir à déplacer un repère en cours de travail. Pour ce faire, sélectionnez le repère en question dans la boîte de dialogue **Configuration des repères**. Tapez la bonne valeur dans le champ de saisie, puis cliquez sur le bouton **Déplacer**. Pour supprimer un repère, sélectionnez-le dans cette même boîte de dialogue, puis cliquez sur le bouton **Supprimer**. Un clic sur le bouton **Tout effacer** supprime tous les repères du document, le bouton **Effacer** effaçant tous les repères de l'onglet actif (c'est-à-dire tous les repères verticaux, horizontaux ou obliques). Pour supprimer un repère dans CorelDRAW 8, vous pouvez également cliquer sur le repère dans le dessin, avec le bouton gauche de la souris, et appuyer sur la touche Suppr. Autre technique : cliquez avec le bouton droit de la souris sur le repère et appelez la commande **Supprimer** dans le menu contextuel.

Définir la zone de texte

Venons-en à la zone de texte. Les marges latérales entre cette zone et le bord de la feuille doivent être de 15 mm. Il arrive que la marge intérieure diffère de la marge extérieure, pour assurer ce que l'on appelle une marge de reliure. Mais ici, nous utiliserons des marges égales des deux côtés. De même, il est fréquent que la marge du haut soit plus importante que celle du bas, pour permettre par exemple la mise en place d'un en-tête. Il faut savoir que visuellement, le milieu de la page est estimé légèrement au-dessus du milieu mathématique. Dans notre document, nous mettrons en place une marge du haut de 15 mm et une marge du bas de 18 mm.

1. Sur l'onglet **Horizontale** de la boîte de dialogue encore ouverte, définissez des repères aux positions 18 et 195.

2. Sur l'onglet **Verticale**, définissez des repères aux positions 15 et 133,5.

3. Activez les cases à cocher *Afficher les repères* et *Repères magnétiques*. Validez en cliquant sur OK.

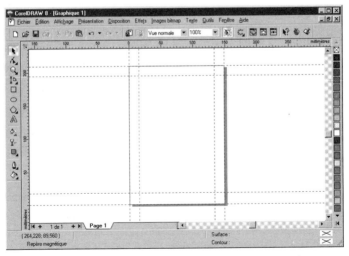

▲ *Fig. 5.2 : La page de dessin, avec les repères de bordure et de marge*

Définition des titres de page

Au cours de cette étape, nous allons définir les titres de page à l'aide de l'outil **Texte**.

1. Activez l'outil **Texte** dans la boîte à outils, cliquez dans l'angle supérieur gauche de la zone de texte et saisissez Mon Journal de vacances.

2. Formatez ce titre avec une police amusante et appliquez-lui de la couleur pour égayer le tout.

▲ *Fig. 5.3 :* *Le titre est en place*

5.2 Importer et modifier des bitmaps

Jusqu'à présent, nous n'avons importé que des images vectorielles. Lors de l'importation et des manipulations des images bitmap, il y a quelques particularités à prendre en considération pour ne pas aller au devant de méchantes surprises au moment de l'impression.

➲ Pour plus de détails à propos des images bitmap, reportez-vous au chapitre 9.

Préparation des images bitmap en vue de leur importation

Avant de procéder à l'importation ou au collage d'une image bitmap , il est conseillé d'en définir au préalable la résolution, la taille et les couleurs. Dans CorelDRAW, il n'est pas possible de modifier ces images, vous ne pourrez qu'en fixer la position. La résolution (dpi) d'une image détermine sa qualité de sortie (imprimante ou écran). Cette valeur reste inchangée, même si vous agrandissez ou réduisez l'image. Si l'image est trop agrandie, il en résulte un phénomène d'escalier et de petits cubes. Avec une réduction trop forte, certaines informations de l'image seront irrémédiablement perdues.

Les images bitmap sont modifiées avec des programmes de retouche d'images

Le programme CorelPHOTO-PAINT, qui accompagne CorelDRAW, est un programme de ce type. Il permet de créer et de modifier des images bitmap. Le sujet de la retouche d'images est vaste et complexe, il n'est pas à l'ordre du jour dans ce livre. S'il vous intéresse, nous vous conseillons de vous reporter à un ouvrage spécialisé (de Micro Application par exemple).

Une résolution correcte est importante

Si l'image n'est destinée qu'à l'affichage à l'écran (par exemple dans une page Web), une résolution de 100 dpi (ou plus exactement 96 dpi) est amplement suffisante. Si vous souhaitez imprimer les images sur votre imprimante de bureau, vous obtiendrez de bons résultats avec une résolution de 150 dpi. Si l'objectif est de flasher le futur document avec l'image bitmap, travaillez en 300 dpi. Gardez à l'esprit que plus la résolution est haute, plus le fichier sera volumineux. Choisissez toujours la résolution optimale, pas trop élevée mais pas trop basse non plus.

Astuce : Configuration correcte de la résolution de numérisation

Si vous numérisez des images à l'aide d'un scanner, veillez à définir la résolution correcte. Les modifications ultérieures de cette résolution peuvent avoir des effets désastreux sur la qualité de l'image et doivent être évitées autant que faire se peut. À la limite, il vaut encore mieux recommencer la numérisation.

Attention à la taille !

La taille de l'image est également un élément important. Il faut savoir au départ quelle devra être la taille de l'image. Cette taille n'a rien à voir avec la résolution, sa définition est une opération totalement indépendante. Ce dont vous avez besoin pour cela, c'est de la taille définitive de l'image et de la résolution correspondante.

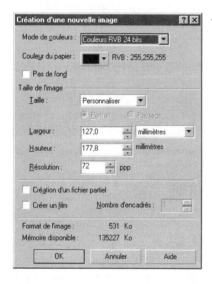

◄ *Fig. 5.4 :*
Un exemple de
CorelPHOTO-PAINT.
Dans ce programme de
retouche d'images, il est
possible de définir résolution
et taille de l'image.

Affichage de l'image et des couleurs dans CorelDRAW

Le réalisme de l'affichage à l'écran dépend de nombreux facteurs. Dans le chapitre suivant, vous trouverez une section consacrée à WYSIWYG et à l'étalonnage. Si l'image importée dans CorelDRAW vous semble trop claire ou trop foncée, cela ne veut pas dire pour autant qu'il en va de même de son impression. Les capacités de CorelDRAW se sont améliorées dans la version 8. Mais seul un test d'impression donnera véritablement une idée précise du résultat final.

Ne succombez pas immédiatement à la tentation de modifier l'image bitmap par une adaptation des couleurs.

Copie de toutes les images dans un même dossier

L'importation d'images dans CorelDRAW est grandement facilitée si vous prenez le soin de les copier au préalable toutes dans un même dossier. Vous ne serez ainsi pas obligé de naviguer entre les lecteurs et les dossiers pour les retrouver une à une.

Importer des images bitmap

La fonction d'importation permet de récupérer ces images.

1. Appelez la commande **Fichier/Importer**.

2. Ouvrez le champ à liste *Rechercher dans* et localisez le dossier contenant les images à importer.

3. Sélectionnez un fichier. Si la case à cocher *Aperçu* est active, vous verrez apparaître une miniature de cette image. Elle vous permettra de vérifier qu'il s'agit bien de celle que vous souhaitez. Si vous avez cliqué sur le bouton **Options**, le bas de la boîte de dialogue affiche des informations complémentaires concernant l'image sélectionnée : taille (en pixels), profondeur de couleur et format du fichier (Voir Fig. 5.5).

4. Lorsque le fichier requis est localisé, sélectionnez-le et cliquez sur le bouton **Enregistrer**.

5. Dans CorelDRAW 6 et 7, l'image est immédiatement importée dans sa taille d'origine. Dans CorelDRAW 8, vous avez la possibilité d'en définir la taille à l'aide de la souris. Mais comme nous souhaitons conserver dans cet exercice la taille originale (pour éviter de modifier la résolution), il suffit de double-cliquer dans la zone de dessin. Répétez l'opération pour l'ensemble des images, jusqu'à ce qu'elles se retrouvent toutes sur la première page de notre journal (Voir Fig. 5.6).

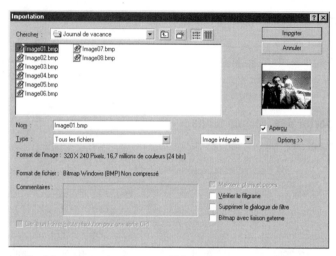

▲ *Fig. 5.5 :* Toutes les images ont été copiées dans le dossier Journal de vacances avant l'importation

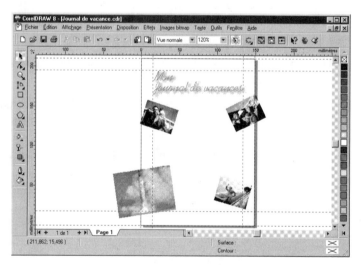

▲ *Fig. 5.6 :* Les images importées sont positionnées librement. Vous pouvez également leur appliquer une rotation. La seule chose à ne pas faire est d'en modifier la taille.

Modifier les images bitmap

Pour les raisons évoquées précédemment, les modifications des images bitmap dans CorelDRAW doivent absolument se limiter au strict minimum. Nous nous contenterons de les positionner correctement et de leur appliquer une légère rotation afin d'égayer la présentation.

1. Pour positionner une image, cliquez dessus, maintenez le bouton gauche de la souris enfoncé et déplacez la photo à l'endroit voulu. Le fait que ces images débordent du cadre des marges ne pose aucun problème, elles seront coupées à l'impression, et c'est le but recherché.

2. Un second clic sur une image fait apparaître les poignées de rotation. Si l'image n'est pas sélectionnée au départ, vous ferez apparaître ces poignées par deux clics successifs.

▲ *Fig. 5.7 : Un double clic sur une image affiche les poignées de rotation*

3. La commande **Images bitmap/Modifier le bitmap** permet d'éditer l'image. L'activation de cette commande charge l'image sélectionnée dans CorelPHOTO-PAINT.

Utiliser un masque couleur

Le masque couleur permet un effet particulier. Certaines zones de couleur de l'image bitmap peuvent ainsi être masquées. Cette fonction est abordée en détail dans le chapitre consacré aux effets spéciaux de CorelDRAW.

1. Sélectionnez une image bitmap et appelez la commande **Images bitmap/Masque couleur bitmap**.

2. Un clic sur le bouton **Pipette** permet de récupérer d'un clic de souris une couleur dans l'image.

3. L'augmentation de la valeur de tolérance permet d'agrandir la zone qui doit être masquée ou affichée.

4. Un clic sur le bouton **Appliquer** met en place le masque couleur bitmap sur l'image.

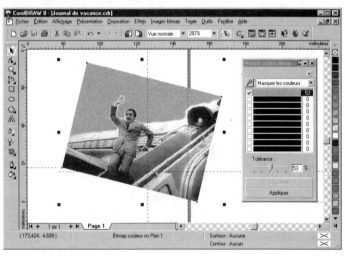

▲ *Fig. 5.8 :* *L'image bitmap avant application du masque couleur.*
Dans le menu flottant, une couleur est déjà sélectionnée.

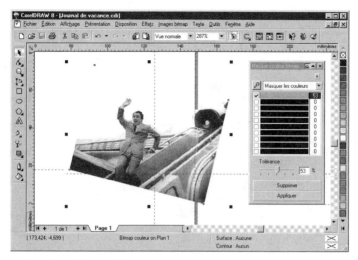

▲ *Fig. 5.9 : L'image bitmap après application du masque couleur.*
La zone de couleur concernée a été masquée.

Masquer des parties de l'image à l'aide du cadre d'image

Le masque couleur bitmap permet de masquer certaines couleurs ou certaines zones de couleur de l'image. En revanche, pour masquer des parties entières de l'image, vous utiliserez l'outil **Forme**.

1. Sélectionnez l'image importée et activez l'outil **Forme**.

2. Un fin cadre noir s'affiche, doté à chaque angle d'un point nodal. L'outil **Forme** vous permet de déplacer ces points et de masquer ainsi certaines zones de l'image.

3. Avec le menu flottant **Édition de point nodal**, vous pourrez ajouter et éditer d'autres points.

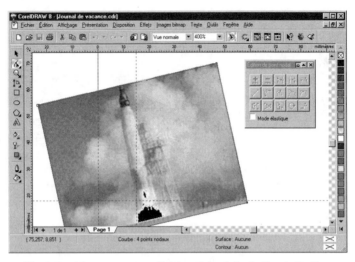

▲ *Fig. 5.10 : L'image avant modification. Grâce à l'activation de l'outil Forme, les points nodaux sont visibles.*

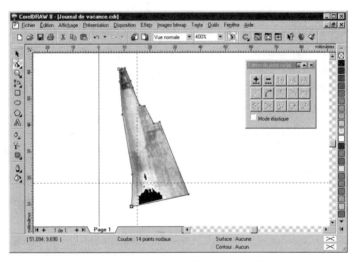

▲ *Fig. 5.11 : L'image après modification. En ajoutant et déplaçant des points, nous n'avons gardé que la partie intéressante de l'image.*

5.3   Le texte courant

CorelDRAW fait la distinction entre le texte artistique et le texte courant. Les domaines d'application et les possibilités de formatage sont différents. Le texte artistique est plus adapté à des textes courts, le texte courant est approprié aux textes relativement longs. Dans notre journal de vacances, nous ferons appel au texte courant.

Créer un texte courant

L'opération commence par la création d'un encadré de texte.

1. Sélectionnez l'outil **Texte** de la boîte à outils et placez le pointeur dans la page de dessin.

2. Cliquez sur le bouton gauche, et tout en le maintenant enfoncé, faites glisser le pointeur vers la gauche et le bas.

    Vous venez de créer un encadré de texte (encore vide pour l'instant).

3. Affichez les caractères non imprimables. Il s'agit des espaces, tabulations, marques de paragraphe ou de saut de ligne. Appelez pour cela la commande **Texte/Afficher les caractères non imprimables**. Vous n'en contrôlerez que mieux la saisie.

4. Dans l'angle supérieur gauche de l'encadré clignote la barre d'insertion. Vous pouvez immédiatement commencer la saisie. Indiquez d'abord un titre, puis appuyez sur la touche **Entrée**. Vous venez de créer un paragraphe, matérialisé par le symbole du P inversé. Les paragraphes forment une entité et sont en général formatés comme tel. Un paragraphe peut être composé d'une ou de plusieurs lignes, mais les attributs de formatage de paragraphe, par exemple les puces, les retraits, etc., s'appliquent toujours au paragraphe complet.

5. Dans la ligne suivante, tapez la suite du texte. Lorsque vous voudrez commencer expressément une nouvelle ligne, appuyez sur **Maj**+**Entrée**. Cette combinaison de touches met en place un saut de ligne. Pour commencer un nouveau paragraphe, appuyez simplement sur **Entrée**.

▲ Fig. 5.12 : Veillez à utiliser à bon escient les sauts de ligne et les
marques de paragraphe, en cours de saisie.
La facilité du formatage ultérieur en dépend.

Astuce : Saisie de texte par le Presse-papiers

La saisie de texte dans CorelDRAW est relativement fastidieuse, ne
serait-ce que du fait de la construction très lente de l'affichage. Il est
souvent plus simple de créer le texte dans un programme de traitement de texte, de le copier dans le Presse-papiers (**Édition/Copier**)
puis de le coller (**Édition/Coller**) dans l'encadré de texte courant, dans
CorelDRAW. Avant de lancer la commande **Coller**, veillez à placer la
barre d'insertion dans l'encadré de texte concerné.

Formater un texte courant

CorelDRAW utilise systématiquement la police par défaut pour la mise en
forme des caractères. Vous pouvez définir cette police par défaut en
activant les attributs requis sans qu'un texte soit sélectionné à l'écran. Pour
formater un texte existant, la marche à suivre est la suivante.

Formater l'ensemble du texte

1. Sélectionnez le texte courant avec l'outil **Sélecteur**.

2. Dans le menu **Texte**, appelez la commande **Formatage du texte** et définissez les attributs voulus. L'encadré de texte étant sélectionné comme une entité, le format s'applique à tous les caractères qui le composent.

Formater un mot ou une chaîne de caractères

1. Activez l'outil **Texte** et cliquez dans le texte courant.

2. Sélectionnez le mot ou la chaîne à formater.

3. Dans le menu **Texte**, appelez la commande **Formatage du texte** et définissez les attributs voulus. Cette fois, ces attributs ne s'appliquent qu'aux caractères sélectionnés.

▲ *Fig. 5.13 : Les mots ou les chaînes de caractères doivent être sélectionnés avec l'outil Texte avant d'être mis en forme*

Modifier un encadré de texte courant

La taille exacte et la position de l'encadré de texte sont difficiles à déterminer au moment de sa création. Mais heureusement, il est très facile de modifier cet encadré par la suite. Même sa forme, par défaut rectangulaire, est modifiable à loisir.

Modification de taille et de position avec l'outil Sélecteur

1. Activez l'outil **Sélecteur**.

2. L'encadré de texte est doté de 8 poignées noires. Cliquez sur l'une de ces poignées, et tout en maintenant le bouton enfoncé, déplacez la poignée pour agrandir ou réduire la taille de l'encadré.

3. Cliquez dans l'encadré pour le déplacer à l'endroit voulu. La procédure est la même que pour n'importe quel autre objet. Si vous appuyez en même temps sur la touche **Ctrl**, le déplacement est contraint à l'axe horizontal et vertical.

Modifier les points nodaux avec l'outil Forme

À l'instar d'un rectangle, l'encadré de texte courant est doté de points nodaux définissant la forme de son enveloppe. Aussi est-il possible d'appliquer à l'encadré une enveloppe prédéfinie ou de modifier son enveloppe en déplaçant ses points. Les techniques d'édition des enveloppes sont étudiées en détail dans le chapitre consacré aux effets spéciaux.

1. Sélectionnez l'encadré de texte courant et appelez la commande **Effets/Enveloppe**.

2. Dans le menu flottant **Enveloppe**, cliquez sur le bouton **Ajouter nouvelle**. Ainsi, les points nodaux de l'encadré sont affichés (Voir Fig. 5.14).

3. Deux possibilités s'offrent alors à vous : soit appliquer une enveloppe prédéfinie par le bouton **Ajouter une présélection**, soit éditer les points nodaux à l'aide de l'outil **Forme**.

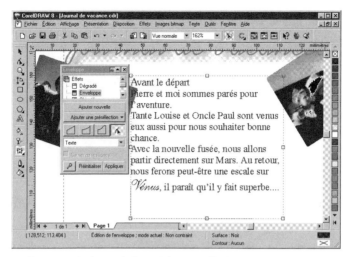

▲ *Fig. 5.14 : La forme de l'encadré est modifiable par son enveloppe*

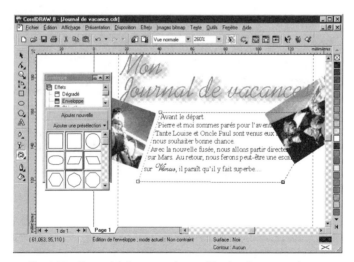

▲ *Fig. 5.15 : L'encadré de texte après modification de son enveloppe*

L'édition des points nodaux fait l'objet d'un chapitre particulier, car le sujet est vaste.

Chaîner des encadrés de texte

Pour l'instant, notre page de dessin ne comporte qu'un seul encadré de texte courant. Insérez un second encadré et chaînez les deux. Ceci permet de "faire couler" le texte du premier encadré dans le second si ce premier encadré est trop petit pour tout afficher.

1. Créez un texte courant avec l'outil **Texte**. Il peut rester vide, puisqu'il servira à recueillir la suite du texte du premier encadré.

2. Activez l'outil **Sélecteur** et sélectionnez le premier encadré. Les 8 poignées apparaissent à l'écran.

3. Cliquez sur la poignée inférieure médiane, celle qui n'est pas affichée comme un petit carré blanc.

4. Le pointeur se transforme en une mince flèche accompagnée d'un symbole représentant une page de texte. Cliquez avec ce pointeur dans le second encadré. Les deux encadrés sont désormais chaînés. Pour annuler cette chaîne, la seule solution est de supprimer l'un des deux encadrés. Cette suppression n'entraîne aucune perte de texte, ce dernier étant automatiquement placé dans l'encadré restant.

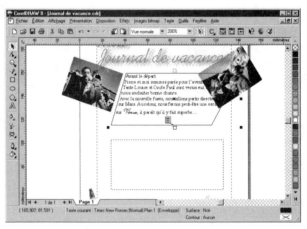

▲ *Fig. 5.16 : Les encadrés sont chaînés par un clic sur la poignée inférieure médiane*

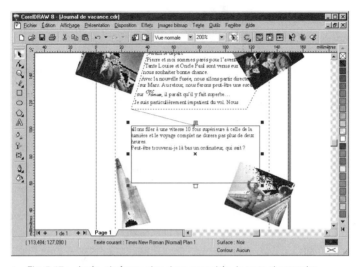

▲ *Fig. 5.17 : Après chaînage des deux encadrés, le texte du premier "coule" automatiquement dans le second*

Habillage du texte

Nous avons vu comment modifier la forme d'un encadré de texte en changeant son enveloppe. Voyons maintenant comme faire en sorte que le texte habille un autre objet en se plaçant autour. Cet habillage est très facile à réaliser.

1. Placez l'encadré de texte de manière à ce qu'il soit partiellement superposé à l'objet dont le texte doit suivre le contour.

2. Cliquez avec le bouton droit de la souris sur cet objet et appelez la commande **Propriétés** à partir du menu contextuel.

3. Dans la boîte de dialogue **Propriétés d'objet**, sur l'onglet **Général**, vous trouverez la case à cocher *Habillage du texte courant*. Activez cette case à cocher et définissez l'espacement entre le contour de l'objet et le texte courant.

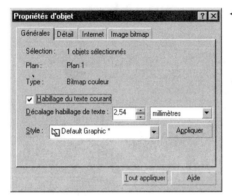

◄ Fig. 5.18 :
Le menu contextuel
permet d'accéder aux
propriétés de l'objet,
où est défini l'habillage
du texte courant

4. Cliquez sur **Appliquer** et refermez la boîte de dialogue. Le texte se coule désormais autour de l'objet. Notez que l'habillage n'est pas défini pour l'objet texte, mais pour l'objet graphique autour duquel le texte doit se couler.

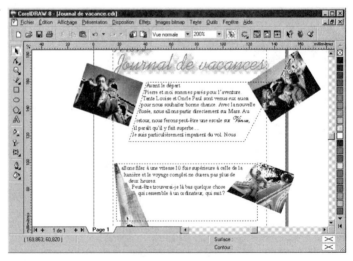

▲ Fig. 5.19 : La page de titre après habillage du texte courant

5.4 Travailler avec des styles

Avec des textes longs et des images complexes, il arrive que vous ayez sans cesse à répéter les mêmes formatages. Le formatage d'un texte ou d'un objet peut comporter toute une série d'étapes et leur répétition devient rapidement fastidieuse. Dans CorelDRAW, sachez qu'il est possible d'enregistrer un ensemble d'attributs de mise en forme dans un style. Lors de l'application d'un style, l'objet cible reprend tous les attributs mémorisés dans le style. Comme CorelDRAW connaît divers types d'objets, vous y trouverez également divers types de styles. Ainsi, il existe des styles graphiques, applicables uniquement à des lignes ou des formes, des styles de texte artistique, des styles de texte courant, etc. La création et l'application des différents types de style utilisent cependant toujours la même procédure et ce que vous allez apprendre ici est applicable à tous les styles.

Création d'un style

La première étape part d'un objet déjà doté de tous les attributs du futur style. Ces attributs seront enregistrés dans le style, sous un nom précis. Par la suite, vous pourrez appliquer ce style à d'autres objets du même type. Pour les textes, il est important d'opérer une distinction entre le paragraphe et le saut de ligne. Un paragraphe est considéré comme une entité en soi. Les styles pourront ensuite être affectés aux divers paragraphes d'un texte courant pour mettre en forme un texte long ; il s'agit là d'un moyen rapide et efficace.

1. Sélectionnez la première ligne du premier paragraphe puis appelez la commande **Texte/Formatage du texte**.

2. Tous les attributs définis sur les onglets **Police**, **Alignement**, **Espace**, **Tabulations** et **Effets** peuvent varier d'un paragraphe à l'autre. En ce qui concerne l'onglet **Encadrés et colonnes**, en revanche, les attributs s'appliquent à l'ensemble de l'objet de texte courant. Dans la boîte de dialogue **Formater le texte**, activez tous les attributs requis. En ce qui nous concerne, nous avons choisi la police Arial Black en 20 points sur l'onglet **Police**.

3. Passez à l'onglet **Espace**. Nous avons défini un espacement avant le paragraphe de 200 % de la hauteur de ligne. Pour l'instant, notre paragraphe n'a pas de prédécesseur, mais par la suite nous serons amenés à appliquer ce style à d'autres paragraphes dans le cours du texte et là, l'espacement sera utile. Pour des espacements de paragraphe, passez toujours par cet onglet, les formatages en seront simplifiés.

4. Validez par OK.

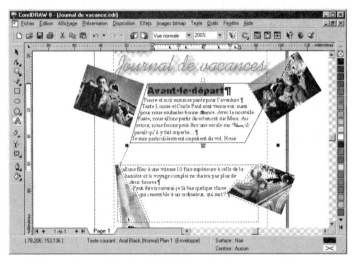

▲ *Fig. 5.20 : La première ligne a été formatée, elle va nous servir
de modèle pour la création d'un style*

5. Sélectionnez l'outil **Sélecteur**, puis cliquez avec le bouton droit de la souris sur l'encadré de texte.

6. Dans le menu contextuel, sélectionnez la commande **Styles** puis **Enregistrer les propriétés de style**.

7. Attribuez un nom significatif à votre premier style, ce nom devra vous permettre de vous remémorer ses attributs lorsque vous appliquerez ce style à un autre objet. S'il s'agit d'un style de titre, appelez-le par exemple

Titre 1, Titre 2, Titre 3, etc. Vous aurez ainsi une bonne vision de la structure du document. Dans cet exercice, nous l'avons appelé *Titre*.

8. Dans la boîte de dialogue, vous devez choisir les propriétés de formatage que vous souhaitez mémoriser dans le style et celles que vous ne souhaitez pas enregistrer. Nous n'avons désactivé aucune option et avons validé par OK.

◄ *Fig. 5.21 : CorelDRAW reconnaît immédiatement de quel type de style il s'agit et enregistre les formatages de l'objet sélectionné dans le style*

Créer d'autres styles

Dans le paragraphe précédent, nous avons créé un style de texte courant qui a repris les attributs de formatage de la première ligne de l'encadré de texte courant. Il n'est pas possible de créer un style à partir d'un paragraphe situé au beau milieu de l'encadré ; CorelDRAW reprend systématiquement les attributs de la première ligne. Pour créer un autre style de texte courant, que nous utiliserons pour le corps de texte, la seule solution est de répéter la procédure précédente.

1. Sélectionnez la première ligne du premier paragraphe puis appelez la commande **Texte/Formatage du texte**.

2. Cette fois-ci, nous avons choisi la police Arial en 14 points dans l'onglet **Police**.

3. Dans l'onglet **Espace**, nous avons défini un espacement avant le paragraphe de 160 % de la hauteur de ligne et dans la rubrique *Caractère*, une valeur de 120 % pour le champ *Ligne*. Dans l'onglet **Alignement**, nous avons activé la justification complète puis avons validé par OK.

4. Activez l'outil **Sélecteur**, cliquez avec le bouton droit de la souris sur l'encadré de texte, sélectionnez la commande **Styles** et cliquez sur **Enregistrer les propriétés de style**.

7. Nous l'appelons *Corps* et validons par OK.

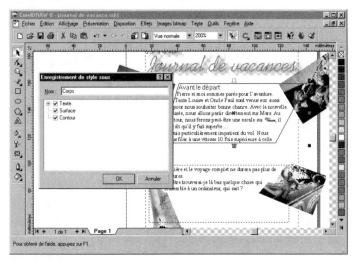

▲ *Fig. 5.22 : Le second style va être créé*

Appliquer des styles

L'application des styles est très simple. Deux techniques sont possibles : par le menu contextuel ou par le Gestionnaire de styles. Comme le menu contextuel ne permet qu'une affectation globale du style à l'ensemble du texte de l'encadré, nous allons opter pour le Gestionnaire de styles.

1. Appelez la commande **Présentation/Styles de textes et de graphiques**.

2. Dans les versions 6 et 7 de CorelDRAW, le Gestionnaire de styles est un simple menu flottant. Dans CorelDRAW 8, il est devenu un menu fixe qui vient automatiquement prendre place le long de la bordure droite de la fenêtre.

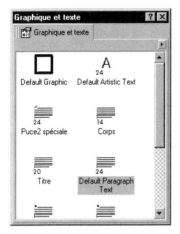

◄ *Fig. 5.23 :*
Le Gestionnaire de styles
présente tous les styles définis.
Les icônes indiquent de quel type
de style il s'agit.

3. Dans le Gestionnaire de styles, tous les styles définis sont accessibles. Les styles de texte graphique sont représentés par un grand A majuscule, les styles de texte courant par un symbole représentant plusieurs lignes de texte. Cliquez sur le nouveau style *Corps*, et tout en maintenant le bouton enfoncé, faites glisser ce style sur l'encadré de texte. Le texte est automatiquement formaté avec les attributs du style en question.

4. Pour appliquer un style à l'ensemble du texte, sélectionnez un encadré avec l'outil **Sélecteur**, puis faites glisser le style requis dans la sélection. Notez que ne sera formaté que le texte visible au moment de l'affectation. Un problème similaire intervient si vous avez chaîné plusieurs encadrés de texte. Pour formater l'ensemble du texte de la page en style *Corps*, vous serez peut-être obligé de procéder à plusieurs affectations avant que tout le texte ne soit effectivement en forme.

5. Pour formater un paragraphe précis, par exemple notre titre, vous travaillerez avec l'outil **Texte**. Sélectionnez-le et cliquez dans le premier paragraphe. La position du clic dans la ligne n'a aucune importance.

6. Lorsque la barre d'insertion est en place dans la ligne concernée, cliquez dans le Gestionnaire de styles sur le style *Titre* et faites-le glisser dans l'encadré. Inutile de placer le pointeur sur la première ligne : le premier paragraphe étant sélectionné (il contient le curseur), lui seul sera affecté du style.

Modifier les propriétés d'un style

La modification des propriétés d'un style se répercute automatiquement sur tous les textes, paragraphes et objets formatés à l'aide de ce style. C'est un moyen particulièrement pratique si vous constatez, pour un long texte, que le formatage ne répond pas à vos aspirations.

1. Cliquez avec le bouton droit de la souris, dans le Gestionnaire de styles, sur le style à modifier. C'est ce que nous allons faire pour notre style *Corps*, car les caractères sont trop grands.

2. Appelez la commande **Propriétés** dans le menu contextuel.

◄ *Fig. 5.24 :*
Le menu contextuel du style
permet d'en modifier les propriétés

3. Dans les versions 6 et 7 du programme CorelDRAW, vous verrez apparaître la boîte de dialogue des propriétés de style. Dans Corel-

DRAW 8, il s'agit de la boîte de dialogue **Options** avec l'onglet **Style**. Cliquez sur le bouton **Modifier**.

4. En fonction du type de style, la nouvelle boîte de dialogue propose divers onglets. Avec un style graphique, par exemple, vous ne trouverez pas d'onglet **Texte**. En ce qui nous concerne, il s'agit d'un style de texte courant, nous passons donc à l'onglet **Police**.

4. Dans la zone de liste *Police*, choisissez une autre police de caractères, par exemple BernhardFashion BT en taille 13 points.

5. Cliquez sur OK et notez que tous les paragraphes auxquels nous avions appliqué le style *Corps* sont automatiquement modifiés.

Astuce : Afficher ou masquer les encadrés de texte

La commande **Affichage/Encadrés de textes** permet d'afficher ou de masquer les encadrés. En cours d'édition, nous vous recommandons de les afficher pour bien visualiser leur forme et leurs dimensions.

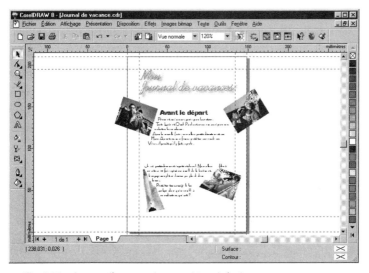

▲ *Fig. 5.25 : La première page (presque) terminée !*

5.5 Soudure

Dans cette section, nous allons créer un graphique à l'aide de nouvelles fonctions. Les objets seront soudés et coupés.

Créer un nouveau plan

Pour commencer, nous allons mettre en place un nouveau plan. Nous vous conseillons de créer un plan au moment d'aborder un aspect résolument nouveau d'un document complexe. Les plans facilitent grandement la création et l'édition des graphiques.

1. Appelez la commande **Présentation/Gestionnaire de plans** (Corel-DRAW 6 et 7) ou **Affichage/Gestionnaire d'objets**.

2. Commencez par renommer le premier plan utilisé jusqu'à présent, en l'occurrence *Plan 1*, en *Photos et texte*. Cliquez avec le bouton droit de la souris sur le nom du plan et appelez la commande **Renommer**, dans le menu contextuel. Validez le nouveau nom par la touche **Entrée**.

3. Cliquez sur le bouton fléché et activez dans le menu ainsi déroulé la commande **Nouveau plan**. Appelez ce plan *Graphique*.

4. Le plan *Graphique* doit former le niveau inférieur. Cliquez sur son nom dans le Gestionnaire, maintenez le bouton enfoncé et faites glisser ce plan sous le plan *Photos et texte*.

Astuce : Modifier l'ordre des plans dans CorelDRAW 8

CorelDRAW ne connaissant que le Gestionnaire d'objets, vous devrez définir manuellement l'ordre des plans. Les plans apparaissent en double dans ce Gestionnaire : une première fois en haut et une seconde fois en bas, sous l'entrée *PrincipalPage*. Si vous modifiez l'ordre des plans, effectuez toujours cette opération dans la partie inférieure du Gestionnaire. Vous risqueriez dans la partie supérieure de déplacer par mégarde des objets.

5. Assurez-vous que tous les autres plans sont verrouillés. Au besoin, mettez le verrou en place en cliquant sur l'icône du stylo, en regard du nom des plans.

◄ *Fig. 5.26 :*
Le nouveau plan dans
le Gestionnaire d'objets
de CorelDRAW 8

Le soleil, la lune et les étoiles

Nous allons commencer par les étoiles, en utilisant l'outil **Forme**. Cet outil sert principalement à éditer les points nodaux, c'est le sujet principal de cette section. Nous y verrons également à quoi correspond une conversion en courbes.

1. Cliquez sur l'outil **Polygone** de la boîte à outils. Si cet outil n'est pas affiché, il est certainement caché dans le menu contextuel de l'outil **Spirale** ou de l'outil **Papier millimétré**. Cliquez sur celui de ces deux outils qui est visible, maintenez le bouton gauche enfoncé une seconde ou deux et vous verrez apparaître le menu contextuel. Activez l'outil **Polygone**.

◄ *Fig. 5.27 :*
L'outil Polygone dans le
menu contextuel

2. Un double clic sur cet outil ouvre la boîte de dialogue **Options**, qui contient les options de l'outil.

Astuce : Les propriétés d'outils dans la boîte de dialogue

Beaucoup d'outils offrent des options permettant d'influer sur le résultat de l'outil. En principe, vous accéderez à ces options par un double clic sur l'outil concerné. Notez cependant que tous les outils ne disposent pas d'option et dans ce cas, le double clic a pour effet d'exécuter une fonction dont vous ne verrez peut-être rien. C'est par exemple le cas de l'outil **Rectangle**. Un double clic sur cet outil entraîne la création d'un encadré de page, c'est-à-dire un rectangle de la taille de la page de dessin. Si vous ne savez pas avec précision quels sont les outils proposant des options complémentaires par le double clic, activez la commande **Outils/Options** et double-cliquez sur le signe + devant la mention *Boîte à outils*. Vous voici devant la liste des outils offrant des options complémentaires. Cliquez sur l'outil requis pour en afficher les options dans le volet de droite.

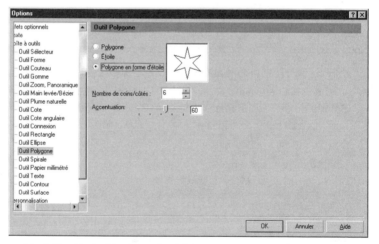

▲ *Fig. 5.28 : Un double clic sur l'outil Polygone ouvre cette boîte de dialogue*

3. Dans la boîte de dialogue **Options**, trois options sont proposées pour l'outil **Polygone**. Elles permettent de déterminer la forme que trace cet outil. Cliquez sur l'option *Polygone en forme d'étoile.* Pour notre exercice, fixez le nombre de coins à 6 et l'accentuation à 60.

4. Cliquez sur OK pour valider les options et refermer la boîte de dialogue. Ces options seront utilisées pour les nouveaux objets que nous dessineront avec l'outil **Polygone**.

5. L'outil est toujours actif, vous pouvez commencer à dessiner immédiatement. Placez le pointeur sur le bureau, cliquez et, tout en maintenant le bouton enfoncé, appuyez sur la touche **Ctrl**, puis déplacez le curseur vers l'angle inférieur droit. La touche **Ctrl** a pour effet de tracer un polygone symétrique, avec une même longueur de branche.

6. Relâchez d'abord le bouton gauche de la souris, puis la touche **Ctrl**. La taille et la position n'ont pas d'importance. Jetez également un coup d'œil aux informations de la barre d'état qui indique *Polygone symétrique avec 6 côtés sur Graphique*. Le début de cette indication, en l'occurrence *Polygone symétrique*, nous intéresse particulièrement. Vous allez comprendre pourquoi dans un instant.

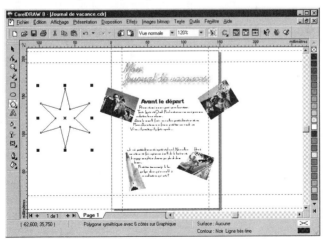

▲ *Fig. 5.29 : L'étoile symétrique*

Déplacer les points nodaux avec l'outil Forme

Bien que l'étoile soit parfaite grâce aux options définies précédemment, il nous faut lui apporter quelques modifications.

> *Remarque : Édition des points nodaux*
>
> L'édition des points nodaux est utilisée en pratique dans les sections suivantes. Comme il s'agit d'un sujet très épineux et complexe, nous lui avons consacré un sous-chapitre complet pour en comprendre toutes les finesses. Si les opérations que nous allons effectuer dans un instant ne sont pas claires dans votre esprit, lisez d'abord un peu plus loin le sous-chapitre *Édition des points nodaux* puis revenez à cet endroit.

1. Sélectionnez l'étoile et sélectionnez dans la liste des facteurs de zoom de la barre d'outils l'entrée *Sur la sélection*. La sélection dont il est question est bien sûr l'étoile. Elle apparaît en gros plan.

2. Cliquez sur l'outil **Forme** (le second en partant du haut, dans la boîte à outils). L'affichage de la sélection est modifié, vous n'êtes plus confronté aux 8 poignées noires, mais aux points nodaux. À chaque angle de l'objet est placé un de ces points. Vous les verrez mieux si vous pointez sur l'un de ces coins (sans cliquer).

3. Placez le pointeur avec précision sur l'un des points internes de l'étoile. Un petit carré blanc apparaît. Cliquez et maintenez le bouton gauche de la souris enfoncé.

4. Déplacez le pointeur légèrement vers l'intérieur, d'environ 5 mm. Maintenez toujours le bouton de la souris enfoncé. En déplaçant le pointeur vous constaterez que tous les points d'angle internes se déplacent en même temps, bien que vous n'ayez cliqué que sur l'un d'entre eux.

5. Maintenez toujours le bouton de la souris enfoncé et appuyez simultanément sur la touche **Ctrl**. Comme par magie, tous les points sont contraints sur une diagonale.

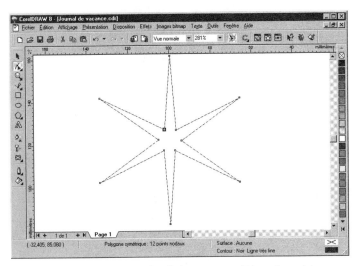

▲ *Fig. 5.30 : Le polygone, après déplacement symétrique des points intérieurs vers le centre de l'objet*

6. Relâchez le bouton de la souris puis la touche **Ctrl**. L'ordre est important, car si vous relâchez d'abord la touche du clavier, vous perdez la contrainte de symétrie. Cliquez ensuite sur l'outil **Sélecteur**, nous allons poursuivre la modification.

Convertir un objet en courbes

Les objets de tous types, lignes, rectangles, ellipses, polygones et textes artistiques, peuvent être modifiés avec l'outil **Forme**. Mais ce n'est pas tout ! Les objets peuvent également être convertis en courbes, ce qui ne signifie pas qu'un rectangle est automatiquement transformé en cercle ou en ellipse ou qu'une droite devient une ligne courbe. Convertir en courbes signifie que la structure de construction mémorisée dans les points nodaux devient modifiable. Avant conversion, vous ne pouvez modifier les points nodaux d'un polygone que de manière limitée. Vous pouvez par exemple les déplacer tous ensemble. Après conversion, chaque nœud est modifiable individuellement, vous pourrez les déplacer, mais aussi en modifier les propriétés.

1. Pour convertir notre étoile en courbes, appelez la commande **Disposition/ Convertir en courbes**.

2. Ne vous étonnez pas si rien ne semble changer à l'image. En fait, les changements sont très importants, mais ils ne sont pas visibles. Vous souvenez-vous de ce qu'affichait la barre d'état au moment de la création de l'étoile ? Il s'agissait d'un polygone symétrique. Maintenant, vous pouvez y lire *Courbe on Graphique*, première indication sur l'étendue des changements.

▲ *Fig. 5.31 :   La barre d'état indique que le polygone est désormais une courbe*

3. Sélectionnez à nouveau l'outil **Forme**. Les 8 poignées disparaissent et les points nodaux réapparaissent.

4. Placez le pointeur sur l'un des points intérieurs, cliquez et, tout en maintenant le bouton gauche de la souris enfoncé, déplacez légèrement la souris. Si vous relâchez le bouton, vous avez déplacé un point nodal de la courbe. Ce n'était qu'un test pour déterminer ce qui avait changé. Annulez cette opération en cliquant sur le bouton **Annuler** de la barre d'outils ou en appelant la commande **Édition/Annuler Édition de courbe**.

Ajouter un point nodal

À chaque angle se trouve un point nodal disposant de la capacité de "plier" la ligne qui le traverse pour former un angle. Notre étoile serait plus présentable avec un nombre de rayons plus élevé. Cela suppose l'ajout de nouveaux points nodaux. Le polygone ayant été converti en courbes, rien ne s'oppose à la sélection multiple de points nodaux et à leur duplication.

1. Sélectionnez l'étoile avec l'outil **Sélecteur**, puis activez l'outil **Forme**.

2. Placez le pointeur dans la zone de travail. Avant de cliquer, choisissez un endroit à partir duquel vous pourrez tracer un cadre de sélection englobant l'ensemble des points nodaux de l'étoile. Le plus simple est de choisir l'angle supérieur gauche.

3. Cliquez et, tout en maintenant le bouton de la souris enfoncé, dépla-
cez-vous en diagonale vers l'angle inférieur droit. Le cadre en pointillé
apparaît à l'écran, il doit contenir l'étoile dans son intégralité. Relâchez
ensuite le bouton de la souris. Si vous avez oublié par mégarde un
point, vous l'ajouterez à la sélection en cliquant dessus tout en appuyant sur la touche **Maj**. Notez que les points nodaux sélectionnés
prennent une bordure noire épaisse.

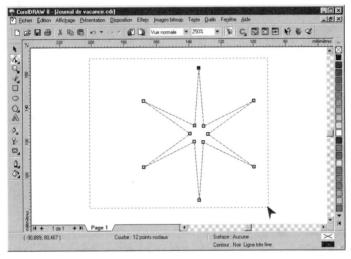

▲ *Fig. 5.32 : Avec l'outil Forme, il est facile de tracer le cadre de sélection
autour de l'étoile*

4. Tous les points nodaux sont sélectionnés, dans la barre d'état vous
pouvez vérifier la sélection de l'ensemble des points. Double-cliquez
sur l'outil **Forme** pour ouvrir le menu flottant **Édition de point nodal**.

5. Cliquez sur le signe +, en haut dans ce menu. Ce bouton a pour effet
de dupliquer l'ensemble des points sélectionnés. Cliquez une seconde
fois sur ce bouton. De nouveau, les points sélectionnés sont dupliqués.
Au total, l'étoile se compose de 48 points nodaux.

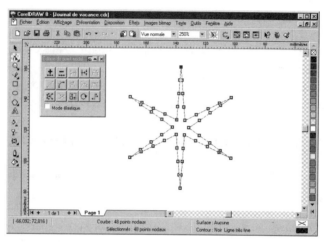

▲ *Fig. 5.33 : Avec le menu flottant, nous avons dupliqué les points nodaux*

Déplacer les points nodaux

1. Appuyez sur la touche **Echap** pour annuler la sélection des points. Placez le pointeur sur l'un des points intérieurs. Dès que le pointeur entre en contact avec le point, ce dernier s'agrandit et devient un petit carré blanc.

2. Si vous cliquez sur ce point, le contour du petit carré devient plus épais. Placez le pointeur sur le point intérieur suivant, mais ne cliquez pas encore.

3. Cliquez maintenant sur ce point tout en maintenant la touche **Maj** appuyée. Répétez cette opération jusqu'à ce que les 6 points nodaux intérieurs de l'étoile soient sélectionnés.

4. Cliquez ensuite sur le bouton **Étirement et mise à l'échelle de points nodaux**, dans le menu flottant **Édition de point nodal**. C'est le troisième en partant de la gauche, dans la dernière rangée de boutons. Un cadre de sélection apparaît autour des points sélectionnés précédemment (Fig. 5.34).

5. Cliquez sur l'une des quatre poignées d'angle de ce cadre de sélection, et tout en maintenant le bouton enfoncé, appuyez sur la touche **Maj**, puis déplacez la souris en diagonal vers l'extérieur. La touche **Maj** a pour effet de déplacer symétriquement tous les points nodaux sélectionnés.

Déplacez jusqu'à ce que les nouveaux rayons de l'étoile vous conviennent, puis relâchez le bouton de la souris et enfin la touche **Maj**.

6. La transformation de l'étoile est terminée. Appliquez-lui une couleur de surface claire et supprimez le contour (cliquez avec le bouton droit de la souris sur la case "X" de la palette). Nous n'avons momentanément plus besoin du menu flottant **Édition de point nodal** : fermez-le (Fig. 5.35).

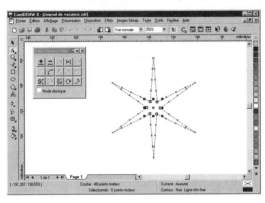

◄ *Fig. 5.34 : Seuls les points intérieurs sont sélectionnés*

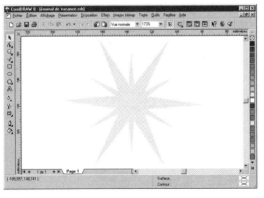

◄ *Fig. 5.35 : L'étoile après transformation*

Voici un avant-goût des possibilités offertes par les points nodaux. Venons-en à la météo !

Des nuages

La formation nuageuse que nous allons créer fait appel à la fonction de soudure. La soudure d'objets est similaire à la fonction d'association, à cette différence près : l'association peut être annulée à tout moment, la soudure est une opération définitive et irrémédiable. L'ensemble des objets individuels de départ devient un objet unique.

1. Dessinez d'abord trois ellipses. Nous les souderons ensuite en un seul objet. Aménagez de la place sur l'espace de travail, sélectionnez l'outil **Ellipse** et tracez trois ellipses, comme dans l'illustration suivante.

2. Appliquez à ces ellipses des couleurs différentes et positionnez-les comme dans l'illustration. La superposition est très importante, car sans elle, il n'est pas possible de souder les objets. À défaut de superposition, les objets seront simplement combinés.

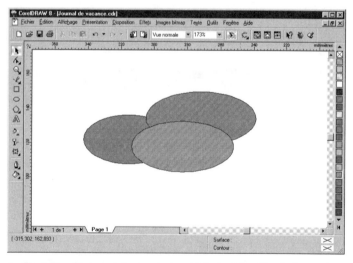

▲ *Fig. 5.36 : Si vous voulez souder les objets, ils doivent impérativement présenter une zone de superposition commune*

Souder les ellipses

1. Appuyez sur la touche **Echap** pour annuler toute sélection et appelez la commande **Disposition/Souder**. Elle ouvre le menu flottant **Soudure**. Comme aucun objet n'est sélectionné, le bouton **Souder à** n'est pas encore disponible.

2. Cliquez sur l'une des ellipses : le bouton devient immédiatement actif. CorelDRAW veut maintenant savoir avec quel autre objet vous souhaitez souder l'ellipse sélectionnée.

3. Cliquez sur le bouton **Souder à** et placez le pointeur sur l'une des ellipses non sélectionnées. Le pointeur prend la forme d'une grosse flèche noire.

4. Un clic sur l'une de ces deux ellipses suffit pour provoquer instantanément la soudure des deux objets. Ils ne forment plus qu'un objet unique, ce qui apparaît clairement si vous regardez le contour.

5. Répétez cette opération pour la dernière ellipse. Supprimez ensuite le contour et appliquez à l'ensemble un beau bleu clair.

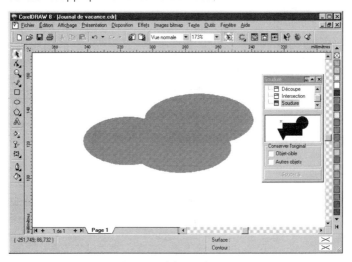

▲ *Fig. 5.37 : Les trois ellipses ont été soudées*

◄ *Fig. 5.38 :*
Le menu flottant
Soudure

Le menu flottant Soudure

Objet cible
L'objet de départ et l'objet cible sont soudés, mais un duplicata de l'objet cible reste en place comme objet indépendant.

Autres objets
L'objet de départ et l'objet cible sont soudés, mais un duplicata de l'objet de départ reste en place comme objet indépendant.

Objet cible et Autres objets
L'objet de départ et l'objet cible sont soudés, mais les duplicatas de l'objet de départ et de l'objet cible restent en place comme objets indépendants.

Trois façons de lier des objets

Il arrive fréquemment que plusieurs objets soient associés en un groupe. Les raisons de cette association peuvent être diverses et variées. Des objets sont associés pour faciliter des manipulations communes à tous ces objets (par exemple des déplacements), ces groupes sont eux-mêmes associés en un groupe de niveau supérieur, etc. pour arriver à un graphique complexe comportant plusieurs niveaux d'imbrication de groupes d'objets. Une autre cause de regroupement d'objets est la création de formes complexes. Cette fois, il ne s'agira pas d'une association, mais d'une soudure de deux ou plusieurs objets pour arriver à un objet unique de la forme souhaitée.

Dans CorelDRAW, il existe trois façons de relier des objets entre eux. Il s'agit de l'association, de la combinaison et de la soudure. Voici une vue d'ensemble des trois techniques :

▲ *Fig. 5.39 : Les trois possibilités de liaison :*
association, combinaison et soudure

L'association

Ce type de groupement est la forme la plus "bénigne". Tous les objets sélectionnés sont regroupés en un objet unique. Chaque objet de départ conserve cependant ses propriétés, qu'il s'agisse de surface, de procédures de contour ou encore de forme. Les objets individuels ne changent pas.

L'association présente l'avantage suivant : tous les objets groupés peuvent être édités ensemble. Si vous déplacez le groupe, c'est tout le groupe qui change de position, mais les positions des objets entre eux ne varient pas. L'emploi de cette procédure est judicieuse lorsqu'il s'agit de créer un graphique complexe. Dès que vous avez créé quelques objets individuels et qu'ils sont au point, associez-les et passez à la suite. Ultérieurement, associez plusieurs groupes de départ en un nouveau groupe et répétez ces regroupements jusqu'à ce que le graphique soit complet. Vous pouvez à tout moment annuler une association sans que les objets individuels en soient modifiés.

La combinaison

Comparativement à l'association, la combinaison va un peu plus loin. Les objets combinés sont en relation plus étroite, ce qui apparaît clairement par le seul fait que certains attributs, par exemple ceux de surface et de contour, sont perdus. La combinaison uniformise l'aspect des objets. Aux endroits communs aux deux objets, là où ils se superposent, apparaît un trou. Ce trou laisse entrevoir les objets placés derrière, par exemple l'arrière-plan de la page.

La combinaison d'objets permet de créer des formes nouvelles et intéressantes. Et pourtant les objets restent indépendants. Il est possible d'annuler à tout moment une combinaison par la commande **Disposition/ Scinder**. Vous retrouverez ainsi les objets d'origine, même si les attributs perdus lors de la combinaison le sont réellement.

La combinaison est particulièrement importante en ce qui concerne le travail sur les points nodaux. Si vous disposez d'un rectangle, par exemple, vous pourrez "couper" les points nodaux des quatre coins avec l'outil **Forme**, pour aboutir à un ensemble de quatre droites dont les points sont déplaçables individuellement. Mais dès que vous activez à nouveau l'outil **Sélecteur**, les quatre lignes se comportent comme un objet unique, même si visuellement, elles ne sont plus liées entre elles.

Le secret réside dans la combinaison. Après scission de la courbe (aux points nodaux), il faut d'abord annuler la combinaison avant de pouvoir accéder individuellement aux objets qui la composent. Il en va de même dans le sens inverse. Pour lier deux lignes en un seul objet, il faut d'abord combiner les deux lignes de départ. Ce n'est qu'après que vous pourrez utiliser l'outil **Forme,** sélectionner les points d'extrémité et recourir au menu flottant **Édition de point nodal** pour joindre les points et faire des deux lignes un seul objet.

La soudure

La soudure est un excellent moyen de créer facilement des formes complexes. Les objets soudés le sont définitivement. Cette étape ne peut éventuellement être annulée que par la commande **Édition/Annuler**.

Imaginez la soudure de deux objets comme le mélange de deux bouteilles de lait dans une grande casserole. Si dans les deux techniques précédentes, les objets associés ou combinés conservaient leur identité individuelle, du moins partielle, avec la soudure tous les objets concernés ne forment plus qu'un seul objet unique.

Il est conseillé de n'appliquer la soudure qu'à des objets disposant d'une surface, par exemple des rectangles, ellipses, polygones. Elle est à éviter avec les droites et les courbes.

Les objets à surface doivent se recouper au minimum en un endroit pour que la soudure puisse entrer en action. Si vous lancez la soudure pour deux objets n'ayant aucun point commun, CorelDRAW les combine automatiquement. En liaison avec la fonction **Couper**, la soudure est un moyen fantastique pour créer des objets complexes.

Le cas particulier : Séparer

Hormis pour la soudure, les autres techniques ont toutes, dans les menus, leur pendant capable de restaurer les objets individuels. Pour la soudure, seule la commande **Édition/Annuler** permettra d'annuler l'opération, à condition de l'appeler immédiatement après la soudure.

À quoi peut bien servir la commande **Séparer** dans le menu **Disposition** ? Cette fonction sert exclusivement à la dissolution d'objets créés automatiquement, par exemple par les fonctions **Dégradé** ou **Enveloppe**. En revanche, elle n'est applicable ni à l'association, ni à la combinaison, ni à la soudure.

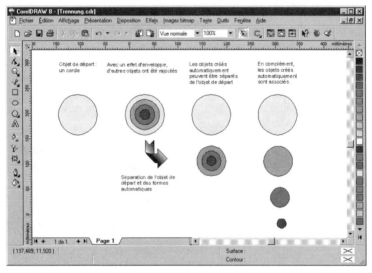

▲ *Fig. 5.40 : La séparation n'est applicable qu'à des objets créés automatiquement par des fonctions d'effets*

Découper des objets

Il nous manque encore la lune. Pour dessiner ce croissant de lune, nous utiliserons la commande **Couper**. Elle correspond pour ainsi dire à l'inverse de la soudure. Tous les types d'objets ou presque peuvent être coupés, en l'occurrence des lignes, des objets fermés et même les textes artistiques. Seul le texte courant fait exception à la règle. Pour découper, il faut disposer de deux objets, celui qui doit être coupé et celui représentant l'outil de découpe.

1. Créez pour commencer un cercle. Activez l'outil **Ellipse** et dessinez un cercle en maintenant pendant le traçage la touche **Ctrl** enfoncée.

Supprimez le contour et appliquez-lui un bleu foncé comme couleur de surface.

2. Ce cercle doit devenir un croissant de lune. Au lieu d'utiliser à grand peine l'outil **Forme**, nous allons faire appel à la fonction **Couper**. Pour cela, il nous manque un objet jouant le rôle d'outil de découpe.

3. Dessinez un second cercle, toujours avec l'aide de la touche **Ctrl**, mais légèrement plus grand que le premier. Appliquez-lui une couleur de surface. Comme cet objet sera supprimé après découpe, la couleur n'a aucune espèce d'importance. Positionnez les objets pour qu'ils se recouvrent partiellement sachant que l'ordre de superposition n'a pas d'importance.

4. Il est temps d'appeler le menu flottant **Découpe**. Activez la commande **Disposition/Couper**. Elle ouvre le menu en question. Sélectionnez l'outil de découpe, c'est-à-dire le cercle le plus grand, d'un clic de souris.

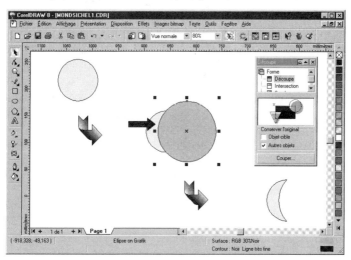

▲ *Fig. 5.41 : Les étapes de la création du croissant de lune*

5. Dans le menu flottant **Découpe**, le bouton **Appliquer** devient actif. Cliquez dessus : le pointeur se transforme en une grosse flèche noir.

6. Cliquez sur l'objet devant être découpé.

7. Il semble que rien ne se passe, seule la sélection est passée d'un cercle à l'autre, de l'outil de découpe à l'objet découpé. Sélectionnez à nouveau l'outil de découpe et supprimez-le. Et voici le résultat : il ne reste qu'un magnifique croissant de lune. Pour qu'il soit plus expressif, nous allons doter ce croissant d'un visage, en faisant toujours appel à la fonction de découpe.

Découper une autre forme

Pour le visage, il nous faut des yeux et une bouche. Commençons par les yeux. Comme outil de découpe, nous utiliserons une copie réduite du croissant.

1. Créez une copie du croissant : sélectionnez la lune et appuyez sur la combinaison de touches **Ctrl + D**. Cette combinaison de touches constitue le raccourci clavier de la commande **Dupliquer** du menu **Édition**.

2. Le duplicata est sélectionné. Activez l'outil **Sélecteur** et cliquez sur l'objet. Les 8 poignées deviennent des flèches courbes.

3. Cliquez sur l'une des flèches d'angle et, tout en maintenant le bouton de la souris enfoncé, appuyez sur **Ctrl** puis déplacez lentement la souris dans le sens des aiguilles d'une montre. Avec la touche **Ctrl**, la rotation est contrainte à des pas de 15°, vous n'aurez ainsi aucun mal à effectuer une rotation de 45°. Relâchez le bouton de la souris puis la touche du clavier.

4. Réduisez la taille du croissant en cliquant à nouveau dessus avec l'outil **Sélecteur** et en jouant d'une poignée d'angle.

5. Avant de placer le petit croissant sur le grand croissant, appliquez-lui une couleur de surface vive.

6. Positionnez le petit croissant sur la lune, en vous aidant au besoin des touches de direction.

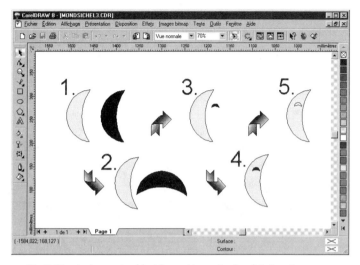

▲ *Fig. 5.42 : La lune est créée très rapidement grâce à la fonction de découpe*

7. Ouvrez le menu flottant **Découpe** et désactivez les deux cases à cocher *Objet cible* et *Autres objets*.

8. Sélectionnez l'œil de la lune et cliquez sur le bouton **Appliquer**. Avec la grosse flèche noire, cliquez sur le croissant. Les cases à cocher du menu flottant étant désactivées, l'outil de découpe est automatiquement supprimé. Il ne reste que la lune.

Ajouter et éditer des points nodaux

Pour une lune véritablement expressive, il nous manque la bouche. Il serait possible de la créer par la même technique que l'œil, il suffirait de créer une forme ressemblant à une bouche souriante et de la découper. Mais, pour varier les plaisirs, nous allons cette fois créer la bouche directement à partir du croissant de lune. Dans cette section, nous ajouterons des points nodaux, modifierons les propriétés des points et jouerons des points de contrôle.

1. Le croissant de lune est encore sélectionné. Faites un zoom sur cet objet, en activant dans la zone de liste **Zoom** de la barre d'outils, l'entrée *Sur* *la sélection.* Le croissant s'agrandit et occupe toute la hauteur de l'écran. Ceci nous permettra un travail plus précis avec l'outil **Forme**.

2. Double-cliquez sur l'outil **Forme** pour afficher le menu flottant **Édition de point nodal**. Ce menu est pratiquement incontournable lorsque vous travaillez avec l'outil **Forme**.

3. Cliquez sur le contour du croissant de lune, à l'emplacement où doit prendre place la bouche. Si vous avez effectivement atteint le contour, vous verrez apparaître un petit point noir : il s'agit d'une marque préalable, susceptible d'être transformée en point nodal. Rappelez-vous que ce n'est pas encore un point nodal, ce n'en est que l'embryon.

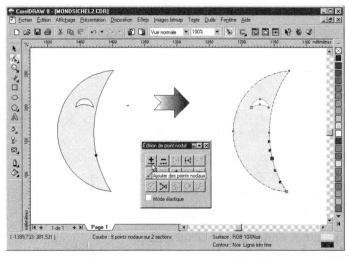

▲ *Fig. 5.43 : Un clic avec l'outil Forme place un embryon de point nodal sur le contour. Cet embryon ne deviendra un point nodal qu'après activation de la fonction Ajouter des points nodaux, du menu flottant.*

4. Lorsque cette marque est en place, cliquez sur le bouton **Ajouter des points nodaux** du menu flottant **Édition de point nodal**. Il s'agit du bouton marqué du signe +. La marque est maintenant un point nodal. Ce point dispose de plusieurs propriétés influant sur la ligne qui le traverse.

5. À cet endroit, nous souhaitons mettre en place un angle vers l'intérieur du croissant. Un point nodal angulaire est donc nécessaire. Cliquez sur le bouton **Faire du point nodal un point nodal angulaire**, le bouton du milieu de la seconde ligne, dans le menu flottant. Appuyez ensuite sur **Echap** pour annuler la sélection du point.

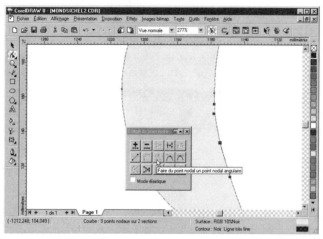

▲ *Fig. 5.44 : Les propriétés d'un point nodal sont définies par le menu flottant*

Astuce : Sélection de point nodal

Un point nodal sélectionné est matérialisé par un petit carré au contour plus épais. Ce point sélectionné fait également apparaître ses points de contrôle. Notez que dans certains cas, le point ne sera accompagné que d'un point de contrôle unique. Ce sont ces points de contrôle qui pilotent la courbure de la ligne qui passe par le point nodal. En fonction des propriétés du point nodal, il arrive même qu'un point soit démuni de points de contrôle ou que ces points de contrôle soient parfaitement superposés au point nodal. Les propriétés du point nodal sont visibles dans le menu flottant **Édition de point nodal.** Tous les boutons définissant des propriétés de bouton et qui sont affichés en grisé sont actifs pour le bouton sélectionné. Un clic de souris sur un bouton permet de modifier ses propriétés.

6. Il nous faut deux points nodaux complémentaires. Placez un nouveau point légèrement au-dessus du premier, puis cliquez sur le bouton **Ajouter des points nodaux** du menu flottant. Transformez-le lui aussi en point angulaire par la même technique que précédemment.

7. Venons-en au troisième point : il sera placé très exactement au milieu des deux autres nouveaux points.

8. Sélectionnez ce troisième point, maintenez le bouton gauche de la souris enfoncé, faites glisser le pointeur vers l'intérieur du croissant de lune, puis relâchez le bouton. La courbe suit le déplacement du point.

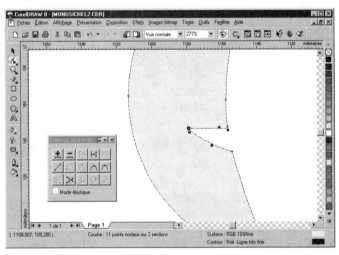

▲ *Fig. 5.45 : Après ajout de trois points nodaux, la lune est dotée d'une bouche*

Édition des points de contrôle

Les points de contrôle permettent de modifier le tracé de la ligne passant par le point nodal. Malheureusement, ces points sont ridiculement petits et il est parfois difficile de cliquer dessus avec précision. Dans ce cas, la seule solution est de cliquer à nouveau sur le point pour faire réapparaître les points de contrôle. Dans la section suivante, nous allons influer sur la courbe en déplaçant ces points de contrôle.

1. Commençons par le point nodal que nous avons ajouté en premier lieu. Il s'agit de celui du bas : cliquez dessus. Rappelez-vous que toutes ces opérations doivent être réalisées à l'aide de l'outil **Forme**, sans quoi les points nodaux et les points de contrôle ne sont pas éditables.

2. Lorsque le point nodal est sélectionné, il s'affiche en noir et ses points de contrôle deviennent visibles. Cliquez sur le point de contrôle du haut avec le bouton gauche et, tout en le maintenant enfoncé, faites glisser ce point vers l'intérieur. Comme il s'agit d'un point nodal angulaire, le point de contrôle est déplacé sans que son homologue du bas ne suive un mouvement symétrique. Cela permet de faire de l'arrondi de la courbe un angle (d'où la dénomination de "point nodal angulaire").

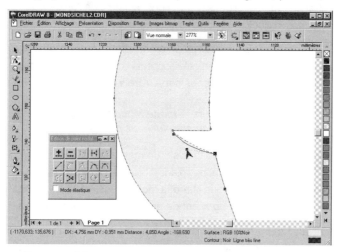

▲ *Fig. 5.46 : Grâce aux points de contrôle, il est possible de déformer la courbe. En fonction des propriétés du point nodal, le point de contrôle peut être déplacé seul, ou en même temps que son homologue.*

3. Répétez cette opération sur le second point nodal. Faites glisser le point de contrôle inférieur vers l'intérieur.

4. Modifiez également le point nodal du milieu pour donner une forme agréable à la bouche de notre croissant de lune. Lorsque tout est au point, cliquez sur l'outil **Sélecteur** et appuyez sur **Echap**. La sélection

des points est annulée et vous pouvez admirer tranquillement le résultat de vos efforts. Enregistrez le fichier en cliquant sur le bouton **Enregistrer** de la barre d'outils.

Disposer et associer les objets

Nous avons désormais à disposition une lune, une étoile et un nuage. Il nous reste à organiser ces objets entre eux. Deux étapes sont nécessaires pour cela : la disposition des objets et la définition de la taille définitive, puis la définition de l'ordre des objets (premier plan, arrière-plan, etc.).

1. Activez l'outil **Sélecteur** et positionnez les objets les uns par rapport aux autres. Le nuage doit être légèrement superposé à la lune et l'étoile vient prendre place dans l'angle supérieur droit de l'ensemble. Reportez-vous à l'illustration suivante pour avoir une idée de la position finale.

2. Le dernier objet créé, la lune, est au premier plan au-dessus de tous les autres. Pour l'amener à l'arrière-plan, sélectionnez la lune avec l'outil **Sélecteur**, puis appelez la commande **Disposition/Ordre/Vers l'arrière**.

Astuce : Désactivez toujours le mode Modifier les plans en travers (Modifier sur plusieurs plans)

Vérifiez que les objets sont tous sur un même plan et qu'ils n'ont pas été placés par mégarde sur des plans différents. Cette dernière situation est assez fréquente lorsque le mode *Modifier les plans en travers* est actif. C'est pourquoi il convient de désactiver ce mode de travail.

En revanche, pour associer les objets placés sur des plans différents, ce mode doit être activé car c'est la seule solution pour sélectionner conjointement tous les objets concernés. Si vous associez, combinez ou soudez des objets placés sur des plans différents, l'objet qui résulte de l'opération vient automatiquement prendre place sur le plan le plus élevé dans la superposition. Exemple : vous disposez de deux plans, le plan *Graphique* et le plan *Arrière-plan*. Vous associez un rectangle du plan *Arrière-plan* avec une ellipse du plan *Graphique*. Comme le plan *Graphique* est placé au-dessus du plan *Arrière-plan*, les deux objets résultant de l'association se retrouvent sur ce plan *Graphique*.

3. Lorsque la position et l'ordre des trois objets sont corrects, sélection-nez-les tous les trois : maintenez enfoncée la touche **Maj** et cliquez successivement sur les objets.

4. Appelez la commande **Disposition/Associer**.

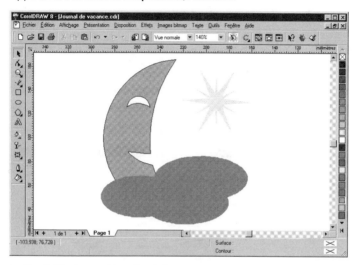

▲ *Fig. 5.47 :   Le graphique terminé :*
la lune, le nuage et l'étoile sont associés

Copier et positionner le graphique sur la page de dessin

La dernière phase de l'opération est la mise en place de ce graphique dans la page de dessin. Comme le plan *Graphique* est le plan le plus bas dans la superposition, l'image (qui se trouve sur ce plan) est automat-iquement placée derrière tous les autres objets de la page de dessin. On obtient des effets intéressants en agençant le graphique dans des teintes pâles et en l'utilisant comme arrière-plan de la page. Autre solution : utilisez le même graphique pour égayer le titre.

> **Astuce : Verrouiller les plans terminés**
>
> Rappelez-vous que le plan *Photos et texte* est verrouillé. Vous pouvez ainsi utiliser en toute sécurité votre graphique, sans risquer de mettre à mal les photos et le texte déjà en place.

1. Réduisez le graphique et positionnez-le au niveau du titre.

2. Créez un duplicata du graphique, modifiez ses couleurs en choisissant une teinte pastel et agrandissez le graphique pour qu'il constitue l'arrière-plan de la page.

3. N'oubliez pas d'enregistrer votre fichier.

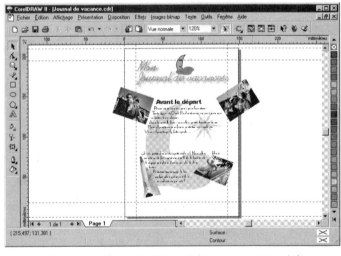

▲ *Fig. 5.48 : La première page du journal de vacances est terminée*

Fini !

Grâce aux compétences que vous venez d'acquérir, vous ne rencontrerez aucune difficulté à étendre votre journal de vacances. Enregistrez le fichier et lancez une impression test.

Souvenez-vous que pour ajouter des pages complémentaires, vous ferez appel à la commande **Présentation/Insérer une page**. Sur les nouvelles pages, importez d'autres images, créez des encadrés de texte courant et appliquez les styles que vous avez définis dans le Gestionnaire de styles.

5.6 Édition des points nodaux

L'édition des points nodaux et des points de contrôle est certainement l'une des opérations les plus délicates lors de l'agencement de graphiques dans les programmes de dessin vectoriels tels que CorelDRAW. Pour pouvoir travailler avec les nœuds, une courte introduction au sujet ne peut être que bénéfique. Dans cette section, nous aborderons la structure, les composants et l'édition des lignes et des courbes.

Qu'est-ce qu'une ligne ?

La réponse n'est pas simple. Dans les programmes de dessin vectoriels, les lignes sont un concept complexe de niveau supérieur regroupant aussi bien les droites que les courbes. Dans ces programmes, ce sont des points nodaux reliés entre eux qui forment les lignes.

Exemple : chaque clic sur le bouton gauche de la souris avec l'outil **Bézier** met en place un de ces points nodaux. Si vous créez successivement plusieurs points, ils sont reliés entre eux par des lignes. L'outil **Bézier** dispose pour cela de la capacité de courber les lignes. Cette courbure est définie par défaut par la structure des points nodaux. Ces points peuvent avoir des propriétés variées, d'où la diversité des courbures.

De quoi se compose une ligne ?

Points nodaux

Une ligne se compose toujours au minimum de deux points nodaux, reliés par un segment. Les points sont représentés sous forme de petits carrés. Certains points nodaux apparaissent avec un remplissage noir lorsqu'ils sont sélectionnés. Il s'agit des points nodaux lisses, qui assurent à la ligne une certaine courbure. Les autres points nodaux, ceux qui font d'une ligne une droite, sont représentés par un petit carré, mais avec un contour noir plus épais.

Points de contrôle

Si le point nodal est de type lisse et traversé par une ligne courbe, il dispose au minimum d'un point de contrôle. Ces points de contrôle permettent de piloter la courbure de la ligne traversant le point nodal. Le fait que le point nodal dispose d'un ou de deux points de contrôle est fonction des propriétés du point nodal et des points voisins. Les points de contrôle peuvent être placés sur la ligne, mais ce n'est pas une obligation.

Lignes et segments

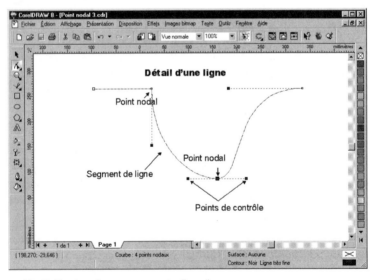

▲ *Fig. 5.49 : Les divers composants d'une ligne :*
segments, points nodaux et points de contrôle

La ligne est formée d'un ensemble de segments reliant les points entre eux. Sans points nodaux, pas de ligne. Si une ligne se compose de plusieurs points nodaux, elle se compose donc également de plusieurs segments.

Tout commence par une ligne...

Une ligne se compose dans le cas le plus simple de deux points nodaux reliés par une droite. Les points nodaux attestent qu'il s'agit d'une ligne droite. En fait, ces points ne définissent pas seulement l'apparence de la ligne, mais aussi la façon dont les segments sont reliés entre eux. Aussi existe-t-il des points nodaux angulaires (la jonction des deux segments forme un angle) et des points nodaux lisses (les deux segments forment une courbe).

Qu'appelle-t-on une ligne fermée ?

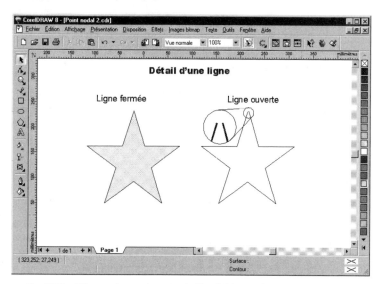

▲ *Fig. 5.50 : Dès que la courbe est scindée, l'objet perd ses attributs de surface*

À vrai dire, les rectangles, cercles et polygones ne sont que des lignes. Mais dans ces objets, les points nodaux de départ et d'arrivée sont joints. Il en résulte une ligne fermée et, partant, une forme fermée. Les lignes fermées peuvent être converties à tout moment en lignes ouvertes et inversement. Pour cela, il y a lieu de scinder la courbe ou de joindre les nœuds à un emplacement précis.

Seuls les objets fermés peuvent disposer d'un attribut de surface

Seuls les objets fermés peuvent avoir des attributs de surface. Si vous n'arrivez pas à appliquer une couleur, un motif ou un dégradé à un objet apparemment fermé, plusieurs raisons sont envisageables...

Le mode d'affichage est-il correct ?

Vous travaillez peut-être en mode d'affichage *Fil de fer* ou vous avez annulé l'affichage en couleur du plan ? Si c'est le cas, les objets sont présentés sans leurs attributs de surface.

Un point nodal trompeur !

La ligne semble fermée, et pourtant à l'un des angles, ce qui semble être un point nodal ordinaire est en fait un ensemble de deux points non reliés. Les deux sont pratiquement superposés et de loin il est impossible de détecter le problème. Mais la ligne n'étant pas fermée, tout remplissage est impossible.

La solution

Dans ce cas, la seule solution est de vérifier l'objet avec l'outil **Forme**.

1. Ouvrez d'un double clic sur l'outil **Forme** le menu flottant **Édition de point nodal**.

2. Sélectionnez le premier point nodal en traçant autour de lui, avec l'outil **Forme**, un cadre de sélection.

3. Jetez ensuite un coup d'œil au menu flottant : si le bouton **Scinder courbe** est actif, tout va bien. En revanche, si les boutons **Joindre**

deux points nodaux ou **Allonger la courbe pour la fermer** sont actifs, vous tenez les coupables. À cet endroit, il n'y a pas un point, mais deux points nodaux non reliés.

4. Cliquez sur l'un des deux boutons évoqués. Après vérification de tous les points, vous ne rencontrerez plus de problème pour l'application d'un attribut de surface.

L'outil Forme

Lorsqu'il est question de points nodaux, il est toujours question de l'outil **Forme**. La forme d'un objet peut être modifiée de diverses manières. Si l'outil **Sélecteur** permet de changer la taille, l'orientation, l'inclinaison, l'outil **Forme** permet des modifications plus subtiles. C'est le seul outil susceptible d'éditer les points nodaux et leurs points de contrôle. Dès que l'outil **Forme** est activé, les 8 poignées habituelles disparaissent autour de l'objet sélectionné et les points apparaissent. Un clic avec l'outil **Forme** sur un des points nodaux fait apparaître les points de contrôle.

Dessiner une courbe

Dessiner une courbe n'est pas aussi simple qu'il y paraît. En général, vous utiliserez pour cela l'outil **Bézier**.

1. Lorsque l'outil **Bézier** est activé, le pointeur prend la forme d'une petite croix noire.

2. Cliquez avec le bouton gauche dans la page de dessin : vous venez de mettre en place un point nodal. Un second clic à côté et voici un second point, relié au premier par une droite. Comment en faire une courbe ?

3. Si vous cliquez avec le bouton gauche de la souris pour placer un point nodal et que vous faites glisser la souris, bouton enfoncé, vous ajoutez au point des points de contrôle. Pour visualiser les points de contrôle, il suffit de faire glisser le pointeur à l'écart du point nodal.

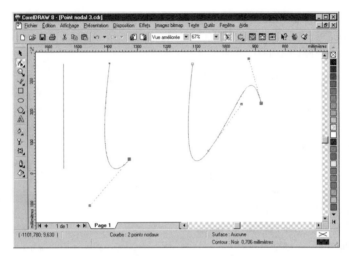

▲ Fig. 5.51 : Avec l'outil Bézier et un peu d'entraînement,
vous arriverez rapidement à dessiner de belles courbes

Les points de contrôle

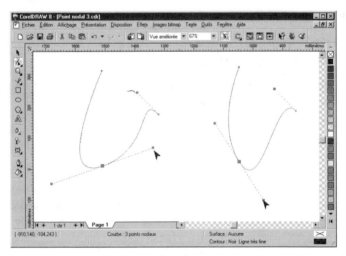

▲ Fig. 5.52 : Les points de contrôle déterminent la courbure de la ligne

Ces points de contrôle sont placés à l'extrémité de leviers en pointillé issus du point nodal. Les points de contrôle d'un même point nodal sont plus ou moins indépendants les uns des autres, selon le type de point nodal (angulaire, lisse ou symétrique). Le déplacement d'un point de contrôle modifie la forme de la courbe.

Parfois à deux, parfois seul, parfois rien

Un point nodal peut avoir au maximum deux points de contrôle. Dans certains cas, il ne s'agira que d'un point de contrôle unique et dans d'autres il n'y aura aucun point de contrôle. Tout dépend des propriétés des points nodaux voisins. Si le point nodal voisin a la propriété de définir une droite, le point nodal concerné ne dispose que d'un point de contrôle. En revanche, si le point voisin a été traité par le bouton **Convertir les droites en courbes**, les deux points disposent de deux points de contrôle chacun.

La conversion mystérieuse : convertir en courbes

L'outil **Forme** peut être appliqué à tous les types d'objets : lignes, courbes, rectangles, cercles, polygones, textes artistiques et même textes courants. Cela dit, pour certains de ces types, il existe des différences sensibles quant à l'emploi de cet outil **Forme** avant ou après une conversion en courbes.

C'est par exemple le cas des objets créés avec les outils **Rectangle**, **Ellipse**, **Polygone** et **Texte artistique**.

À ne pas prendre au pied de la lettre

Ne prenez pas le nom de cette commande au pied de la lettre. La conversion d'un objet ne signifie pas pour autant qu'il prendra automatiquement des formes courbes. Une droite restera une droite, un rectangle restera un rectangle. La forme de l'objet ne change pas. En revanche, la structure de l'objet et de ses points nodaux change. Après conversion, l'objet est librement modifiable.

Les modifications possibles avant et après la conversion en courbes sont reprises dans les paragraphes suivants.

Rectangle

Avant conversion

Avant conversion en courbes, l'outil **Forme** vous permettra d'arrondir les angles du rectangle.

1. Créez un rectangle avec l'outil **Rectangle**.

2. Activez l'outil **Forme** et placez le pointeur sur l'un des points d'angle.

3. Cliquez avec le bouton gauche de la souris, maintenez le bouton enfoncé et déplacez la souris légèrement de côté. Cette action arrondit les angles.

Après conversion

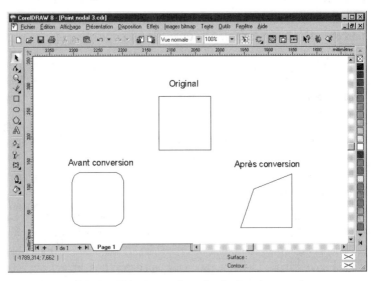

▲ *Fig. 5.53 : Les rectangles peuvent être affectés de coins arrondis ou sont librement déformables*

Après conversion, n'importe quel point peut être déplacé individuellement dans toutes les directions.

1. Sélectionnez l'objet et activez l'outil **Forme**.

2. Placez le pointeur sur l'un des points nodaux désormais visibles, cliquez et, tout en maintenant le bouton gauche enfoncé, déplacez le point nodal.

3. Si, pendant le déplacement, vous appuyez sur la touche **Ctrl**, le déplacement est contraint à l'axe horizontal et vertical (Voir Fig. 5.53).

Ellipses

Avant conversion

Avant conversion, le cercle peut être transformé en arc de cercle (ou d'ellipse) ou en portion de cercle (ou d'ellipse).

1. Sélectionnez l'objet et activez l'outil **Forme**.

2. En principe, vous verrez apparaître 4 points nodaux. Placez le pointeur sur l'un de ces points et maintenez le bouton gauche de la souris enfoncé.

3. C'est maintenant que tout se décide : voulez-vous dessiner un arc de cercle ou une portion de cercle ? Pour un arc de cercle, placez le pointeur à l'intérieur de l'objet.

4. Pour créer une portion de cercle, placez le pointeur en dehors de l'objet.

5. Si vous gardez la touche **Ctrl** enfoncée pendant l'opération, les déplacements sont contraints à des pas de 15°.

Après conversion

Après conversion en courbes d'un cercle ou d'une ellipse, l'objet est doté de quatre points nodaux librement déplaçables. Là aussi, l'activation conjointe de la touche **Ctrl** a pour effet une contrainte à des pas de 15°.

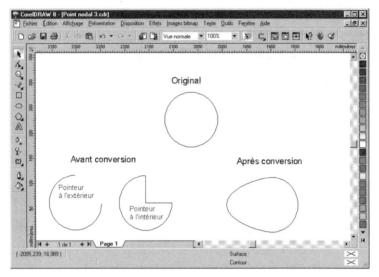

▲ *Fig. 5.54 : Avant conversion, le cercle peut devenir arc ou portion de cercle.
Après conversion, vous en ferez par exemple un œuf*

Polygone

Il existe trois types de polygones, créés tous trois à partir de l'outil
Polygone : le polygone, l'étoile et le polygone en forme d'étoile.

Sélection du type de polygone

1. Un double clic sur l'outil **Polygone** ouvre la boîte de dialogue **Options**,
qui comporte les options de l'outil.

2. Dans cette boîte de dialogue, trois options sont proposées pour l'outil
Polygone. Elles permettent de déterminer la forme que trace cet outil.

Avant la conversion

Avant conversion, les déplacements possibles des points nodaux sont
limités. Même si vous ne sélectionnez et déplacez qu'un seul point, vous
constaterez que beaucoup d'autres points de l'objet suivent le mouvement.

1. Activez l'outil **Forme**, cliquez sur un point et, tout en maintenant le bouton enfoncé, déplacez ce point. Automatiquement, d'autres points suivent le déplacement.

2. Si vous appuyez simultanément sur la touche **Ctrl**, le déplacement est limité à un axe.

Pour une meilleure compréhension, les illustrations présentent dans la ligne du haut les objets de départ et dans la ligne du bas les résultats, après déplacement d'un point nodal avec l'outil **Forme**.

Après conversion

Après conversion, les possibilités de modification sont pratiquement illimitées. L'illustration suivante montre une de ces possibilités pour les divers types de polygone.

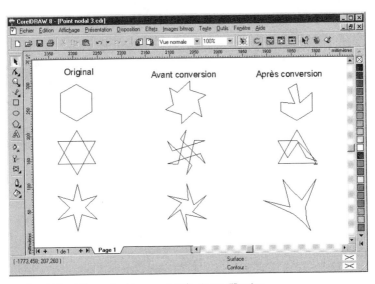

▲ *Fig. 5.55 : D'innombrables possibilités de modification*

Texte artistique

Le texte artistique peut lui aussi être converti en courbes.

Avant la conversion

Avant conversion, l'outil **Forme** permet de modifier librement l'espacement des lignes et des caractères, ainsi que la position des caractères individuels. Cette fonction s'avère particulièrement pratique lorsqu'il est question de composer les espaces malvenus dans certaines polices. Cette opération s'appelle le crénage. Dans l'illustration, vous trouverez le texte original en haut, puis le texte modifié avant conversion.

1. Sélectionnez le texte artistique et activez l'outil **Forme**.

2. Chaque caractère est maintenant accompagné d'un petit carré. Cliquez sur l'un de ces carrés et, bouton gauche enfoncé, déplacez le pointeur : vous pouvez librement déplacer le caractère.

3. En maintenant la touche **Ctrl** enfoncée, vous pourrez sélectionner plusieurs caractères à l'aide de clics successifs.

4. Au bas de la dernière ligne apparaît une marque en forme de flèche vers le bas. En déplaçant cette marque avec la souris, vous augmenterez ou réduirez l'espacement des lignes.

5. Tout à droite de la dernière ligne apparaît une marque similaire, mais pointant vers la droite. En déplaçant cette marque vous augmenterez ou réduirez l'espacement des caractères du texte.

Après la conversion

Un texte artistique converti en courbes n'est plus un texte à proprement parler. L'objet ressemble à un texte, mais il n'est plus composé de caractères : il n'est formé que de lignes et de surfaces dont la combinaison simule l'apparence de caractères. Vous ne pourrez plus le modifier avec l'outil **Texte** ou avec la boîte de dialogue de formatage de texte ; en revanche, vous pourrez faire intervenir l'outil **Forme**.

Remarque : Le texte artistique converti est combiné

Notez qu'au départ, les lignes et les surfaces formant le texte artistique converti en courbes sont combinées. La commande **Disposition/Scinder** permet d'annuler la combinaison.

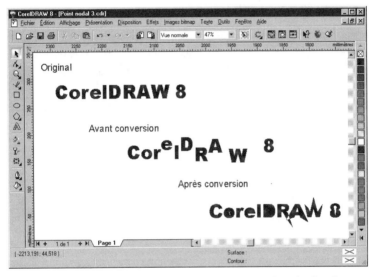

▲ *Fig. 5.56 : Après conversion du texte artistique, le texte n'est plus formé que de lignes et de surfaces*

Astuce : Pas de conversion en courbes de texte courant

Limitez la conversion en courbes des textes courants à des textes très courts. Avec des textes longs, l'opération aboutit à la création d'une multitude de petits objets graphiques et la taille du fichier s'en ressent fortement. L'intérêt de la conversion des textes artistiques est que vous pouvez ensuite modifier individuellement chaque caractère. Notez également qu'un texte artistique converti n'est plus lié à police de caractères, il apparaîtra de la même manière sur un PC où la police initiale n'est pas installée. L'inconvénient est que les bords des caractères sont moins nets qu'avec un texte pur. Ce défaut ne concerne cependant que l'affichage, l'impression n'est pas concernée.

Le menu flottant Édition de point nodal

Vous avez constaté le rôle déterminant joué par les points nodaux dans les graphiques. Vous ne pourrez véritablement faire ce que vous voulez en matière graphique que dans la mesure où vous maîtrisez parfaitement l'outil **Forme**, les points nodaux et les points de contrôle. C'est pourquoi nous allons poursuivre par une vue d'ensemble de toutes les fonctions applicables à ces points.

◄ *Fig. 5.57 :*
Le menu flottant Édition
de point nodal, avec ses
nombreux boutons d'édition

Remarque : D'abord conversion en courbes

Pour pouvoir utiliser toutes ces fonctions sur des objets créés avec les outils **Rectangle**, **Ellipse** et **Polygone**, rappelez-vous qu'il vous faut au préalable convertir ces objets en courbes. Avant la conversion, vous pourrez déplacer les points nodaux avec l'outil **Forme**, mais les actions possibles sont très limitées. Ce n'est qu'après la conversion que chaque point nodal est librement éditable.

Astuce : Sélectionnez le point nodal et éditez les points de contrôle

Lors de l'utilisation des fonctions du menu flottant **Édition de point nodal**, il faut toujours au préalable sélectionner un ou plusieurs points à l'aide de l'outil **Forme**. Un point isolé sera sélectionné d'un clic sur le bouton gauche de la souris. Cependant, ces points étant très petits, leur sélection n'est pas toujours aisée. Voici une astuce qui facilite l'opération : faites glisser lentement le pointeur sur le point à sélectionner. Lorsque ce pointeur se trouve en bonne position pour le clic de sélection, vous constaterez que le point est automatiquement agrandi à l'écran. C'est à ce moment que vous cliquerez dessus. Lorsqu'un point nodal est sélectionné, le contour du carré est plus épais. Une exception est cependant à noter : le point de départ de la courbe ou de la ligne s'affiche tout en noir lorsqu'il est sélectionné.

Pour sélectionner plusieurs points nodaux simultanément, cliquez successivement avec l'outil **Forme** sur tous les points concernés en maintenant la touche **Maj** enfoncée.

Attention lors des déplacements des points nodaux ou de contrôle : veillez à ne pas sélectionner par mégarde le levier reliant un point de contrôle au point nodal. Une action sur ce levier a des effets insoupçonnés et risque de modifier totalement la ligne. Si cela vous arrive, appelez immédiatement la commande **Annuler** dans le menu **Édition**.

Vue d'ensemble du menu flottant Édition de point nodal

Tab. 5.1 : Les boutons du menu flottant Édition de point nodal		
Bouton	**Commande**	**Explication**
	Ajouter des points nodaux	Ce bouton connaît deux modes de travail : 1. Si vous avez placé une marque ronde sur une ligne à l'aide de l'outil **Forme**, un clic sur ce bouton convertit cette marque en point nodal.

Tab. 5.1 : Les boutons du menu flottant Édition de point nodal		
Bouton	**Commande**	**Explication**
✚	**Ajouter des points nodaux (Suite)**	2. Si vous avez sélectionné un point nodal, un clic sur ce bouton ajoute un nouveau point nodal positionné sur le segment défini par le point sélectionné et son voisin précédent immédiat. Le premier point d'une ligne est reconnaissable au fait qu'il est plus gros que les autres. Cliquez sur la ligne (pas sur un point) avec l'outil **Forme**, ce qui affiche l'ensemble des points nodaux : le plus gros constitue le point de départ de la ligne. Il est possible de sélectionner conjointement plusieurs points nodaux : dans ce cas, un clic sur ce bouton place un nouveau point devant chaque point sélectionné. *Astuce* : pour ajouter rapidement un point sur une ligne, double-cliquez à l'endroit voulu avec l'outil **Forme**.
➖	**Supprimer des points nodaux**	Cette fonction supprime les points nodaux sélectionnés. S'il s'agit du premier et du dernier point d'un tracé, tout le tracé concerné est alors supprimé.
	Joindre deux points nodaux	Cette fonction regroupe deux points sélectionnés en un point unique. Ne peuvent être joints que deux points nodaux formant le début ou la fin d'une ligne. Cette fonction peut être appliquée de deux façons : 1. S'il s'agit des deux points d'extrémités de la même ligne, l'objet "ouvert" est transformé en un objet "fermé", susceptible de recevoir des attributs de surface. 2. La fonction permet également de joindre deux lignes distinctes, un peu comme la fonction de soudure. Mais pour cela, il faut d'abord combiner les deux (**Disposition/Combiner**). En cliquant avec l'outil **Forme** sur l'une des deux lignes, vous verrez ainsi apparaître les points nodaux des deux lignes et pourrez ainsi sélectionner conjointement les points d'extrémités requis pour la jonction.
	Scinder courbe	Cette fonction scinde la ligne et crée deux lignes indépendantes. Le point nodal sélectionné est subdivisé en deux points, dont l'un est le point final de la première ligne et le second le point de départ de la seconde ligne. Au départ, les deux sont parfaitement superposés, ce qui ne permet pas de s'apercevoir qu'ils sont au nombre de deux.

Tab. 5.1 : Les boutons du menu flottant Édition de point nodal		
Bouton	**Commande**	**Explication**
	Scinder courbe (Suite)	Avec l'outil Forme, vous pouvez déplacer individuellement ces points, le résultat de la fonction devenant ainsi visible. Les lignes coupées en deux tronçons par cette fonction restent combinées. Une séparation définitive n'intervient qu'après annulation de cette combinaison par la commande **Disposition/Scinder**. Si vous scindez une ligne fermée avec cette fonction, elle ne pourra plus recevoir de remplissage.
	Allonger la courbe pour la fermer	La désignation de cette fonction semble complexe et pourtant l'opération est toute simple. Elle a le même effet que le bouton **Joindre deux point nodaux** : deux lignes distinctes sont réunies en une seule. Mais là où le bouton **Joindre deux points nodaux** déplace les deux points pour les superposer, ce bouton ajoute un segment de ligne reliant les deux points. Les points eux-mêmes ne bougent pas. Hormis cette différence, toutes les remarques concernant le bouton **Joindre deux points nodaux** s'appliquent également au bouton **Allonger la courbe pour la fermer**. Pour relier deux lignes par ce biais, il faut d'abord les combiner. Sélectionnez les points d'extrémités des deux lignes à l'aide de l'outil **Forme**, puis cliquez sur le bouton **Allonger la courbe pour la fermer**. Les deux lignes sont soudées en une seule.
	Convertir une courbe en droites	Les points nodaux déterminent le tracé de la ligne. Cette commande appliquée à un point nodal a pour effet de convertir le segment suivant le point en une droite.
	Convertir les droites en courbes	Ce bouton a exactement l'effet inverse du précédent. Il ajoute au point nodal sélectionné des points de contrôle permettant de piloter la courbure de la ligne. Ces points de contrôle ne deviennent visibles que si le point nodal est sélectionné. Vous déplacerez les points de contrôle avec l'outil **Forme**. Notez que cette fonction ne "courbe" pas automatiquement la ligne, c'est à vous d'intervenir manuellement sur son tracé.

Bouton	Commande	Explication
	Faire du point nodal un point nodal angulaire	Lorsqu'un point nodal a été traité par le bouton précédent et qu'il dispose de points de contrôle, il est possible de modifier le tracé de la ligne en agissant sur ses points de contrôle. Ils acceptent divers types de déplacement, selon que le point nodal est angulaire, lisse ou symétrique. Sur un point nodal angulaire, les deux points de contrôle sont indépendants l'un de l'autre.
	Lisser point nodal	Un point nodal traité par le bouton **Convertir les droites en courbes** et disposant de points de contrôle peut être un point nodal lisse. Dans ce cas, les points de contrôle ne sont pas totalement indépendants l'un de l'autre. Leur éloignement du point nodal est réglé individuellement, mais les leviers restent toujours dans le même axe ; la ligne passant par le point est par conséquent systématiquement courbe.
	Rendre point nodal symétrique	Pour qu'un point nodal soit de type symétrique, deux conditions doivent être remplies : 1. Il doit disposer de points de contrôle (activez éventuellement le bouton **Convertir les droites en courbes**). 2. Au moins un de ces points nodaux voisins doit également avoir été traité par ce même bouton **Convertir les droites en courbes** et disposer de points de contrôle. Lorsque ces deux conditions sont remplies, l'un des points peut devenir un point nodal symétrique. Dans ce cas, les deux points de contrôle peuvent être déplacés, mais le déplacement de l'un entraîne automatiquement le déplacement symétrique de l'autre. Les deux restent toujours sur le même axe et à égale distance du point nodal.
	Auto-réduction courbe	Une ligne dispose toujours au minimum de deux points nodaux, un point de départ et un point final. Certains tracés complexes nécessitent un grand nombre de points nodaux, sachant que pour reproduire le tracé, un nombre minimum de points est nécessaire. Ce nombre varie d'un objet à l'autre. Le cas le plus favorable est celui où l'objet ne dispose que de ce minimum de points, sans aucun point complémentaire inutile.

Tab. 5.1 : Les boutons du menu flottant Édition de point nodal

Tab. 5.1 : Les boutons du menu flottant Édition de point nodal		
Bouton	**Commande**	**Explication**
	Rendre point nodal symétrique (Suite)	La fonction d'auto-réduction de la courbe a pour effet de lutter contre un nombre excessif de points nodaux inutiles : elle les supprime et ne garde que les points véritablement indispensables pour que la ligne conserve son tracé initial. La tolérance de modification de la ligne est réglable par un paramètre. Pour y accéder, cliquez avec le bouton droit de la souris sur l'outil **Forme** et appelez la commande **Propriétés** dans le menu contextuel. Elle vous entraîne dans la boîte de dialogue **Options**, sur l'onglet **Outil Forme**. Cet onglet ne dispose que d'un seul champ *Réduction automatique*. Plus la valeur est élevée et plus le programme supprimera de points nodaux, avec pour conséquence une déformation plus forte du tracé. Si ce champ contient la valeur 0, un point ne pourra être supprimé automatiquement que si cette suppression n'influe en rien sur le tracé. Ne sont vérifiés que les points nodaux sélectionnés, ce qui permet de réduire toute la ligne, ou de limiter l'action de la fonction à une portion de la ligne. Pour que la fonction entre en action, il faut au minimum sélectionner deux points avec l'outil **Forme**.
	Extraire section	Si vous avez scindé une ligne en plusieurs sections par la fonction **Scinder courbe**, les diverses sections restent combinées. Vous le remarquerez en cliquant sur la ligne avec l'outil **Sélecteur**, car cet outil sélectionne toujours l'ensemble de la ligne, quelle que soit la section sur laquelle on clique. La fonction **Extraire section** permet d'extraire de la combinaison une ligne, cette ligne devenant de ce fait un objet indépendant, modifiable individuellement. Contrairement à la commande **Disposition/Scinder**, qui annule la combinaison pour l'ensemble de l'objet, seule la section concernée est extraite de la combinaison avec la fonction **Extraire courbe**, les autres sections restant combinées entre elles. Sélectionnez un point nodal de la section à extraire, puis cliquez sur le bouton **Extraire courbe**.

Tab. 5.1 : Les boutons du menu flottant Édition de point nodal		
Bouton	**Commande**	**Explication**
	Étirement et mise à l'échelle de points nodaux	Le tracé d'une ligne peut être modifié de plusieurs manières. Une des possibilités est le déplacement des points nodaux avec l'outil **Forme**. Sélectionnez au minimum deux points nodaux et activez la fonction **Étirement et mise à l'échelle de points nodaux**. Ces points sont entourés d'un cadre de sélection doté de 8 poignées. Ces poignées permettent d'étirer ou de modifier la taille de la section définie par les points nodaux sélectionnés.
	Rotation et inclinaison de points nodaux	Cette fonction est très proche de la précédente. Le point de départ est le même : sélection d'au moins deux points nodaux à l'aide de l'outil **Forme**, puis clic sur le bouton **Rotation et inclinaison de points nodaux**. Là aussi, un cadre de sélection, doté de poignées, apparaît autour de la section concernée. Mais cette fois ces poignées sont représentées sous forme de petites flèches. Les quatre poignées d'angle permettent d'appliquer une rotation à la sélection, les poignées latérales médianes appliquant une inclinaison. Notez que la touche **Ctrl** permet de contraindre l'action.
	Aligner points nodaux	Cette fonction permet d'aligner automatiquement des points nodaux. Les points sélectionnés (il en faut au minimum deux) peuvent être alignés relativement l'un à l'autre selon l'axe vertical ou horizontal. Un alignement horizontal les place tous deux sur le même axe horizontal, l'alignement vertical ayant un effet similaire, mais sur l'axe vertical. En complément, une petite boîte de dialogue permet également d'aligner les points de contrôle. Sélectionnez plusieurs points nodaux avec l'outil **Forme**, puis cliquez sur le bouton **Aligner points nodaux**. La boîte de dialogue **Alignement de points nodaux** s'affiche alors ; elle propose trois cases à cocher : **Alignement horizontal**, **Alignement vertical** et **Alignement des points de contrôle**. Cette dernière case n'est disponible que si les deux autres cases sont activées.

Tab. 5.1 : Les boutons du menu flottant Édition de point nodal		
Bouton	**Commande**	**Explication**
	Aligner points nodaux (Suite)	Un alignement horizontal place les points nodaux sur le même axe horizontal. S'il s'agit de deux points voisins, le segment qui les relie devient une ligne horizontale. Un alignement vertical place les points nodaux sur le même axe vertical. S'il s'agit de deux points voisins, le segment qui les relie devient une ligne verticale. Si ces deux cases sont cochées, les points sélectionnés sont parfaitement superposés les uns aux autres. À première vue, vous aurez peut-être l'impression que des points ont été supprimés, mais ce n'est nullement le cas. Avec l'outil **Forme**, vous pourrez déplacer à nouveau les points et constaterez qu'il sont bien tous présents à l'appel. La case **Alignement des points de contrôle** n'est disponible que si les deux autres cases sont actives. Si vous cochez les trois cases et déclenchez l'opération, tous les points nodaux se trouveront superposés, de même que tous leurs points de contrôle.
Mode élastique	*Mode élastique*	Si vous déplacez un groupe de points nodaux sélectionnés avec l'outil **Forme**, ces points suivent en principe avec précision les déplacements du pointeur de la souris. La position relative des points entre eux ne change pas pendant le déplacement. Si vous activez la case à cocher *Mode élastique*, le déplacement s'effectue différemment. Les points sélectionnés sont déplacés de façon irrégulière, leur position relative est modifiée et les segments qui les relient deviennent plus longs ou plus courts. Sélectionnez plusieurs points nodaux avec l'outil **Forme**, puis déplacez la sélection avec la souris, en cliquant sur l'un des points puis en déplaçant la souris, bouton gauche enfoncé. Le point choisi pour effectuer le déplacement suit très précisément les déplacements de la souris, et tous les autres se déplacent proportionnellement à la distance qui les sépare du point nodal de base (le point utilisé pour le déplacement).

6. D'une importance vitale : l'impression

À quoi sert un superbe graphique, s'il ne peut être imprimé ? Souvent, l'impression du graphique pose problème. C'est notamment le cas lorsqu'il s'agit d'envoyer l'image à un studio de flashage en vue d'une impression professionnelle. Cette étape est appelée Pré-presse. Quelques connaissances en matière de planification, d'agencement et de paramètres d'impression sont indispensables pour arriver à un bon résultat.

6.1 Petit cours de langue étrangère pour débutant : Wysiwyg et étalonnage

Sur un PC, il est un point que vous ne devez jamais oublier : ce que vous voyez à l'écran n'est toujours qu'une simulation de ce qui est enregistré dans l'ordinateur. C'est plus particulièrement le cas de l'affichage des couleurs. L'affichage à l'écran dépend de nombreux facteurs, par exemple du paramétrage du moniteur ou encore de la carte graphique. Même l'éclairage du poste de travail a une incidence sur la représentation des couleurs à l'écran. Dans ce chapitre, vous apprendrez tout ce qu'il faut savoir et ce qu'il est nécessaire de prendre en considération lors du travail sur votre PC.

Pas toujours, mais souvent : Wysiwyg

Vous avez certainement déjà entendu l'expression WYSIWYG. C'est la contraction de What You See Is What You Get. Le Wysiwyg caractérise les ordinateurs et les programmes capables d'optimiser l'affichage, de manière à ce qu'il ressemble presque parfaitement au résultat imprimé sur papier. Et pourtant, l'impression n'est pas toujours identique à ce qui est présenté à l'écran. Chaque périphérique (scanner, moniteur et imprimante) a sa propre méthode de traitement des couleurs. Les écarts concernent aussi bien les formes que les couleurs. L'évolution technologique va incontestablement dans le sens d'un rapprochement de plus en plus grand entre affichage et impression, mais les problèmes commencent dès la lecture des données. Lors d'une numérisation, le scanner détermine la conversion des couleurs. À l'écran, ces couleurs sont affichées différemment et pour finir l'imprimante se charge elle aussi de modifier les couleurs.

Lecture des données

Le plus souvent, la lecture des données est réalisée à l'aide d'un scanner. Si vous ne disposez pas d'un scanner à tambour de haut de gamme, vous pouvez sans vous tromper partir du principe que vous serez face à des modifications des couleurs originales dans le fichier numérisé. La raison est facile à comprendre : lors de la numérisation, le document original est éclairé par un rayon lumineux. La tête de lecture récupère les rayons réfléchis par le document et les convertit en bits et en octets. En fonction de la température de couleur émise par la source lumineuse, les couleurs récupérées peuvent apparaître plus chaudes, plus froides, ou peuvent même être piquées d'une teinte particulière. Autre cause importante : au cours de la numérisation intervient un changement de système chromatique. L'original est un document imprimé, réalisé à partir d'un système chromatique soustractif, les données numérisées sont converties par l'intermédiaire d'un système chromatique additif. Lors de cette conversion, les erreurs d'interprétation ne sont pas rares.

Restitution à l'écran

Pour afficher les couleurs, le moniteur utilise le système chromatique RVB. Par mélange de trois couleurs de base, le rouge, le vert et le bleu, ce système permet de créer pratiquement n'importe quelle autre couleur. Le problème est que ces couleurs ne savent pas représenter des formes, aussi le moniteur utilise de petits points pour afficher formes et couleurs. La taille de ces points varie en fonction du modèle de moniteur et de sa grille (ou masque). Même des formes qui sont affichées avec des tracés et des contours parfaitement pleins ne sont en fait qu'une succession de petits points, d'où le désagréable effet d'escalier qui apparaît quelquefois dans certains graphiques. La carte graphique intervient elle aussi, puisque c'est elle qui pilote le moniteur. En fonction du modèle et de la configuration, les différences peuvent être sensibles. Pour obtenir un affichage optimal à l'écran, veillez aux points suivants :

- de nombreux moniteurs offrent plusieurs possibilités de réglage. Compulsez le manuel du moniteur pour découvrir les options proposées par votre modèle et arriver à un affichage aussi neutre que possible des couleurs.

- mettez en place des conditions d'éclairage correctes et stables. Une source de lumière indirecte évite les reflets gênants et trompeurs à la surface de l'écran tout en préservant votre vue. Évitez d'être face ou dos à une fenêtre. L'idéal est un éclairage latéral.

- l'étalonnage et ses avantages sont abordés dans la suite de ce chapitre.

Sortie sur imprimante

Reste le dernier intervenant : l'imprimante. Nous n'aborderons pas pour l'instant le flashage et limiterons les explications aux imprimantes de bureau classiques. Si vous disposez d'une imprimante à jet d'encre, sachez qu'en fonction des modèles et de la configuration, un même document peut être imprimé avec des résultats très divers. En principe, les imprimantes à jet d'encre travaillent à partir de quatre couleurs primaires : le cyan, le magenta, le jaune et le noir. Ceci suppose donc une nouvelle conversion de système chromatique, pour passer du système RVB au système CMJN, avec les possibilités de dérapage que cela entraîne. D'où la nécessité d'étalonner également l'imprimante pour minimiser les effets de cette conversion. Beaucoup de constructeurs livrent des utilitaires à cet effet, et CorelDRAW est lui-même accompagné d'un système d'étalonnage.

L'étalonnage est indispensable

L'étalonnage prend en compte les caractéristiques des différents périphériques et optimise la restitution des couleurs au moyen de tables chromatiques ou de profils de couleur. Dans CorelDRAW, le Gestionnaire de couleurs permet d'étalonner les périphériques. Il crée pour chacun d'eux un profil de couleur prenant en considération les caractéristiques techniques de l'appareil. Ceci permet non seulement d'assurer la fidélité des couleurs produites et la gestion des conversions de couleurs, mais aussi d'améliorer le fonctionnement du processus d'impression.

Conditions de base

Pour pouvoir réaliser un étalonnage correct, deux conditions doivent être remplies. Vous aurez d'abord à déterminer les déviances chromatiques fabriquées par vos périphériques (scanner, moniteur et imprimante). Ces déviances sont enregistrées dans des profils. Un profil mémorise les caractéristiques chromatiques de son périphérique et corrige la restitution des couleurs à partir d'une table de conversion interne. La seconde condition est liée à une installation correcte de votre poste de travail, en tenant compte des points évoqués précédemment. Le moniteur et l'imprimante doivent en principe travailler toujours dans les mêmes conditions.

Étalonnage à l'aide de profils

Dans CorelDRAW 6 et 7

1. Appelez la commande **Outils/Gestionnaire de couleurs**. Le gestionnaire Corel Color Manager 7 est chargé. Il est exécuté comme programme autonome.

2. Dans cette boîte de dialogue, vous pourrez sélectionner des profils pour des périphériques dans les listes du gestionnaire de couleurs ou créer les profils de périphériques personnalisés à l'aide d'outils d'étalonnage sophistiqués. La case à cocher située derrière chaque zone de liste indique si le profil affiché est utilisé ou non.

◄ *Fig. 6.1 :*
Le Gestionnaire de couleurs de CorelDRAW 7 permet d'étalonner les différents périphériques

3. Un clic sur le bouton **Sélection de profils de couleur auto** lance une routine vérifiant les périphériques connectés à votre PC ainsi que leurs caractéristiques. Dans la pratique, cela signifie un contrôle des fichiers système stockés dans le dossier Windows au moment de l'installation des nouveaux périphériques.

4. Après quelques instants, la routine affiche le résultat de ses investigations dans un rapport d'état. Les périphériques pour lesquels il n'existe pas d'informations adéquates dans les fichiers système se voient affecter un profil de couleur générique à la place d'un profil prédéfini Corel.

▲ *Fig. 6.2 : Le rapport d'état de la routine de sélection automatique des profils*

5. Par la liste associée à chaque type de périphérique, vous avez également possibilité de sélectionner manuellement un profil prédéfini.

6. Dans cette liste, vous trouverez une entrée permettant d'installer le profil livré par le constructeur du périphérique.

7. En l'absence de profil, la commande **Générer ou modifier un profil** vous permettra de créer un profil personnalisé avec l'aide du gestionnaire de couleurs.

8. Le bouton **Couleur de gamme** et sa palette servent à sélectionner une couleur qui remplacera automatiquement les couleurs affichées à l'écran mais non imprimables pour des raisons techniques.

Dans CorelDRAW 8

1. Appelez la commande **Outils/Options**.

2. Dans cette boîte de dialogue, double-cliquez sur l'entrée *Global*, dans le volet de gauche.

3. Double-cliquez sur l'entrée *Gestion des couleurs* pour accéder enfin aux deux entrées *Générales* et *Profils*. Le volet de gauche affiche l'onglet **Gestion des couleurs**.

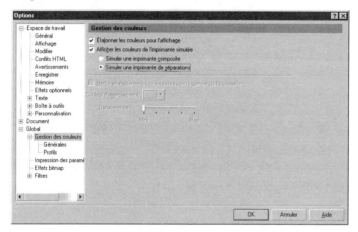

▲ *Fig. 6.3 : La gestion des couleurs dans CorelDRAW 8*

4. Commencez par cocher la case *Etalonner les couleurs pour l'affichage.*

5. Activez également la case *Afficher les couleurs de l'imprimante simu-lée*. Ceci permet d'adapter les couleurs présentées à l'écran aux caractéristiques de sortie de l'imprimante.

6. L'activation de la case *Mettre en évidence les couleurs hors de la gamme de l'imprimante* a pour effet de remplacer les couleurs affi-chées mais non imprimables par une couleur d'avertissement. Cette couleur d'avertissement est choisie par le bouton de même nom.

7. Passez ensuite à l'entrée *Profils* du volet de gauche. C'est dans cette fenêtre que sont présentés les profils de couleurs actifs (Voir Fig. 6.4).

8. Un clic sur le bouton **Assistant de profil de couleur** lance cet assistant.

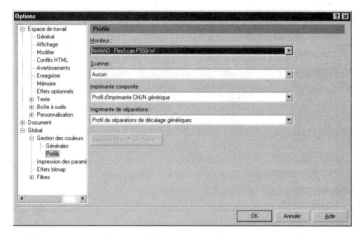

▲ *Fig. 6.4 : Voici les profils actifs*

Dans CorelDRAW 6 et 7

Dans les versions 6 et 7 de CorelDRAW, la zone de liste propose des périphériques susceptibles d'être étalonnés. La zone du bas de la boîte de dialogue affiche le profil actif.

Dans CorelDRAW 8

Dans la version 8 du programme, un clic sur le bouton **Assistant de profil de couleur** appelle également l'assistant, mais ici il s'agit d'un programme autonome. Il vous guide pas à pas au travers de plusieurs boîtes de dialogue, pour le choix ou la création de profils de couleur pour chaque périphérique. Au départ, c'est la meilleure solution pour étalonner le système, avec scanner, moniteur et imprimante.

> **Remarque : CorelDRAW 8**
>
> Si vous n'avez pas possibilité de lancer cet assistant, c'est certainement qu'il n'est pas installé sur votre PC. La routine d'installation du CD N° 1 de CorelDRAW vous permettra d'y remédier.

▲ *Fig. 6.5 : L'Assistant de profil de couleur*

Etalonnage : un domaine spécial

L'étalonnage est un sujet vaste et complexe. Il y aurait matière à lui consacrer un ouvrage complet, ce qui explique que nous ne pouvons que survoler le sujet rapidement ici. Si vous travaillez professionnellement avec CorelDRAW et si la restitution correcte des couleurs est un impératif pour vous, reportez-vous à des ouvrages spécialisés.

6.2 Le petit lexique de l'impression

Les possibilités d'impression de vos fichiers graphiques sont multiples et variées. Il peut s'agir d'une impression sur votre imprimante de bureau, opération relativement simple, mais aussi d'une impression profession-nelle réalisée par un imprimeur, avec transmission des fichiers. Cet impri-meur fabriquera à partir de vos fichiers des films qui serviront ensuite à la création de plaques. Dans cette section, vous découvrirez les notions de base de la technique d'impression, notions qui vous permettront de mieux contrôler le résultat final et d'éviter les erreurs.

Les problèmes de couleur

Le spectre des couleurs visibles est très vaste. La façon dont les couleurs sont créées est fonction du périphérique et de son système chromatique.

Les moniteurs et les téléviseurs créent leurs couleurs au moyen du système additif RVB, les imprimantes par contre utilisent le système soustractif CMJN. Du fait des contraintes techniques liées à la création des couleurs, chaque périphérique dispose de son propre espace chromatique, c'est-à-dire la partie du spectre qu'il est capable de restituer.

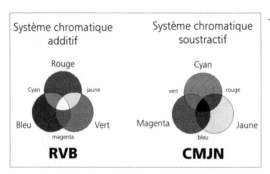

◄ *Fig. 6.6 :*
Les deux systèmes chromatiques de base

Du point à l'image

Tout ce que vous voyez, c'est un ensemble de couleurs avec des caractéristiques précises. Grâce aux différentes valeurs de couleur naissent les contrastes et les formes. Pour un document imprimé, cela signifie que les diverses teintes de l'image doivent être créées par des valeurs différentes de luminosité et de saturation. Le problème est qu'avec une photo, par exemple, les teintes sont innombrables. Dans une imprimerie, il faudrait pratiquement un passage de couleur pour chacune d'elle, ce qui est techniquement et financièrement irréalisable. C'est pour cette raison que les teintes sont créées à partir de mélanges de quelques couleurs primaires. Le mélange n'est pas réalisé dans la machine d'imprimerie, mais sur le papier. D'innombrables petits points de couleurs sont combinés les uns aux autres, simulant la couleur du fait de l'incapacité de l'œil humain à distinguer les points à partir d'une certaine résolution.

Trame de demi-teinte

◄ *Fig. 6.7 : Dans l'agrandissement de gauche, la trame est nettement visible*

La cellule de demi teinte

Pour restituer les différentes valeurs de luminosité d'une couleur, les points de couleur sont imprimés dans des tailles différentes. Plus le point est gros, plus il occupe de surface et plus il est intense. Des points plus petits laissent transparaître le blanc du papier et la couleur devient pastel. La valeur de luminosité n'est obtenue que par mélange visuel des points de couleur imprimés et du blanc du papier. La taille du point de couleur est pilotée par des cellules de demi-teinte. Une cellule de demi-teinte se compose d'une matrice de pixels. Dans cette matrice, certains pixels sont colorés, d'autres restent blancs. Une cellule de trame en 16 x 16 pixels permet ainsi de restituer 256 tonalités de couleur.

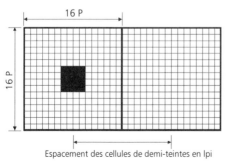

◄ *Fig. 6.8 : Deux cellules de demi-teinte côté à côte : chacune se compose d'une matrice de pixels dont certains sont colorés et d'autres ne le sont pas*

16 P

16 P

Espacement des cellules de demi-teintes en lpi

Les cousines : lpi et dpi

La cellule de demi-teinte est également appelée cellule de trame. La taille de cette cellule est exprimée en nombre de pixels. L'espacement des pixels médians des cellules est appelé linéature, elle est exprimée en lpi (Lines per inch). Cette linéature indique le nombre de cellules de trame par pouce. Il arrive également que cette linéature soit exprimée par rapport à un centimètre. On parle alors d'une trame de 60, correspondant à 60 cellules de trame pour un centimètre. Convertie en lpi, cette valeur correspond à 152 lpi. Et comme une cellule de trame est définie par un certain nombre de pixels, il est possible d'exprimer la même notion à partir d'une autre unité : dpi (dots per inch), c'est-à-dire le nombre de pixels par pouce, qui correspond en fait à la résolution du périphérique. La résolution dépend du type d'imprimante ou de flasheuse, sachant que des flasheuses ordinaires travaillent en 2 540 dpi : sur un centimètre de long, 2540 pixels sont imprimés. Pour l'impression d'une photo en 256 niveaux de gris, il faut faire appel à des cellules de trame de 16 x 16 pixels. Le nombre de cellules de trame est facile à calculer : résolution de périphérique (2 540) divisée par le nombre de pixels (16), soit, arrondi, 160 cellules de trame par pouce.

Résolution et profondeur de couleur

La résolution matérielle maximale est limitée techniquement, d'où la nécessité de trouver un juste compromis entre la résolution de l'image et le nombre de couleurs. Plus le nombre de cellules de trame est grand, plus la résolution est élevée et l'image nette. En contrepartie, le nombre de couleurs diminuera.

Trame en dpi

Le tableau suivant est un aperçu des paramètres de trame les plus courants. Si vous travaillez en collaboration avec un flasheur, il vous proposera certainement des résolutions allant jusqu'à 2540 dpi.

Tab. 6.1 : Les trames les plus courantes			
Résolution du périphérique	**Nombre de pixels par cellule de trame**	**Linéature**	**Nombre de couleurs**
300 dpi	4 x 4 Pixels	75 lpi = 29,5 Lignes par cm	16 Couleurs
300 dpi	8 x 8 Pixels	37,5 lpi = 14,8 Lignes par cm	64 Couleurs
600 dpi	4 x 4 Pixels	150 lpi = 59 Lignes par cm	16 Couleurs
600 dpi	8 x 8 Pixels	75 lpi = 29,5 Lignes par cm	64 Couleurs
1270 dpi	8 x 8 Pixels	158,75 lpi = 62,5 Lignes par cm	64 Couleurs
2540 dpi	8 x 8 Pixels	317,5 lpi = 125 Lignes par cm	64 Couleurs
2540 dpi	16 x 16 Pixels	158,75 lpi = 62,5 Lignes par cm	256 Couleurs

Linéature en centimètres

Ce tableau reprend les principales linéatures exprimées par centimètre. C'est la qualité du papier qui détermine en fait la finesse de l'impression.

Tab. 6.2 : Les linéatures exprimées en centimètre	
Linéature	**Utilisation**
20 - 30	Papier journal de grand format
34 - 40	Papier satiné
40 - 54	Papier surfacé
54 - 70	Papier pour impression d'art
70 - 200	Extrêmement rare

Le choix des couleurs

Il existe deux catégories de couleurs : les palettes de couleurs fixes et les palettes de couleurs personnalisées.

Les couleurs fixes

Les palettes de couleurs fixes sont fournies par des fabricants. Elles sont surtout utilisées lorsqu'il est question de restituer avec précision certaines teintes, par exemple pour le logo d'une entreprise. Même si le document ne contient qu'une ou deux couleurs, il est financièrement intéressant d'utiliser des couleurs fixes, car il ne faut que deux plaques. L'inconvénient est que la gamme des teintes est limitée. Dans CorelDRAW, vous trouverez un grand nombre de palettes de couleurs fixes. La plus connue sur le plan international est sans conteste le nuancier Pantone. Au besoin, demandez conseil à votre imprimeur quant au système le plus adapté. Dans les annexes, vous trouverez un tableau de conversion du nuancier HKS en composants CMJN. Il vous permettra de créer vos propres couleurs HKS, car ne nuancier n'existe pas dans CorelDRAW.

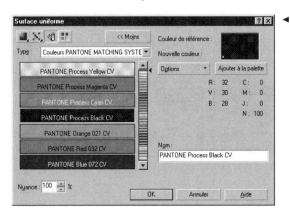

◄ *Fig. 6.9 :*
Les couleurs
fixes sont des
mélanges prêts
à l'emploi,
regroupées
dans des
nuanciers

Les couleurs personnalisées

Les couleurs personnalisées sont créées par mélange des trois couleurs primaires cyan, magenta et jaune. Grâce aux trames, ces trois couleurs permettent de créer une multitude de teintes. La couleur noire est imprimée en complément pour appliquer la profondeur requise aux images.

Couleurs personnalisées

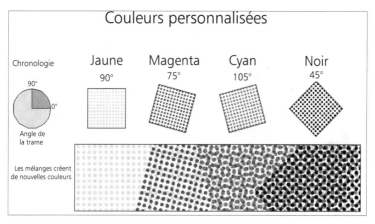

▲ *Fig. 6.10 : Le mélange des quatre couleurs primaires du système chromatique CMJN crée de nouvelles teintes personnalisées*

Remarque : Combinaisons des deux systèmes chromatiques

Il est tout à fait possible de combiner les deux systèmes, couleurs fixes et couleurs personnalisées dans une même image. Rappelez-vous simplement que chaque couleur fixe nécessite une séparation (voir section suivante), et donc une plaque d'impression spécifique. Ceci augmente souvent considérablement le coût de l'impression.

Séparations de couleurs

Lorsque l'image est créée avec CorelDRAW et qu'il est question de l'envoyer au flashage, les couleurs sont réduites en leurs composants de base. Pour chaque couleur primaire est créée une séparation spécifique. Avec le système CMJN, vous obtiendrez au total 4 séparations. À noter que chaque couleur fixe complémentaire nécessite une nouvelle séparation.

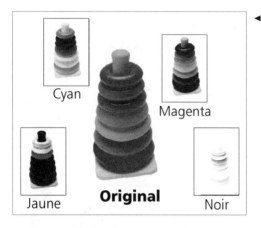

◄ Fig. 6.11 :
*Les séparations
de couleur pour les
quatre couleurs
primaires d'une
impression quadri*

Il faut une trame

Les points d'impression forment la trame. Pour chaque couleur primaire, il existe une trame spécifique matérialisée par une séparation. Pour éviter les effets de moiré indésirables, ces trames sont imprimées avec des angles différents. L'angle de chaque couleur est standardisé : cyan 105°, jaune 90°, magenta 75° et noir 0°.

6.3 En plus de tout ceci : recouvrement, évidement et surimpression

CorelDRAW se veut un outil graphique professionnel. À ce titre, il maîtrise les notions de recouvrement, évidement et de surimpression. Ces fonctions sont importantes lorsque le document est destiné à être envoyé à un imprimeur. Nous allons en voir le détail dans cette section.

Recouvrement de couleur

Lorsque les couleurs sont imprimées, elles sont superposées et il en résulte l'apparition de nouvelles teintes. La superposition de cyan et de magenta par exemple crée du bleu. Que faire alors si vous souhaitez imprimer un texte de couleur magenta sur un fond de couleur cyan ? Aux endroits de l'impression du magenta, il ne doit pas y avoir de cyan. On parle alors d'évidement. La chronologie d'impression veut que l'opération commence toujours par la teinte la plus claire (d'abord le jaune, puis le magenta, le cyan et enfin le noir), c'est toujours la couleur la plus sombre qui est évidée pour qu'elle ne soit pas surimprimée aux couleurs plus claires.

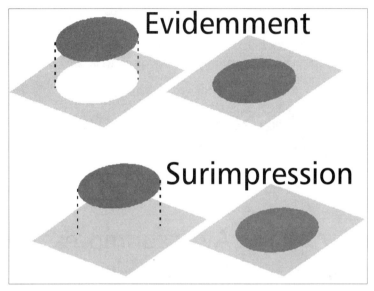

▲ *Fig. 6.12 : La différence est considérable. Selon que vous utilisiez l'évidement ou la surimpression, vous obtiendrez des couleurs différentes.*

Black is black

La couleur noire joue un rôle particulier dans ce schéma. Le noir est toujours surimprimé aux autres couleurs, car ici un évidement n'a aucun intérêt : le noir ne peut pas devenir plus sombre.

Surimpression

Le recouvrement de couleur est nécessaire pour compenser un mauvais positionnement de couleur. Ce phénomène se produit lorsque les plaques d'impression utilisées pour imprimer chaque couleur, appelées séparations de couleurs, ne sont pas parfaitement alignées. Du fait de la très haute vitesse des machines d'impression modernes, ce problème n'est pas rare. Un mauvais positionnement de couleur provoque l'apparition de zones blanches entre les couleurs. Pour éviter ces zones blanches, il y a lieu de superposer volontairement les couleurs en les faisant légèrement déborder de leurs limites.

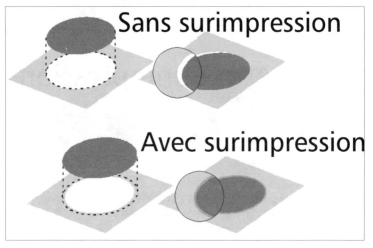

▲ *Fig. 6.13 : Sans recouvrement, des zones blanches apparaissent à la jonction des couleurs*

Qu'en est-il dans CorelDRAW

CorelDRAW propose diverses possibilités dans ce domaine.

Avec le menu contextuel

Le menu contextuel permet de surimprimer de manière ciblée certains objets.

1. À l'aide de l'outil **Sélecteur**, cliquez avec le bouton droit de la souris sur l'objet qui requiert un recouvrement de couleur, pour ouvrir le menu contextuel.

2. Cliquez sur **Surimprimer la surface** et **Surimprimer le contour** ou les deux.

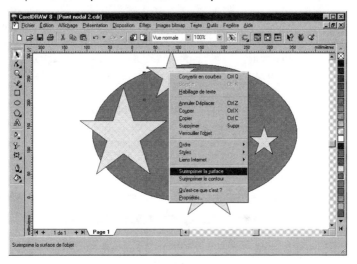

▲ *Fig. 6.14 : Le menu contextuel permet de définir si un objet doit être surimprimé*

3. Avec la commande **Surimprimer la surface**, les parties masquées des objets sont imprimées lorsqu'elles se trouvent sous la surface de l'objet surimprimé, elles ne sont pas évidées. Avec **Surimprimer le contour**, les parties masquées des objets sont imprimées lorsqu'elles se trouvent sous le contour de l'objet surimprimé. Ces commandes ne sont disponibles que si l'objet en question dispose d'un contour et d'un remplissage.

Dans la boîte de dialogue Impression : Recouvrement automatique

Dans cette boîte de dialogue, vous attend un onglet permettant de régler d'une manière générale les couleurs à surimprimer.

> *Remarque : Les options de la boîte de dialogue Impression*
>
> Pour paramétrer sur un plan général le recouvrement dans cette boîte de dialogue, il faut au préalable avoir sélectionné une imprimante prenant en charge cette fonction. S'il est simplement question de préparer l'impression en vue d'un flashage ultérieur, je vous conseille d'installer la Linotronic à partir de la version 300. Ce pilote se trouve sur le CD de Windows 95. Inutile de disposer réellement du périphérique, la seule installation de son pilote fait l'affaire. Vous imprimerez ensuite dans un fichier et transmettrez le fichier d'impression à votre imprimeur. Prenez contact avec ce dernier pour savoir quel matériel il utilise et demandez-lui au besoin de vous fournir le pilote adéquat.

1. Appelez la commande **Fichier/Imprimer**. La présentation de la boîte de dialogue peut varier en fonction du modèle d'imprimante installé.

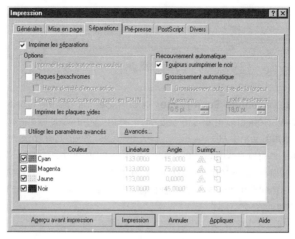

▲ *Fig. 6.15 : L'onglet Séparations*

2. Après avoir sélectionné l'imprimante dans le champ *Nom* de l'onglet **Général**, vous passerez à l'onglet **Séparations**. Activez la case *Toujours surimprimer le noir*. Ceci a pour effet de superposer aux couleurs d'arrière-plan toutes les couleurs composées d'au minimum 95 % de noir. Les couleurs du dessous ne seront donc pas évidées. Si vous travaillez avec du texte, cette fonction est précieuse.

3. En activant la case *Grossissement automatique*, les objets sont automatiquement affectés de traits de contour surimprimés sur les couleurs d'arrière-plan. Si vous cochez en plus la case *Grossissement auto. fixe de la largeur*, CorelDRAW pilote lui-même la surimpression. Plus la couleur est sombre, plus le trait de contour sera mince. Avec des couleurs claires, la largeur du trait de contour augmente, jusqu'à atteindre la valeur définie dans le champ *Maximum*. Cette valeur est un maximum que le programme ne pourra en aucun cas dépasser.

4. L'activation de la case *Grossissement auto. fixe de la largeur* a pour effet d'appliquer aux objets surimprimés un contour de largeur fixe.

6. Dans ce cas, le champ *Maximum* devient *Largeur*, permettant ainsi de définir la largeur fixe de ces contours.

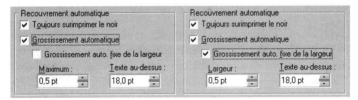

▲ *Fig. 6.16 : Les deux variantes, selon que Grossissement auto. fixe de la largeur est activé ou non*

7. Le champ *Texte au-dessus* permet de déterminer à partir de quelle taille de caractères, il y a lieu d'affecter aux caractères de texte un récouvrement. Attention : avec des petites tailles, le texte a rapidement tendance à former des pâtés.

> *Remarque : Surimpression sans contour*
>
> La surimpression des objets requiert une absence de trait de contour.
> Le recouvrement automatique ne peut être appliqué que s'ils sont
> remplis d'une couleur. Avec des dégradés, des motifs ou des textu-
> res, cette fonction est inapplicable. Si un objet est déjà doté de
> l'attribut "surimpression", appliqué par exemple par le menu contex-
> tuel, le recouvrement ne fonctionne pas non plus.

Surimprimer des couleurs individuelles

Dans cette boîte de dialogue **Impression**, vous avez également possibilité
de sélectionner des couleurs individuelles qui seront surimprimées. Il s'agit
ici des couleurs de séparation. La condition pour cela est de créer
effectivement des séparations.

1. Appelez la commande **Fichier/Imprimer** et passez à l'onglet **Séparations**.

2. Cochez la case *Imprimer les séparations* pour que devienne active la
    rubrique *Utiliser les paramètres avancés*.

3. Cochez cette case *Utiliser les paramètres avancés* et cliquez sur le
    bouton **Avancés**.

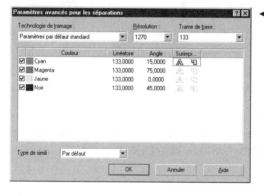

◄ *Fig. 6.17 :*
Les couleurs
primaires à
surimprimer
peuvent être
sélectionnées
dans cette boîte
de dialogue,
avec distinction
entre texte et
graphique

4. En cliquant sur le symbole de texte de la colonne Surimpression, seul le texte dans la couleur concernée sera surimprimé, à l'exclusion des objets graphiques.

5. Un clic sur le symbole graphique surimprime les lignes et les formes dans la couleur concernée.

Afficher les surimpressions

Si vous créez des objets dans CorelDRAW et leur affectez une surimpression du contour ou de la surface, rien ne vous permet en principe de distinguer cette caractéristique en regardant l'objet à l'écran. Grâce à un mode d'affichage spécial, la version 8 permet enfin de distinguer les objets concernés par les surimpressions.

1. Appelez la commande **Outils/Options**.

2. Double-cliquez sur la commande **Espace de travail**.

3. Cliquez sur la commande **Général**. La boîte de dialogue propose plusieurs options de pilotage de l'affichage, bien qu'il existe un onglet spécial pour les paramètres d'affichage.

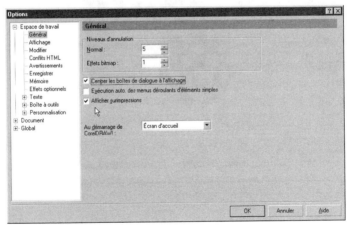

▲ *Fig. 6.18 : En cochant la case Afficher surimpressions,*
les objets surimprimés sont repérables

4. Cochez la case *Afficher surimpressions*.

5. Validez par OK. Tous les objets avec surimpression de surface sont remplis de blanc avec de petits carrés noirs. Les objets avec surimpression conjointe de surface et de contour sont pour leur part remplis de noir avec des petits carrés blancs.

> *Remarque : La surimpression ne concerne que les objets placés au-dessous*

Un objet n'est surimprimé que sur les objets placés sous lui dans l'ordre de superposition. Veillez à cet ordre de superposition, ainsi qu'à l'ordre des plans.

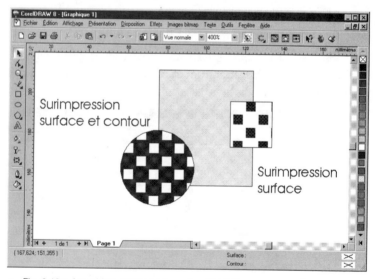

▲ *Fig. 6.19 : Les objets surimprimés sont matérialisés par ces remplissages si vous avez activé l'affichage des surimpressions*

6.4   L'aperçu avant impression

Une impression ratée n'est pas seulement un gâchis de toner et de papier, c'est également une perte de temps et du mécontentement. Épargnez-vous ces tracas en travaillant avec l'aperçu avant impression. Passez en aperçu avant impression pour obtenir une vision claire de ce que sera le résultat de l'impression sur papier. C'est un moyen de procéder rapidement aux modifications et corrections de dernière minute. En aperçu avant impression, vous avez possibilité de paramétrer toutes les options techniques relatives à l'impression.

L'aperçu avant impression dans votre application

En fonction de l'imprimante installée et sélectionnée, l'affichage de l'aperçu avant impression peut varier grandement. CorelDRAW essaie de restituer une image aussi fidèle que possible du résultat imprimé, mais cette bonne volonté est tempérée par des considérations techniques évidentes, puisque le moniteur affiche les couleurs en système RVB alors que l'imprimante réelle les restitue par le système CMJN. Mais à part ce point, l'aperçu avant impression est d'une grande fidélité.

Dans CorelDRAW 8, une nouvelle commande est apparue dans le menu **Fichier** : **Préparation pour l'atelier de composition**. Cette commande appelle un assistant vous guidant dans la création du fichier à livrer à l'atelier de composition ou de flashage.

Appelez l'aperçu avant impression

1.   Pour accéder à l'aperçu, appelez la commande **Fichier/Aperçu avant impression**.

2.   L'interface change. La barre de menus est réduite au strict minimum, elle ne contient plus que les commandes ayant trait à l'impression. Deux nouvelles barres d'outils apparaissent également, elles aussi ne se rapportent qu'à l'impression.

3. Si vous avez activé l'impression des séparations, une barre d'onglet au bas de la fenêtre vous permettra de visualiser une à une les différentes séparations.

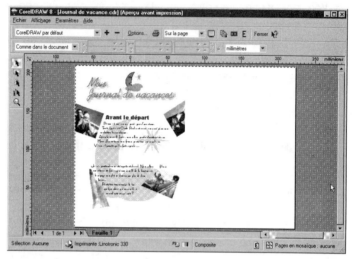

▲ *Fig. 6.20 : L'aperçu avant impression*

Quitter l'aperçu

Pour quitter l'aperçu avant impression, cliquez sur le bouton **Fermer** de la barre d'outils. Le programme vous renvoie ainsi à l'interface habituelle de CorelDRAW, dans laquelle vous pourrez procéder aux corrections éventuelles.

Configuration de l'impression

1. Dans le menu **Fichier**, appelez la commande **Configuration de l'impression**. Dans la boîte de dialogue ainsi ouverte, vous avez possibilité de sélectionner l'imprimante pour laquelle vous souhaitez simuler l'aperçu avant impression. En fonction du modèle choisi, l'affichage risque de changer sur un certain nombre de détails. Si vous avez par exemple opté pour un modèle laser noir et blanc, l'image ne sera affichée dans l'aperçu qu'en niveaux de gris. Avec une imprimante à jet d'encre couleur, par contre, l'aperçu présente le document avec ses couleurs effectives.

2. Le bouton **Propriétés** permet d'accéder aux propriétés spécifiques de l'imprimante retenue.

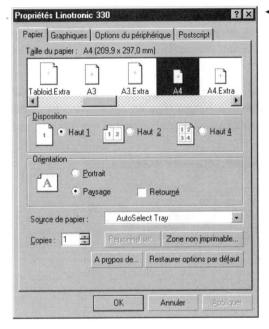

◄ *Fig. 6.21 :*
Toutes les
propriétés de
l'imprimante

3. Cliquez sur le bouton OK pour valider les options. La boîte de dialogue des propriétés se referme et vous ramène à la configuration de l'impression.

4. Un clic sur OK ferme là aussi la boîte de dialogue **Configuration de l'impression** et vous revoici à l'espace de travail de CorelDRAW. Vous venez de sélectionner un périphérique de sortie et avez défini ses propriétés.

Définition des options d'impression

La boîte de dialogue **Options d'impression** propose d'autres options relatives à la sortie sur papier de votre graphique CorelDRAW. Notez que les options qui vous y sont proposées peuvent varier en fonction de l'imprimante sélectionnée.

1. Si vous n'êtes pas en aperçu avant impression, appelez la commande **Fichier/Aperçu avant impression**. Dans le menu **Paramètres**, cliquez sur la commande **Généraux**.

2. Vous voici devant la boîte de dialogue **Options d'impression** et son onglet **Générales**. Sur l'onglet **Mise en page** sont rassemblées les options concernant le papier et les feuilles, par exemple la position de l'image dans la page.

◄ *Fig. 6.22 : L'onglet Mise en page de la boîte de dialogue Options d'impression*

3. Sur l'onglet **Séparations**, vous pourrez définir les paramètres d'impression des séparations de couleur. Les options présentées sur cet onglet dépendent essentiellement de l'imprimante choisie, nous les avons abordées au cours de la section précédente.

4. Un clic sur le bouton **Avancés** permet d'accéder aux paramètres avancés de séparation. Vous y trouverez par exemple la possibilité de déterminer la résolution du périphérique d'impression.

5. Dans le bas de cette boîte de dialogue vous attendent les couleurs primaires. Notez que si vous avez appliqué à votre graphique des couleurs fixes, tirées par exemple du nuancier Pantone, chacune de ces couleurs fera l'objet d'une séparation spécifique. Si la case, devant le nom d'une couleur, est cochée, cela signifie que cette séparation doit être imprimée.

6. Sélectionnez une couleur d'un clic de souris : vous pourrez ainsi modifier sa linéature ou son angle de trame (pour cet angle, notez que l'angle par défaut est standardisé et que vous n'aurez probablement jamais à y toucher).

7. Dans la colonne *Surimpression*, vous pourrez, d'un clic de souris sur l'un des deux symboles, activer ou désactiver la surimpression pour le texte et/ou les objets graphiques. Cette possibilité est à ne pas négliger, surtout pour le texte.

8. L'onglet **Divers** de la boîte de dialogue des options d'impression offre d'autres paramètres, par exemple le nombre d'étapes pour les dégradés. Si vous avez utilisé des dégradés dans vos graphiques, conservez la valeur *256* dans ce champ.

◄ *Fig. 6.23 :*
L'onglet Divers

10. Dans la rubrique **Options d'épreuve**, il est possible d'exclure de l'impression certains types d'objets. Ne sont imprimés et affichés dans l'aperçu avant impression que les types cochés.

11. Activez la case *Ajuster les marques d'imprimante et la mise en page à la page* : cette option a pour effet d'afficher les marques dans l'aperçu avant impression. Ces marques sont définies sur l'onglet **Pré-presse**.

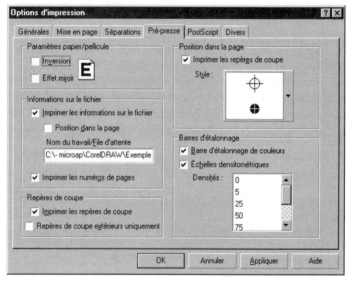

▲ *Fig. 6.24 : L'onglet Pré-presse*

12. Un clic sur le bouton OK valide les options ainsi définies.

13. Les boutons de la barre des propriétés *Emplacement des marques* permettent d'ajouter, de supprimer ou de positionner des marques d'imprimante. Si la case *Ajuster les marques d'imprimante et la mise en page à la page* a été cochée dans les options d'impression, ces marques apparaîtront en aperçu.

Voici une vue d'ensemble des options de Pré-presse.

Tab. 6.3 : Les options de Pré-presse	
Fonction	**Description**
Informations de fichier	Les informations sur le fichier ne se limitent pas au nom du fichier et à la date de création, elles comprennent aussi le numéro de plaque de séparation de couleur.
Numéros de page	Les numéros de page sont utiles lorsque vous assemblez un document dans lequel les pages ne sont pas numérotées.
Repères de coupe	Les repères de coupe apparaissent dans les coins de l'image imprimée et représentent le format du papier. Ils servent d'indications pour le massicotage du papier. Cette option est importante si vous souhaitez positionner des graphiques jusqu'au bord de la feuille de papier. Pour cela, vous les positionnerez de telle manière à ce que ces éléments graphiques débordent de la page en vous basant sur ces repères de coupe. Lorsque les feuilles auront été massicotées, vous obtiendrez ainsi un résultat parfait.
Marques de repérage	Les marques de repérage sont imprimées sur chaque feuille d'une séparation de couleurs. Les marques de repérage sont indispensables pour aligner les plaques d'impression sur une presse couleur.
Barre d'étalonnage	Il s'agit de bandes de couleurs imprimées avec une illustration et servant à la vérification de la fidélité de restitution des couleurs de base individuelles. La barre d'étalonnage sert de référence pour étalonner l'écran afin qu'il affiche les couleurs telles qu'elles apparaissent à l'impression.
Échelle de densitomètre	Cette option est le pendant pour les images en niveaux de gris de la barre d'étalonnage des images en couleurs. Il s'agit d'une échelle de niveaux de gris imprimée sur chaque page d'une image pour aider à apprécier la fidélité, la qualité et la cohérence de la sortie.
Impression négative	Les images sur film produites par une photocomposeuse sont normalement des négatifs. Vous pouvez configurer votre impression pour produire des images négatives, avec inversion complète des couleurs. Pour une impression Offset, c'est un positif que vous devrez créer.

Tab. 6.3 :Les options de Pré-presse	
Fonction	**Description**
Émulsion au-dessus/ en dessous	Vous devez spécifier si vous souhaitez une face d'émulsion au-dessus ou en dessous. L'émulsion est un mélange sensible à la lumière que l'on applique en couche sur un film. En général, les types de reproduction courants requièrent une face d'émulsion au-dessus ou une face d'émulsion en dessous. L'impression avec une face d'émulsion au-dessous produit une image inversée. Pour une impression Offset, optez pour l'émulsion en dessous.

En route pour l'impression

L'impression proprement dite est très facile.

1. Si vous êtes en aperçu avant impression, cliquez sur le bouton **Fermer** pour revenir à CorelDRAW puis appelez la commande **Fichier/Imprimer**.

2. Dans la boîte de dialogue **Impression**, vous avez moyen de sélectionner l'imprimante à employer pour l'opération.

3. En principe, vous l'avez déjà sélectionnée au début de la préparation de l'impression. Rappelez-vous qu'en changeant d'imprimante, il vous faut revoir les options d'impression : celles-ci changent d'un modèle de périphérique à l'autre.

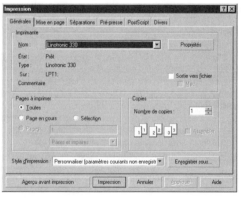

◄ *Fig. 6.25 : L'onglet Général de la boîte de dialogue Impression. Un clic sur le bouton Imprimer lance l'opération.*

4. Dans la rubrique *Pages à imprimer*, sélectionnez ce que vous souhaitez imprimer. Notez une option intéressante : *Sélection*. Elle permet de n'imprimer que les objets sélectionnés dans le document. Elle est souvent utilisée pour tester l'impression de tel ou tel objet.

5. En activant la case à cocher **Sortie vers fichier**, l'impression n'est pas envoyée à l'imprimante, mais redirigée dans un fichier. Ce fichier peut ensuite être transmis à l'imprimeur.

Impression multiple sur une même page

Si le format de la page de dessin est plus petit que le format de papier de l'imprimante (défini dans la boîte de dialogue **Configuration de l'impression**, après un clic sur le bouton **Propriétés**), il est possible d'imprimer plusieurs fois cette page de dessin sur une même feuille. C'est un bon moyen d'économiser le papier, mais il peut aussi avoir un autre intérêt : pensez par exemple à l'impression de cartes de visites.

Conditions

Nous l'avons évoqué précédemment, la page de dessin doit pour cela être sensiblement plus petite que la feuille de papier. À défaut, la page de dessin sera réduite automatiquement par le programme, ce qui risque de poser problème si certains éléments de l'image ne doivent pas être réduits, par exemple le texte qui deviendrait illisible du fait de la mise à l'échelle.

Préparation

Dans CorelDRAW 6 et 7

1. Appelez la commande **Fichier/Aperçu avant impression**.

2. Dans le menu **Paramètres**, cliquez sur la commande **Modifier le style de position**.

3. Dans la boîte de dialogue **Édition du positionnement**, définissez le nombre d'exemplaires de la page de dessin que vous souhaitez placer en ligne et en colonne, dans les champs **Rangées** et **Colonnes**.

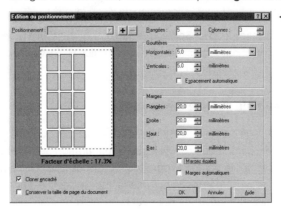

◄ *Fig. 6.26 :*
L'impression
multiple

4. Dans la rubrique *Gouttières*, vous attendent les champs *Horizontales* et *Verticales* par lesquels vous pourrez définir l'espacement entre les colonnes et les rangées de pages de dessin. La case *Espacement automatique* permet de laisser CorelDRAW fixer lui-même ces espacements.

5. Si la case à cocher *Marges automatiques* est activée, CorelDRAW définit tout seul les marges. En désactivant cette case, vous pourrez définir les marges à l'aide des quatre champs de saisie de la rubrique *Marges*.

6. La case *Cloner encadré* a pour effet d'imprimer effectivement plusieurs exemplaires de la page de dessin. Les encadrés dont il est question ici sont définis par le nombre des cellules formées par l'intersection des colonnes et des rangées. Laissez systématiquement cette case cochée si vous souhaitez imprimer plusieurs exemplaires.

7. *Conserver la taille de page du document* permet de conserver les dimensions originales de la page de dessin. Ne l'activez que si vous ne souhaitez pas que la page de dessin soit réduite.

8. Un clic sur OK valide l'ensemble de ces options et ferme la boîte de dialogue, l'aperçu avant impression affichant le résultat de ces options. Si le résultat vous convient, cliquez sur le bouton **Imprimer**.

CorelDRAW 8

1. Passez en aperçu avant impression par la commande **Fichier/Aperçu avant impression**.

2. Appelez ensuite la commande **Paramètres/Présentation**.

3. Sur l'onglet **Mise en page** de la boîte de dialogue **Options d'impression**, vous trouverez le champ *Disposition sur la page*. Ce champ propose une liste de dispositions prédéfinies couramment utilisées.

4. La zone de liste *Mise en page de la signature* permet de déterminer le nombre d'exemplaires sur la feuille imprimée.

5. Par les boutons de la boîte à outils et des barres d'outils, vous pourrez également définir une disposition personnalisée.

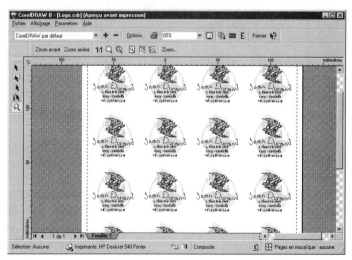

▲ *Fig. 6.27 : Une impression multiple dans CorelDRAW 8*

6.5 Trucs et astuces d'impression

Dans cette section, nous avons regroupé un certain nombre de trucs et d'astuces tirés de notre expérience quotidienne de CorelDRAW. Ils vous éviteront certainement de commettre quelques erreurs au départ.

Repères de coupe

Si vous souhaitez agencer votre page de dessin jusqu'au bord, je vous conseille de positionner les éléments placés sur les bordures de façon à ce qu'ils débordent de trois millimètres la bordure de la page. Le plus simple consiste à mettre en place des repères matérialisant les bordures de la page et de les doubler par des repères de débordement, puis de les utiliser pour positionner les objets. Par la suite, il vous suffira de demander l'impression des repères de coupe (extérieurs). Le petit tableau suivant indique la position des repères pour une page DIN A4 (l'origine des règles est placée dans le coin inférieur gauche de la page de dessin).

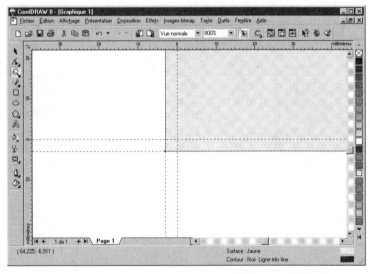

▲ *Fig. 6.28 :* *La couleur de surface doit remplir toute la page d'où la mise en place de repères extérieurs et débordement du rectangle*

Tab. 6.4 :Position des repères de page et de débordement		
Fonction	**Position du repère horizontal**	**Position du repère vertical**
Marge du bas	0,00 mm	–
Marge du haut	297,00 mm	–
Marge de gauche	–	0,00 mm
Marge de droite	–	210,00 mm
Repère de débordement du bas	– 3,00 mm	–
Repère de débordement du haut	300,00 mm	–
Repère de débordement de gauche	–	– 3,00 mm
Repère de débordement de droite	–	213,00 mm

Les polices de caractère

Les polices de caractères sont un sujet intéressant, à condition qu'elles soient correctement restituées à l'impression.

La sécurité avant tout : toujours incorporer les polices

Bien que l'option *Incorporer les polices à l'aide de TrueDoc (TM)* permettent de stocker les polices utilisées dans le graphique dans le même fichier, je vous conseille de copier séparément les fichiers de police sur le support que vous envoyez à votre imprimeur ou à l'atelier de composition. Les polices utilisées dans votre graphique et non installées sur le PC sont remplacées par une autre police. Ceci peut entraîner des modifications pas toujours très réussies dans la présentation.

Copier les polices de caractères

Admettons que vous commenciez par créer un dossier sur votre disque dur, dans le but d'y stocker tous les fichiers afférents au document CorelDRAW, le fichier CorelDRAW, les fichiers de police et les fichiers liés. À partir de ce dossier, vous pourrez tout copier sur un autre support en vue du transfert à l'imprimeur.

1. Lancez l'Explorateur de Windows 95 et créez un nouveau dossier.

2. Appelez la commande **Démarrer/Paramètres**.

3. Dans le sous menu, cliquez sur la commande **Panneau de configuration**.

4. Dans la fenêtre du Panneau de configuration, vous trouverez un dossier Polices. Double-cliquez dessus.

5. Dans cette boîte de dialogue sont affichées toutes les polices de caractères installées sur le PC. Par Glisser-déplacer ou par l'intermédiaire du Presse-papiers, vous pouvez ainsi copier les polices requises dans le nouveau dossier.

Ou les convertir en courbes

Une autre possibilité de contourner ou d'éviter les remplacements de polices consiste à convertir les textes en courbes. Par cette opération les caractères de texte sont convertis en courbes, ils ne sont donc plus du texte mais des formes géométriques.

Une conversion en courbes n'est cependant possible qu'avec un texte court.

1. Sélectionnez le texte artistique que vous souhaitez convertir.

2. Appelez la commande **Disposition/Convertir en courbes**.

Images bitmap importées

Il est fréquent d'importer des images bitmap dans les graphiques Corel-DRAW. Ces images peuvent provenir de CD ou résulter d'une numérisation. Si vous envisagez de faire flasher votre graphique CorelDRAW, il y a quelques points à respecter.

N'effectuez pas de mise à l'échelle dans CorelDRAW

Pour une impression correcte, il est impératif de connaître la résolution et la taille de l'image bitmap. Comme le nombre de points est toujours un paramètre fixe dans une image bitmap, toute modification de la taille entraîne automatiquement une réduction ou une augmentation de la résolution. Les deux ont une conséquence commune : une perte de qualité de l'image imprimée. En cas d'agrandissement, vous verrez apparaître l'effet d'escalier et en cas de réduction vous perdrez des informations de l'image.

C'est la résolution qui fait tout

Si l'objectif est une impression professionnelle de votre document Corel-DRAW, une résolution de 300 dpi est en principe suffisante. Prenez peut-être une marge de sécurité de 10 % et vous voici à 330 dpi : il me semble que c'est une valeur optimale. Presque toutes les images, photos et dessins que vous contemplez dans les journaux et les magazines ne vont pas au-delà d'une résolution de 330 dpi. La finesse de la résolution d'impression est en effet déterminée en grande partie par la flasheuse. En général, une image en une résolution plus haute verra son volume d'informations réduit au moment de l'impression, d'où encore une fois une perte de qualité de l'image. Avec une résolution physique (c'est-à-dire une résolution non interpolée par logiciel) de 300 dpi, même les scanners prévus pour une utilisation privée font parfaitement l'affaire pour numériser des images, inutile de chercher désespérément un scanner à tambour.

Résolution, taille et format de fichier

Que vous numérisiez une photo ou que vous chargiez une image depuis un CD, il est important que sa résolution, sa taille et son format de fichier soit correctement définis AVANT de l'importer dans CorelDRAW. Lors d'une numérisation, vous disposerez en général de paramètres permettant de fixer avec précision ces données. Il faut absolument éviter d'avoir à modifier la taille de l'image une fois qu'elle est en place dans CorelDRAW. Si une mise à l'échelle est impérativement requise, il vaut souvent mieux recommencer la numérisation et jouer sur les paramètres du scanner. Comme annoncé précédemment, je vous conseille une résolution de 300 dpi si vous envisagez une impression professionnelle. Si l'image n'est destinée qu'à l'affichage à l'écran, une résolution de 96 dpi est amplement suffisante.

En matière de format de fichier, pour une image destinée à l'imprimeur, vous utiliserez en principe le format TIFF. C'est lui qui offre la meilleure qualité et il est très largement répandu. Si l'image est destinée à une page Web, vous pouvez recourir au format JPEG ou GIF (limité à 256 couleurs). Pour les images provenant d'un CD, toutes les modifications seront entreprises dans un logiciel de retouche d'images.

Qualité d'affichage dans CorelDRAW

Rappelez-vous : le WYSIWYG n'est toujours qu'une tentative d'adapter au mieux l'affichage écran au résultat de l'impression. L'étalonnage évite bon nombre d'erreurs mais ne résout pas forcément tous les problèmes. L'affichage d'images bitmap est souvent problématique dans CorelDRAW et peut aboutir à des déviances. Une vérification précise ne peut être réalisée que par un professionnel.

Le dialogue assure la sécurité

Si vous optez pour une impression professionnelle, restez en contact quasi permanent avec votre imprimeur ou votre studio, et ceci aussi bien avant l'impression que pendant l'opération.

Liste de contrôle dans CorelDRAW 7 (uniquement versions 6 et 7)

CorelDRAW 7 propose une liste de contrôle reprenant tous les points à surveiller en cas d'impression professionnelle.

1. Vous avez possibilité d'imprimer cette liste en appelant la commande **Aide/Rubrique d'aide**.

2. Dans la boîte de dialogue d'aide, passez à l'onglet **Index** et tapez "Impression" dans le champ de saisie.

3. Dans la liste du bas de la boîte de dialogue, vous verrez apparaître les différentes rubriques d'aide concernant l'impression, parmi lesquelles se trouve la rubrique *Liste de contrôle*. Double cliquez sur cette entrée.

4. Cette rubrique se compose de deux pages. Passez à la seconde page et cliquez sur le bouton **Imprimer**.

7. Publication sur l'Internet : la page d'accueil

Avec CorelDRAW, il est possible d'agencer et de publier des pages Web. Toutes les fonctions de CorelDRAW sont à votre disposition à cet effet. Elles pallient les insuffisances des éditeurs Web traditionnels, qui proposent peu de fonctions de présentation.

Même si vous n'agencez pas de page Web, ce chapitre présente un intérêt. Vous pouvez mettre en œuvre les nouvelles fonctions qui y sont décrites pour réaliser d'autres types de graphiques. Elles ne sont pas réservées, loin de là, aux seuls amateurs de l'Internet !

Nous vous proposons l'exercice suivant : créer une page Web pour votre ami Jim Bouton, habitant loin du monde, sur une île déserte. Cette page d'accueil doit lui permettre de communiquer avec ses amis via l'Internet, malgré la distance qui les sépare.

7.1 Créer un gabarit

CorelDRAW rend possible la création de gabarits qui facilitent grandement la création de documents ; les documents créés à partir d'un gabarit présentent en fait les mêmes caractéristiques. Grâce aux gabarits, vous êtes déchargé d'opérations telles que la mise en page, le positionnement des repères, la création des plans, la création des éléments fixes (logo, adresse, etc.), la définition des paramètres de l'espace de travail (affichage des palettes, menus flottants, etc.). Lorsque vous créez un fichier sur la base d'un gabarit, toutes ces caractéristiques sont déjà définies ; vous pouvez passer immédiatement à la phase de conception.

Tout commence par un fichier ordinaire

Pour définir un gabarit, vous devez d'abord créer un fichier ordinaire et l'agencer à votre guise. Ensuite, enregistrez ce fichier dans un format spécial qui en fait un gabarit.

1. Créez un fichier CorelDRAW. Si vous chargez CorelDRAW, cliquez sur le bouton **Nouveau fichier** de l'écran de démarrage. Si CorelDRAW est déjà chargé, appelez la commande **Fichier/Nouveau**. Il existe une solution encore plus rapide : activez la combinaison de touches **Ctrl+N**. Le fichier ainsi créé est à l'image d'un gabarit par défaut : Coreldrw.cdt. La mise en page par défaut correspond à un format A4, en orientation Portrait.

Définition de la mise en page

Définissez la mise en page des pages Web, sachant que le format de page joue un rôle particulier. Profitez-en également pour fixer la couleur de l'arrière-plan.

Un format de page spécial

1. Appelez la commande **Présentation/Mise en page**.

2. Pour que votre page Web remplisse tout l'écran, affectez-lui une largeur de 270 mm et une hauteur de 150 mm. Grâce à ce format, la page est affichée en intégralité dans le navigateur Web. Comme l'affichage de la page Web est toujours fonction de la taille de l'écran, le tableau suivant reprend les principales mises en page.

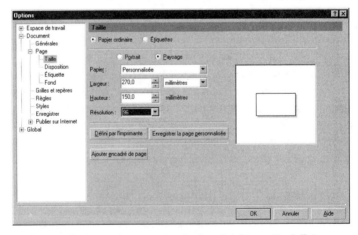

▲ Fig. 7.1 : Le format de page est particulier : il doit permettre l'affichage intégral de la page dans le navigateur

Tab. 7.1 : Tailles de page		
Résolution d'écran	**Largeur de page**	**Hauteur de page**
800 x 600	270 mm	150 mm
1024 x 768	350 mm	200 mm

Remarque : Les navigateurs

Les navigateurs sont des programmes spéciaux permettant de charger et d'afficher des pages Web.

Agencement du fond

L'étape suivante consiste à doter votre page d'un fond.

Dans CorelDRAW 6 et 7

1. Dans la boîte de dialogue **Mise en page**, cliquez sur le bouton **Ajouter encadré de page**. Il s'agit d'un rectangle créé automatiquement par CorelDRAW ; vous êtes libre de le formater à loisir, par exemple en lui appliquant une couleur de remplissage.

Dans CorelDRAW 8

1. Cliquez sur l'entrée *Fond* du volet de gauche de la boîte de dialogue, puis sur l'option *Uni* dans le volet de droite.

2. Pour appliquer une couleur de fond, cliquez sur le bouton **Couleur** : vous déroulez ainsi la palette. Sélectionnez la teinte requise.

3. Pour que cette couleur soit effectivement affichée dans le navigateur, cochez la case *Importer et exporter le fond*.

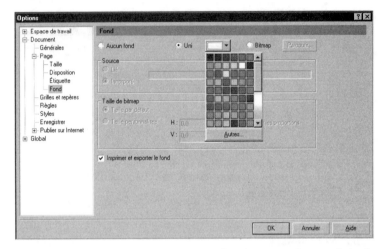

▲ Fig. 7.2 : Dans CorelDRAW 8, une nouvelle fonction permet d'exporter le fond

Mettre en place les repères

Ces repères sont indispensables. Comme l'objectif est d'enregistrer ce fichier comme gabarit, vous allez installer ces repères une fois pour toutes. Dans les fichiers créés à partir du gabarit en question, les repères seront déjà en place.

1. Appelez la commande **Présentation/Configurer les repères**. Dans la boîte de dialogue ainsi ouverte, installez les repères matérialisant les bordures de la page de dessin.

2. Sur l'onglet **Horizontale**, saisissez les positions de repère suivantes : 0 et 150. Cliquez sur le bouton **Ajouter**.

3. Sur l'onglet **Verticale**, définissez un repère à la position 0 (la bordure de gauche), à la position 50 (pour la future barre de navigation) et à la position 270 (bordure de droite).

◄ *Fig. 7.3 :
Obligatoires
et bien pratiques :
les repères*

4. Cochez impérativement la case **Repères magnétiques**, située dans la partie inférieure de la boîte de dialogue, faute de quoi les repères perdent leur intérêt. La case **Afficher les repères** reste cochée.

5. Cliquez sur le bouton OK. Les repères sont prêts à l'emploi.

Autres possibilités de paramétrage

CorelDRAW offre de nombreuses possibilités de paramétrage : par exemple, la définition de plans, l'insertion de graphiques. Dans cet exercice, limitez-vous à la mise en page et aux repères.

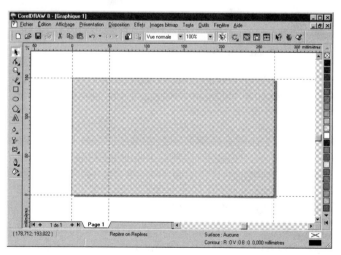

▲ *Fig. 7.4 : La page de dessin avec ses repères peut maintenant être enregistrée*

Enregistrer un gabarit

L'agencement de la page est terminé. Le moment est venu d'en faire un gabarit.

1. Appelez la commande **Fichier/Enregistrer sous**.

2. Dans la boîte de dialogue **Enregistrement de dessin**, cliquez sur le bouton fléché du champ *Type*. Parmi les nombreux formats de fichier proposés, cliquez sur l'entrée *CorelDRAW Template (CDT)*.

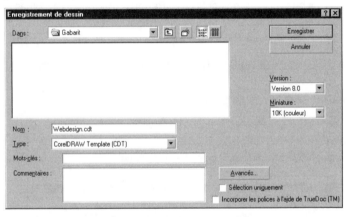

▲ *Fig. 7.5 : Les gabarits sont enregistrés en format Cdt*

3. Dans le champ *Nom*, donnez un nom expressif à votre gabarit : par exemple, `Webdesign`. Ne vous préoccupez pas de l'extension de fichier ; CorelDRAW s'en charge.

4. Une question se pose à propos du lieu de stockage de ce gabarit. Dans CorelDRAW, il existe un dossier par défaut pour les gabarits, dans lequel vous pouvez regrouper vos créations. Dans CorelDRAW 8, il s'agit du dossier \Corel\Graphics8\Draw\Gabarit. Dans les versions 6 et 7, il s'agit du dossier \Corel\Draw7\Draw\Template.

5. Cliquez sur le bouton **Enregistrer** et refermez le fichier de gabarit en sélectionnant la commande **Fichier/Fermer**. Vous venez d'enregistrer un gabarit à partir duquel vous pouvez créer des fichiers.

7.2 Créer un fichier à partir d'un gabarit

Vous allez à présent découvrir l'intérêt d'un gabarit. En quelques clics de souris, il est possible de créer un fichier doté dès le départ de tous les paramètres définis dans le gabarit.

Comment procéder ?

La création d'un fichier à partir d'un gabarit peut être réalisée de deux façons : soit vous faites appel à un assistant de gabarit, soit vous effectuez l'opération manuellement. Dans cet exercice, opterez pour la seconde solution : elle est plus simple et plus fiable.

1. Appelez la commande **Fichier/Ouvrir**.

2. Dans la boîte de dialogue **Ouverture de dessin**, sélectionnez l'entrée *CorelDRAW Template (CDT)* dans le champ *Type*.

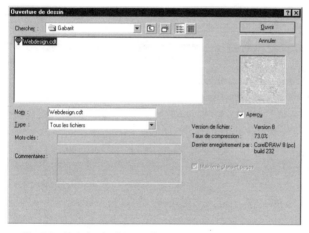

▲ *Fig. 7.6 : La boîte de dialogue Ouverture de dessin, où figure votre gabarit*

3. Dans la zone de liste *Chercher,* localisez le dossier dans lequel vous avez rangé le gabarit Webdesign.

4. Cliquez ensuite sur le fichier Webdesign, puis sur le bouton **Ouvrir**.

5. La boîte de dialogue **OuvrirWebdesign.cdt** s'ouvre. Elle propose deux options : créer un fichier basé sur ce gabarit ou ouvrir le fichier de gabarit pour le modifier. Sélectionnez la première option : *Nouveau à partir du gabarit*.

◄ *Fig. 7.7 :*
Choisissez entre créer
un nouveau fichier ou
modifier le gabarit

6. Dans la partie inférieure de la boîte de dialogue figure la case à cocher *Avec le contenu*. Désactivez-la si vous souhaitez créer un fichier à partir d'un modèle contenant des objets graphiques qui ne vous intéressent pas : ces objets n'apparaissent pas dans le nouveau fichier. Comme vous souhaitez récupérer le fond de votre gabarit, conservez la coche. Cliquez sur le bouton OK.

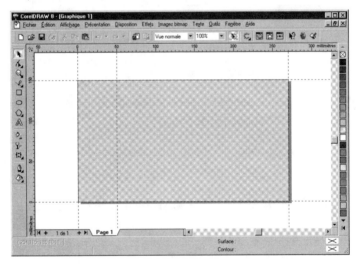

▲ *Fig. 7.8 : Le nouveau fichier correspond trait pour trait au gabarit*

7.3 Créer et sélectionner une palette de couleurs personnalisée

Dans les exercices précédents, vous avez travaillé avec la palette par défaut de CorelDRAW. Activez la commande **Affichage/Palette de couleurs** pour obtenir la liste de palettes prédéfinies auxquelles vous pouvez faire appel. Vous allez à présent créer une palette personnalisée. Une telle palette facilite la sélection des couleurs et l'accès à des couleurs personnalisées.

Créer une palette de couleurs

La procédure de création d'une palette varie selon les versions du programme.

Dans CorelDRAW 6 et 7

1. Cliquez sur l'outil **Surface**, puis sur le bouton **Boîte de dialogue Couleur de surface** dans le menu contextuel.

◄ *Fig. 7.9 :*
Dans CorelDRAW 6 et 7,
appelez la boîte de dialogue
Couleur de surface

2. Comme vous n'avez encore rien sélectionné dans le document Corel-DRAW, la boîte de dialogue **Surface uniforme** s'ouvre : le système vous demande d'indiquer le type d'objet pour lequel vous souhaitez modifier les paramètres par défaut. Cette question est sans rapport avec la création de votre palette ; cliquez donc sur le bouton OK pour accéder à la boîte de dialogue **Couleur de surface**.

3. Cliquez sur le petit bouton fléché placé dans la partie inférieure droite de la boîte de dialogue, de manière à afficher les options de palette.

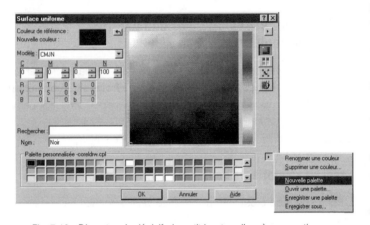

▲ *Fig. 7.10 : Discret mais décisif : le petit bouton d'accès aux options de palette*

4. Dans le menu ouvert, cliquez sur la commande **Nouvelle palette**.

5. La boîte de dialogue **Nouvelle palette** s'affiche. Indiquez le nom de votre palette personnalisée : par exemple, Webdesign.

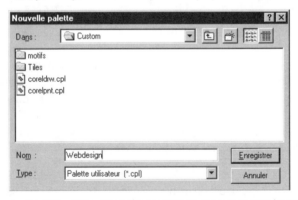

▲ *Fig. 7.11 : Dans cette boîte de dialogue, donnez un nom à votre palette*

6. Ne vous souciez pas du type de fichier ni de sa localisation ; conservez les paramètres par défaut et validez en cliquant sur **Enregistrer**.

7. La boîte de dialogue **Surface uniforme** est de nouveau active ; dans la partie inférieure de cette boîte figure une rubrique *Palette personnalisée - Webdesign.cpl.* Pour l'instant, cette rubrique est vide. Quatre boutons correspondant aux options **Modèles de couleurs**, **Palettes**, **Mélangeur de couleurs** et **Zone de mélange** sont affichés à droite dans la boîte de dialogue. Cliquez sur le bouton **Mélangeur de couleurs**.

◄ *Fig. 7.12 :*
Ces quatre boutons permettent
de sélectionner divers procédés
de définition des couleurs

8. Vous avez le choix entre divers modèles et types de systèmes chromatiques. Choisissez le système RVB.

9. Cliquez sur l'un des témoins de couleur à droite pour sélectionner une couleur. Cette couleur s'affiche dans la zone *Nouvelle couleur.*

10. Au besoin, donnez un nom à cette couleur dans le champ *Nom.*

11. Pour ajouter la couleur sélectionnée à la palette personnalisée, cliquez sur le champ *Nouvelle couleur* en maintenant le bouton gauche de la souris enfoncé, puis en faisant glisser le pointeur sur la zone vierge située dans la partie inférieure de la boîte de dialogue.

▲ *Fig. 7.13 : Il suffit de déplacer la nouvelle couleur de la zone Nouvelle*
couleur vers la rubrique située dans la partie inférieure de la
boîte de dialogue

12. Le curseur se transforme en un point noir. Lorsque le bouton de la souris est relâché, la couleur prend place dans la palette.

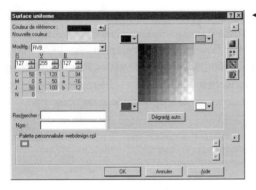

◄ *Fig. 7.14 :*
La couleur choisie
fait désormais
partie de la
nouvelle palette
personnalisée

13. Lorsque la palette est suffisamment pourvue en couleurs, cliquez sur le bouton des options de palette ; dans le menu ouvert, activez la commande **Enregistrer une palette**.

14. Fermez la boîte de dialogue **Surface uniforme**. Cliquez sur OK pour revenir à l'espace de travail.

Dans CorelDRAW 8

1. Appelez la commande **Éditeur de palettes** dans le menu **Outils**.

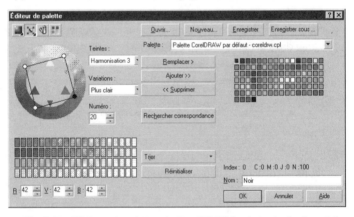

▲ *Fig. 7.15 : L'éditeur de palettes de CorelDRAW 8 est plus facile d'emploi et plus convivial*

2. Cliquez sur le bouton **Nouveau**. Dans la boîte de dialogue **Nouvelle palette**, définissez le nom et la localisation de cette nouvelle palette. Par défaut, le dossier proposé est Custom.

3. Saisissez un nom dans le champ *Nom* : par exemple, `Webdesign` (ne mentionnez pas d'extension, CorelDRAW s'en charge). Cliquez sur le bouton **Enregistrer**.

4. L'éditeur de palettes est de nouveau actif. Votre nouvelle palette est affichée, même si elle est encore vide. Choisissez les couleurs en utilisant les boutons **Mélangeurs**, **Palettes fixes** et **Palettes person-nalisées**. En fonction du bouton activé, la boîte de dialogue change d'aspect. Activez à présent le bouton **Mélangeurs**.

5. Cliquez sur une couleur dans la partie inférieure de la boîte de dialo-gue, puis sur le bouton **Ajouter**. La couleur sélectionnée est immédia-tement ajoutée à la nouvelle palette personnalisée.

6. Pour donner un nom à cette couleur, cliquez sur le témoin de couleur de la palette en cours de création : le témoin prend alors l'aspect d'un bouton enfoncé. Notez la différence entre un bouton enfoncé et un bouton qui ne l'est pas.

7. Lorsque la couleur est sélectionnée, saisissez son nom dans le champ *Nom*. Il n'y a rien à valider. Vous pouvez à présent ajouter une nouvelle couleur à la palette. Lors de la saisie du nom de la couleur, veillez simplement à ce que le bouton témoin soit enfoncé.

8. Lorsque la palette est suffisamment fournie, cliquez sur le bouton **Enregistrer**, puis sur le bouton OK pour fermer la boîte de dialogue.

Sélection d'une palette

La nouvelle palette n'est pas encore affichée à l'écran. Pour qu'elle le soit, il faut d'abord la sélectionner.

1. Dans CorelDRAW 6 et 7, appelez la commande **Affichage/Palette de couleurs** et cliquez sur la commande **Charger couleurs personnali-sées**. Dans CorelDRAW 8, appelez la commande **Affichage/Palette**

de couleurs. Dans le sous-menu, cliquez sur la commande **Charger une palette**.

3. Dans CorelDRAW 6 et 7, la boîte de dialogue **Ouverture de palette** s'ouvre ; sélectionnez la palette personnalisée que vous souhaitez afficher, puis cliquez sur le bouton **Ouvrir**.

◀ *Fig. 7.16 :*
Dans CorelDRAW 6
et 7, cette boîte de
dialogue s'affiche

CorelDRAW 8 propose un menu fixe. Dans ce menu, cliquez sur la palette de votre choix, en l'occurrence Webdesign, puis sur le bouton marqué d'un X, situé dans le coin supérieur droit. Le menu fixe se ferme.

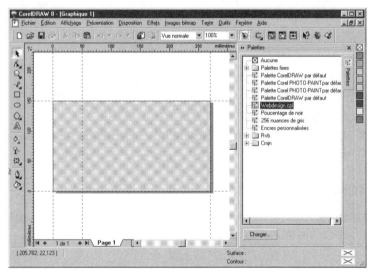

▲ *Fig. 7.17 : Le menu fixe dans CorelDRAW 8*

Modifier la palette

Vous pouvez modifier à tout moment la palette : appelez la boîte de dialogue **Surface uniforme** ou l'éditeur de palettes, effectuez les changements qui s'imposent, puis cliquez sur le bouton **Enregistrer**.

7.4 La barre de navigation

La barre de navigation fait partie des éléments importants d'une page Web. Elle se compose en principe de boutons en forme de petits graphiques, quelquefois décorés de textes. Il suffit de cliquer sur l'un de ces objets pour accéder à d'autres pages Web par l'intermédiaire de liens hypertextes. De cette façon, vous passez facilement et rapidement d'une page à l'autre, vous parcourez rapidement une longue page Web qui ne peut être affichée en totalité à l'écran.

Créer des boutons

Le CD-ROM de cliparts qui accompagne CorelDRAW propose des boutons. Il faut les importer et adapter leur présentation. Il existe une autre solution : créer ses propres boutons. À cet effet, procédez comme suit :

1. Activez l'outil **Ellipse** et dessinez un cercle en enfonçant en même temps la touche **Ctrl**.

2. Appelez le menu flottant **Surface spéciale** ; sélectionnez un remplissage de type dégradé et optez pour un dégradé concentrique (Voir Fig. 7.18).

3. Cliquez dans la zone de prévisualisation du menu flottant ; vous pouvez déplacer le point central du dégradé dans le coin supérieur gauche pour renforcer l'effet de reflet de lumière.

4. Pour sélectionner les couleurs du dégradé, recourez aux deux boutons de couleur du menu flottant.

5. Comme le cercle est toujours sélectionné, cliquez sur le bouton **Appliquer** du menu flottant : le cercle est maintenant doté du dégradé. Si l'effet "boule" n'est pas assez réaliste, déplacez éventuellement le point du reflet dans le menu flottant et appliquez le dégradé modifié.

6. Supprimez le contour du cercle en cliquant avec le bouton droit de la souris sur la case marquée d'un X et située dans la palette des couleurs.

7. Appuyez sur la combinaison de touches **Ctrl+D** pour créer des duplicata de ce cercle. Appliquez-leur d'autres couleurs de dégradé en utilisant le menu flottant. Créez ainsi trois boutons.

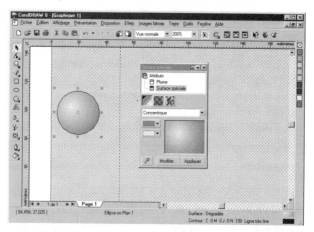

▲ Fig. 7.18 : Si vous appliquez un dégradé, le cercle devient une boule

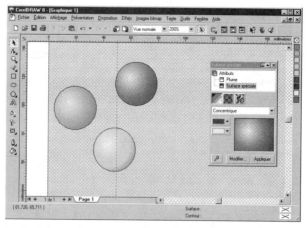

▲ Fig. 7.19 : Trois boutons créés par duplication

Disposer les boutons

Pour positionner facilement les trois boutons, utilisez la boîte de dialogue **Aligner et distribuer**.

1. Sélectionnez la taille voulue pour les trois cercles et alignez-les grossièrement le long du bord gauche de la page de dessin.

2. Maintenez la touche **Maj** enfoncée et cliquez successivement sur les trois boutons. Ils sont à présent sélectionnés. Appelez la commande **Alignement et distribution**.

3. Sur l'onglet **Alignement**, cliquez sur la case *Gauche*. Sur l'onglet **Distribution**, cliquez sur la case *Espacement* (entre *Centre* et *Bas*, c'est-à-dire dans l'axe vertical).

4. Cliquez sur le bouton OK : les boutons sont parfaitement distribués et alignés.

Légende de boutons

Pour que les visiteurs de cette page Web connaissent les actions de ces trois boutons, il faut les accompagner d'une légende.

1. Activez l'outil **Texte** ; cliquez dans la page de dessin et saisissez les trois légendes suivantes : `Locomotives`, `Livre d'or` et `E-mail`.

2. Formatez ces textes à votre guise. Optez par exemple pour la police Snips ITC.

3. Vous devez maintenant positionner les textes. Placez grossièrement les textes à droite des boutons, puis alignez-les à gauche avec la boîte de dialogue **Aligner et distribuer**. Cochez la case *Gauche* et validez par OK.

4. Pour positionner les textes en regard des boutons, cliquez d'abord sur la légende, puis enfoncez la touche **Maj** et cliquez sur le bouton adéquat. Activez la commande **Alignement et distribution** et cliquez sur la case *Centre* (entre *Haut* et *Bas*). Validez par OK. Répétez l'opération pour les autres paires légende-bouton.

5. Associez ensuite chaque texte avec le bouton correspondant.

▲ *Fig. 7.20 : Les boutons dotés de leur légende*

Affecter des liens hypertextes

Un lien hypertexte est un lien pointant vers une autre page Web ou vers un endroit précis de la même page Web. Les boutons deviennent véritablement fonctionnels quand un lien hypertexte leur est affecté.

1. Appelez la commande **Affichage/Barre d'outils**.

2. La boîte de dialogue **Options/Personnalisation** s'ouvre. Cochez l'option *Objet Internet* et cliquez sur OK : la barre d'outils *Objets Internet* s'affiche.

▲ *Fig. 7.21 : Avec cette barre d'outils, vous pouvez convertir des textes et des objets graphiques en liens hypertextes*

3. Sélectionnez le premier bouton de la barre de navigation, plus précisément celui du haut. Ce bouton étant associé à sa légende, le cadre de sélection entoure les deux objets. Dans la barre d'outils, les contrôles, zones de liste et boutons deviennent actifs.

4. Cliquez sur la zone de liste *Chemin URL* et saisissez l'adresse de la page cible du lien, sachant que chaque page Web dispose d'une adresse qui lui est propre. Pour ouvrir une page (fictive) nommée "locomotives", entrez l'adresse `http://www.jim-bouton.fr/locomotives.htm`. Nous reviendrons plus avant sur l'interprétation de cette adresse.

▲ *Fig. 7.22 : Un lien hypertexte est affecté au groupe d'objets sélectionné*

5. Dans le champ *Texte de remplacement URL*, saisissez le texte `locomotives`. Il s'affiche quand les utilisateurs ont désactivé le chargement des image dans le but d'accélérer les chargements. Le texte remplace à l'écran le bouton et sa légende.

6. Appliquez au bouton **Livre d'or** l'URL suivante : `http://www.jim-bouton. fr/livre d'or.html`. Le texte de remplacement est évidemment `Livre d'or`.

7. Si un visiteur souhaite envoyer directement un message électronique à Jim Bouton, il faut qu'il clique sur le bouton **E-mail**. Dans le champ *Chemin URL*, saisissez `mailto://jim.bouton@corelisland.co`. La commande HTML `mailto` provoque l'action suivante : lorsque le visiteur clique sur le bouton **E-mail** dans son navigateur, une fenêtre de message s'ouvre.

Remarque : HTML

HTML est l'abréviation d'"HyperText Markup Language". Il s'agit du langage de programmation des pages Web.

L'adresse de la page Web

Lorsque vous surfez sur l'Internet, vous utilisez des URL. URL est l'abréviation d'"Universal Locator Resource". Il s'agit d'une adresse de page Web. Différents éléments composent une URL. Prenons par exemple l'adresse de la page Internet de Corel :

`http://www.corel.com/support/professional/index.htm`

Elle se compose de quatre parties distinctes :

Tab. 7.2 :Les quatre composants de l'URL	
Composant	**Description**
`http://`	Http est l'abréviation de *Hyper Text Transport Protocol*. Il s'agit du service Internet utilisé pour la transmission des pages Web et leur affichage dans le navigateur.
`www.corem.com`	Cette partie correspond au nom de l'ordinateur sur lequel est stockée la page Web. Il est appelé "Host" ou "serveur".
`support/professional/`	Il s'agit du chemin d'accès à la page Web, sur le serveur.
`index.htm`	Cette information correspond au nom de fichier de la page Web. L'extension `.htm` est quelquefois remplacée par `.html`.

7.5   Agencer la page d'accueil

Vous allez agrémenter la page d'un titre, de texte et de quelques images. Commencez par ajouter un titre.

Le titre de la page

Le titre de la page d'accueil de Jim Bouton est "Bienvenue à la page d'accueil de Jim".

1. Activez l'outil **Texte**, cliquez dans la page de dessin et saisissez le texte du titre.

2. Formatez ce texte artistique à votre guise, avec de grands caractères et une police amusante.

3. Positionnez le texte dans la partie supérieure de la page.

▲ *Fig. 7.23 : Le titre de la page*

Le corps du texte

Le corps de texte est un objet de texte courant.

1. Activez l'outil **Texte** ; cliquez sur la page de dessin et maintenez le bouton gauche de la souris enfoncé. Tracez un encadré de texte courant, puis relâchez le bouton.

2. Procédez à la saisie. Dans l'exercice, il est question de Jim et de son île.

3. Formatez le texte à l'aide de la commande **Texte/Formatage du texte**. Pour que ce texte soit présenté à l'identique sur tous les PC, optez pour la police Times New Roman, en taille 12 points.

➲ Pour plus de détails sur le formatage, reportez-vous au chapitre 5.

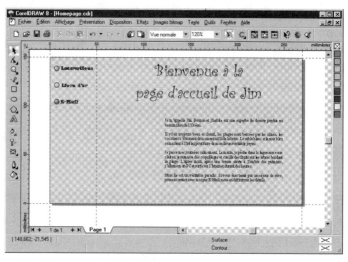

▲ *Fig. 7.24 : Le texte saisi est formaté ; il ne manque que les images*

Compatibilité du texte courant (uniquement dans CorelDRAW 8)

Dans la version 8 de CorelDRAW, il est possible de convertir le texte en texte compatible HTML. S'il est converti de la sorte, le texte peut ultérieurement être sélectionné dans le navigateur Web, copié dans le Presse-papiers et éventuellement édité dans un traitement de texte.

Notez que le texte artistique ne peut pas être converti en texte compatible HTML ; il est automatiquement converti en image *Bitmap*. Il reste alors lisible, mais perd toutes ses qualités de texte. Notez un autre avantage important de la compatibilité HTML : les temps de chargement sont plus rapides que pour les images.

1. Sélectionnez le texte courant avec l'outil **Sélecteur**, puis appelez la commande **Texte/Compatibilité HTML**.

2. Le texte artistique ainsi traité n'est pas converti en *Bitmap*.

Insérer des images

Les images rallongent le temps de chargement de la page Web, mais ce n'est pas une raison pour s'en priver. Elles agrémentent une page.

Créez ou importez quelques images. Qu'il s'agisse d'images *Bitmap* ou vectorielles importe peu ; elles passent de toute manière au format *Bitmap* au moment de la conversion du document CorelDRAW en page HTML.

Sur la page d'accueil de Jim, importez les cliparts suivants depuis le CD-ROM de cliparts de CorelDRAW, à savoir le CD-ROM n° 2. Lorsque vous positionnez les images, veillez à ne pas dépasser les repères de bordure de page. En cas de débordement, le système vous envoie des messages d'erreur au moment de la conversion en HTML.

Tab. 7.3 : Les images de la page d'accueil de Jim			
Chemin d'accès	**Nom**	**Sujet**	**Dans le manuel, en page**
Clipart\People\Children	Kkchld08	Enfant dans l'eau	267
Clipart\Travel\Misc	Nwage279	Île avec palmiers	392
Clipart\Fish	Nwage666	Requin	114
Clipart\Borders\Frames	Nwage839	Portrait	37
Clipart\Travel\Landmark	Nwagg243	Coucher de soleil	391

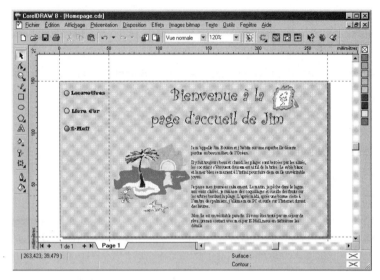

▲ *Fig. 7.25 : La page d'accueil de Jim*

7.6 Enregistrer et publier la page sur l'Internet

Cette dernière section est consacrée à la publication de la page d'accueil sur l'Internet. Par mesure de sécurité, enregistrez le fichier comme document CorelDRAW ordinaire. Vous pourrez ainsi le modifier ultérieurement.

Enregistrer le fichier au format CorelDRAW

La copie de sécurité est enregistrée au format *Cdr*.

1. Appelez la commande **Fichier/Enregistrer sous**.

2. Dans la boîte de dialogue, donnez un nom à ce fichier en veillant à ce que le champ *Type* affiche bien l'entrée *CorelDRAW (CDR)*.

3. Choisissez le dossier dans lequel vous souhaitez conserver ce document et cliquez sur **Enregistrer**.

Publication Internet

Si vous activez la fonction **Publier sur Internet**, CorelDRAW analyse le document et le convertit automatiquement en code de programme. Vous n'avez rien à programmer, le programme s'en charge. CorelDRAW propose trois langages de programmation : HTML, Java et Corel Barista (une version de Java propre à Corel). Le plus simple est de demander une conversion HTML.

1. Appelez la commande **Fichier/Publier sur Internet**.

2. La boîte de dialogue **Publication sur Internet** propose plusieurs options. Dans CorelDRAW 6 et 7, optez pour *Image Hypertexte Corel (HTM)* ; dans CorelDRAW 8, choisissez *HTML*.

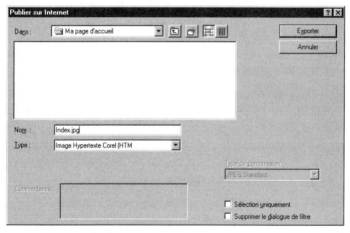

▲ *Fig. 7.26 : La boîte de dialogue dans CorelDRAW 6 et 7*

3. Appelez cette page `Index.htm`. C'est le nom par défaut des pages de démarrage.

4. Dans CorelDRAW 8, le programme charge l'assistant d'exportation HTML. Pour l'heure, il est inutile de recourir aux services de cet assistant ; en ce sens, cliquez sur le bouton **Utiliser la boîte de dialogue Internet**. Cette boîte de dialogue propose un dossier pour

les fichiers ainsi qu'un dossier pour les images. Ce dernier est créé automatiquement lors de l'enregistrement ; il s'agit toujours d'un sous-dossier du dossier contenant la page Web. Le système stocke les images *Bitmap* dans ce sous-dossier.

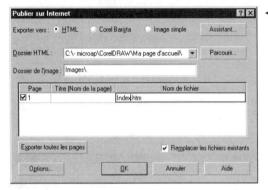

◄ *Fig. 7.27 :*
La boîte de
dialogue dans
CorelDRAW 8

Sélection du format d'image

Les images et les textes artistiques sont automatiquement convertis en images *Bitmap*. Le standard Internet propose deux formats : *Gif* et *Jpeg*. Le format *Gif* accepte au maximum 256 couleurs ; il n'est donc pas adapté aux photos ou aux images réalistes. Le format *Jpeg* accepte jusqu'à 16,7 millions de couleurs. Les fichiers *Jpeg* nécessitent de ce fait des temps de chargement sensiblement plus longs.

Optez ici pour le format *Jpeg* car, dans cet exemple, la qualité des images importe plus que la vitesse de chargement.

Dans CorelDRAW 6 et 7

1. Dans CorelDRAW 6 et 7, cliquez sur le bouton **Exporter** pour choisir le format.

2. Une boîte de dialogue s'ouvre ; sélectionnez le type de fichier *Bitmap JPEG (JPG)* et cliquez sur le bouton **Exporter**.

3. La boîte de dialogue **Exporter bitmap** s'affiche. Définissez le nombre de couleurs (*16 millions de couleurs*). La résolution de 96 dpi correspond à la résolution par défaut des moniteurs des PC. Des résolutions plus importantes n'apportent aucun gain de qualité. Optez pour cette résolution et validez par OK.

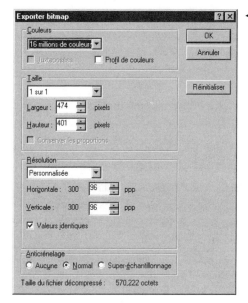

◄ *Fig. 7.28 :*
Les paramètres de
la boîte de dialogue
Exporter Bitmap

4. Comme vous avez choisi le format *Jpeg*, vous avez la possibilité de choisir la qualité de l'image et la taille de fichier dans la boîte de dialogue suivante. Conservez les options proposées par défaut et cliquez sur OK.

Vous venez de créer votre première page Web ; vous pouvez maintenant l'afficher dans votre navigateur.

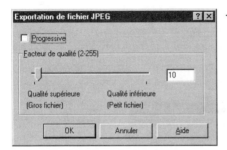

◄ *Fig. 7.29 :*
Le dilemme
de la qualité

Dans CorelDRAW 8

1. Dans la boîte de dialogue **Publier sur Internet**, cliquez sur le bouton **Options**.

2. La boîte de dialogue des options s'ouvre. Sous *Publier sur Internet*, cliquez sur l'entrée *Image* située dans la liste de gauche.

▲ *Fig. 7.30 : Dans CorelDRAW 8, vous choisissez dans cette fenêtre le format Bitmap*

3. Activez l'option *Jpeg* dans le volet de gauche, puis cliquez sur le bouton **Options JPEG**.

4. Par l'intermédiaire de cette boîte de dialogue, vous pouvez optimiser la compression et le lissage à l'aide de curseur de réglage. Là encore, il s'agit du dilemme entre qualité d'image et taille de fichier. Le résultat de vos options est affiché dans la zone de prévisualisation *Résultat* de la boîte de dialogue. Si cette zone n'affiche rien, cliquez sur le bouton **Aperçu**. Expérimentez les diverses possibilités, puis validez les options retenues en cliquant sur OK.

5. De retour dans la boîte de dialogue **Options**, cliquez sur OK.

6. La boîte de dialogue **Publier sur Internet** est de nouveau active. Cliquez sur OK : CorelDRAW commence la création de la page Web.

Remarque : Messages d'erreur

Si vous avez positionné des objets hors de la page de dessin, le programme affiche des messages d'erreur lors de l'exportation. L'analyse des conflits HTML vous permet de détecter ces erreurs, c'est-à-dire les objets dépassant le cadre de la page. De temps à autre, un conflit HTML entraîne un blocage complet du système. Par mesure de précaution, enregistrez votre fichier avant publication sur l'Internet.

◄ *Fig. 7.31 :*
Un message
d'erreur

Afficher la page Web dans le navigateur

Vous souhaitez voir votre page d'accueil sur le Web, au même titre que n'importe quel visiteur. Vous devez au préalable avoir installé un navigateur sur votre PC. Si c'est le cas, chargez le navigateur ; appelez la commande **Fichier/Ouvrir**, localisez votre page d'accueil et cliquez sur **Ouvrir**. Vous êtes devant votre œuvre !

▲ Fig. 7.32 : La page Web dans un navigateur

8. Les effets spéciaux de CorelDRAW

Le véritable intérêt d'un programme graphique réside dans les effets spéciaux qu'il propose. Dans ce domaine, CorelDRAW n'est pas avare. En quelques clics de souris, vous pouvez obtenir des résultats saisissants.

Pour y parvenir, lisez ce chapitre. Vous allez réaliser plusieurs exercices simples, qui illustrent les possibilités de CorelDRAW en ce qui concerne les effets spéciaux. Nous ne pouvons traiter le sujet dans le détail, un livre y suffirait à peine. Néanmoins, ces exercices mettent en jeu une sélection d'effets, avec leur domaine d'application. Des tableaux explicitent claire-ment les fonctions, les boutons et autres options ; ils sont complétés par des astuces pratiques. Vous éviterez ainsi bien des erreurs et obtiendrez un résultat satisfaisant plus rapidement.

8.1 Qui fait quoi ?

Avant de passer en revue les effets, arrêtons-nous sur quelques points dignes d'intérêt. Il s'agit par exemple des types d'objets acceptant tel ou tel effet ou encore de la copie et du clonage des effets.

Domaine d'application des effets

CorelDRAW prend en charge plusieurs types d'objets. Chacun de ces types n'accepte pas forcément tous les effets. Le tableau suivant est une vue d'ensemble des domaines d'application

Tab. 8.1 : Les domaines d'application des effets spéciaux				
Type d'objet	Perspective	Enveloppe	Dégradé	Relief
Ligne à main levée	oui	oui	oui	oui
Courbe de Bézier	oui	oui	oui	oui
Plume naturelle	oui	oui	oui	oui

Tab. 8.1 : Les domaines d'application des effets spéciaux				
Type d'objet	Perspective	Enveloppe	Dégradé	Relief
Rectangle/Carré	oui	oui	oui	oui
Ellipse/Cercle	oui	oui	oui	oui
Polygone	oui	oui	oui	oui
Texte artistique	oui	oui	oui	oui
Texte courant	oui	oui	non	· non
Association d'objets	oui	oui	non	non
Combinaison	oui	oui	non	oui
Clipart	oui	oui	non	non
Image bitmap	non	non	non	non

Remarque : Objectif, Ajustement des couleurs et Vitrail

Des sections spécifiques sont consacrées aux effets Objectif, Ajustement des couleurs et Vitrail et à leurs domaines d'application.

Copier et cloner

Pour appliquer à plusieurs objets un même effet, avec les mêmes paramètres, vous avez la possibilité d'appliquer de nouveau les options définies dans le menu flottant. Si entre-temps, vous avez refermé le menu flottant ou si vous en avez modifié les paramètres, vous pouvez transférer rapidement les effets appliqués à un objet sur un autre objet. De cette façon, vous n'avez pas à redéfinir toutes les options. Dans CorelDRAW 8, vous disposez même de deux solutions pour transférer des effets : la copie ou le clonage.

Copier un effet

Dans le menu **Effets** figure la commande **Copier** ; elle donne accès à un sous-menu proposant de nombreuses commandes. Tous les effets n'y sont pas mentionnés, car tous n'acceptent pas la copie ou le clonage. Les commandes sont disponibles si le graphique contient au minimum un objet auquel cet effet a été appliqué. Il faut également au moins un autre objet susceptible d'être la cible de la copie. D'un effet à l'autre, la procédure de copie peut varier ; les détails à ce sujet sont mentionnés dans les sections spécifiques.

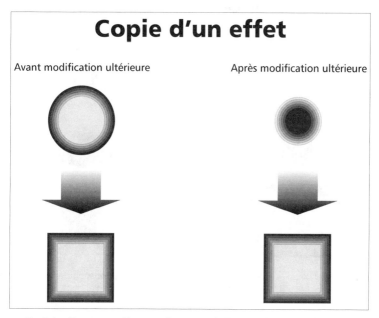

▲ *Fig. 8.1 : Si vous transférez un effet par copie, les modifications ultérieures affectées à l'objet source n'ont pas d'incidence sur la copie*

Cloner un effet

Le clonage est une forme particulière de copie. La différence entre les deux techniques est la suivante : la copie se charge du transfert de l'effet sur l'objet cible ; l'objet cible et l'objet source sont pourvus du même effet spécial, mais restent deux objets totalement indépendants. Avec le clonage, le transfert de l'effet s'accompagne d'une liaison établie entre l'objet source et le clone. Si vous modifiez l'un des paramètres de l'effet sur l'objet source, cette modification est également affectée au clone grâce à la liaison. Il est possible de créer un nombre libre de clones à partir du même objet source.

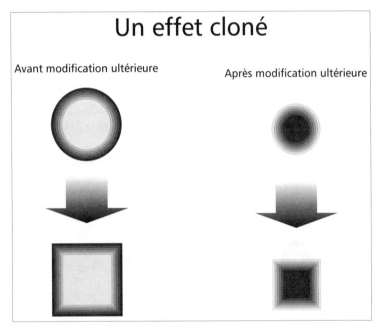

▲ *Fig. 8.2 : Si un effet est transféré par clonage, toute modification de l'objet source est automatiquement appliquée aux clones*

Tab. 8.2 : Copie et clonage des effets		
Effet	**Peut être copié**	**Peut être cloné**
Perspective	oui	non
Enveloppe	oui	non

Tab. 8.2 : Copie et clonage des effets		
Effet	Peut être copié	Peut être cloné
Dégradé	oui	oui
Relief	oui	oui
Projection	oui	oui
Objectif	oui	non
Vitrail	oui	non
Ajustement des couleurs	non	non
Ombre interactive	oui	oui

8.2   Perspectives intéressantes

Le travail à l'écran est effectué en deux dimensions : l'axe horizontal et l'axe vertical. Cette vision en 2D permet de représenter beaucoup d'objets. Le problème est que le monde réel ne se limite pas à 2 dimensions, il s'agit d'un espace en 3 dimensions. Vous disposez de 2 axes pour représenter des objets tridimensionnels. Par ailleurs, CorelDRAW propose deux fonctions intéressantes : l'effet *Relief*, que nous verrons par la suite, et l'effet *Perspective*. Cet effet déforme l'objet de manière à simuler un volume.

Appliquer une perspective

L'opération qui consiste à appliquer une perspective est simple. Aucune boîte de dialogue ne propose une foule de paramètres.

1.   Créez un objet quelconque ou importez un clipart, puis sélectionnez-le.

2.   Le menu **Effets** comprend la commande **Ajouter une perspective**. Pour appliquer l'effet, il suffit d'appeler cette commande. L'objet est entouré d'un cadre et d'un quadrillage rouge.

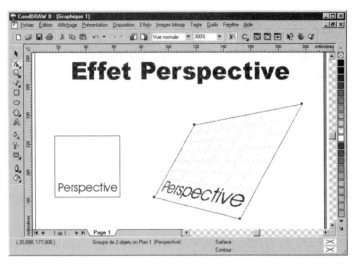

▲ *Fig. 8.3 : Avec l'effet Perspective, il est possible de créer des effets 3D intéressants*

3. De petites poignées noires sont placées aux quatre coins du cadre. L'effet de perspective est créé par déplacement de ces poignées. Vous obtenez un effet de volume par la déformation du cadre. Cliquez sur l'une des quatre poignées, maintenez le bouton gauche de la souris enfoncé et déplacez la poignée. Relâchez le bouton de la souris.

4. Tant que le bouton de la souris est enfoncé, vous êtes en mesure de positionner la poignée. Si vous enfoncez conjointement la touche **Ctrl**, les déplacements sont limités à l'axe horizontal ou vertical. Il en résulte un point de fuite unique, matérialisé par une petite croix. Il arrive que ce point de fuite ne soit pas visible : le point de fuite est alors situé hors de la partie affichée du dessin. Si vous appuyez en plus sur la touche **Maj**, l'action sur une poignée se répercute par un effet symétrique sur la poignée opposée.

5. Avant d'avoir une crampe dans les doigts, relâchez les deux touches du clavier et déplacez encore un peu la poignée avec le seul bouton gauche de la souris. Lorsque vous relâchez les touches, vous pouvez placer la poignée où bon vous semble. Lorsque la perspective vous convient, relâchez le bouton de la souris et appuyez sur la touche **Echap** pour annuler la sélection.

Remarque : Points de fuite

En réalité, il existe trois points de fuite. L'effet *Perspective* peut en définir deux. Si vous avez appliqué cet effet à un objet, vous pouvez modifier la perspective avec l'outil **Forme**. Notez que l'effet ne peut être appliqué deux fois au même objet. Pour appliquer une seconde perspective, il faut d'abord annuler la première en activant la commande **Supprimer la perspective** du menu **Effets**. Il est possible que vous ayez appliqué un effet *Perspective* à un objet, sans toutefois l'avoir déformé. Si vous essayez d'activer la commande **Ajouter une perspective**, vous constatez qu'elle est grisée, donc indisponible. Dans ce cas, utilisez l'outil **Forme** pour déformer l'objet.

Modifier une perspective

Si la perspective et la déformation apportées à l'objet ne vous conviennent pas, vous avez la possibilité de modifier cet objet à tout moment.

1. Activez l'outil **Forme** et cliquez sur l'objet. Le quadrillage rouge et éventuellement les points de fuite deviennent instantanément visibles. Vous pouvez aussi double-cliquer sur l'objet.

2. Vous avez le choix entre déplacer les points de fuite (les petites croix) s'ils sont visibles et déplacer les points nodaux de l'objet.

Remarque : La touche Ctrl

Appuyez sur la touche Ctrl pour cantonner les déplacements des points de fuite ou des points nodaux sur l'axe horizontal ou vertical.

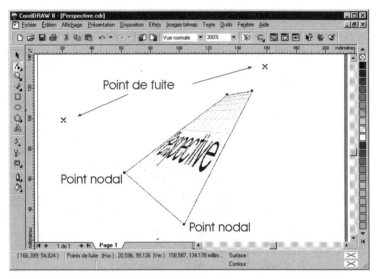

▲ *Fig. 8.4 : Vous êtes en mesure de modifier l'effet de perspective à l'aide de l'outil Forme : il suffit de déplacer des points de fuite ou des points nodaux*

Copier une perspective

Vous êtes parvenu à réaliser une perspective particulièrement intéressante et vous souhaitez l'appliquer à d'autres objets.

1. Créez un second objet : par exemple, un simple rectangle. Sélectionnez ce nouvel objet pour que la copie fonctionne.

2. Appelez la commande **Effets/Copier/Perspective à partir de**. Notez que les autres commandes du sous-menu sont grisées car aucun objet du graphique n'est doté de ces effets.

3. Le pointeur se transforme en une épaisse flèche noire : utilisez-la pour cliquer sur l'objet source, celui dont vous souhaitez copier la perspective. L'objet sélectionné prend automatiquement la même perspective que l'objet source.

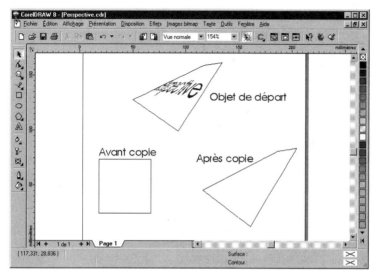

▲ *Fig. 8.5 : L'effet peut être copié simplement sur un autre objet*

Remarque : Ligne de fuite

Rappelez-vous que dans la nature, tous les objets ont les mêmes points de fuite. Si vous copiez les perspectives de cette façon, chaque objet dispose de ses propres points de fuite. Pour faire en sorte que plusieurs objets aient les mêmes points de fuite, il faut les associer au préalable. Une fois qu'ils sont associés, ajoutez-leur la perspective ; au besoin, dissociez le groupe.

Annuler la perspective

Vous souhaitez annuler une perspective mise en place ; la procédure est simple :

1. Sélectionnez l'objet concerné avec l'outil **Sélecteur**.

2. Ouvrez le menu **Effets** ; cliquez sur la commande **Supprimer la perspective**. L'objet s'affiche tel qu'il était avant l'application de l'effet.

Remarque : Autre procédure d'annulation

Vous pouvez ramener l'objet à sa forme d'origine en déplaçant l'un de ses points nodaux jusqu'au centre de l'objet. À cet effet, utilisez l'outil **Forme**. À partir d'un certain point, l'objet reprend sa forme initiale. En agissant ainsi, vous n'annulez pas l'effet pour autant.

Vue d'ensemble de l'effet perspective

Touche Ctrl

Le déplacement des points se fait uniquement sur l'axe vertical et horizontal. Seul un point de fuite est possible.

Touche Ctrl et Maj

Les points opposés se déplacent symétriquement et sur la même distance.

Sans touche

Vous déplacez les points librement, en toute direction. Deux points de fuite sont envisageables.

8.3   Tout est question d'enveloppe

Cette affirmation vaut pour les formes géométriques et les textes créés avec CorelDRAW. Chaque objet (hormis les lignes) se compose d'un trait de contour et d'une surface de remplissage. Ces deux éléments peuvent être de couleurs différentes, ce qui permet de les distinguer. Si vous cliquez avec le bouton droit de la souris sur la case marquée du "X" située dans la palette des couleurs, vous "supprimez" le contour. En fait, le trait de contour n'est pas supprimé, il devient simplement invisible ; en d'autres termes, il n'est plus affiché. Modifiez l'objet avec l'outil **Forme** pour vous en rendre compte. Les points nodaux du contour deviennent visibles.

Passons à un autre composant : l'enveloppe. C'est en quelque sorte la seconde peau de l'objet. Elle ne correspond pas précisément au contour de l'objet et peut même s'en écarter sensiblement. Vous disposez d'une multitude de possibilités pour transformer cette enveloppe.

Appliquer une enveloppe

Avec CorelDRAW, vous avez le choix entre plusieurs façons d'appliquer et d'éditer une enveloppe. Vous pouvez utiliser des outils interactifs ou des menus flottants. L'avantage des outils interactifs est leur rapidité de mise en œuvre ; en revanche, les menus flottants offrent une vaste collection d'options et de paramètres.

Remarque : Contour en pointillé bleu, enveloppe en pointillé rouge

Si vous éditez un objet avec l'outil **Forme**, le contour est toujours affiché en pointillé bleu, alors que l'enveloppe est affichée en pointillé rouge. Cette distinction est importante lors des modifications.

Appliquer et éditer l'enveloppe avec l'outil interactif Enveloppe

1. Créez un nouvel objet.

2. Activez l'outil interactif **Enveloppe** dans la boîte à outils. S'il n'est pas affiché dans cette boîte, cliquez sur l'outil interactif visible et maintenez le bouton enfoncé pendant 2 secondes, jusqu'à ce que le menu contextuel apparaisse. Dans ce menu contextuel, cliquez sur l'outil interactif **Enveloppe**.

◄ *Fig. 8.6 :*
L'outil interactif Enveloppe se trouve en troisième position, dans le menu

3. L'objet est automatiquement doté d'un contour en pointillé rouge. Il s'agit de l'enveloppe. Ne la confondez pas avec le trait de contour (en bleu). Cette enveloppe est pourvue de plusieurs poignées ; vous pourrez les déplacer à l'instar des poignées du contour. Placez le pointeur sur la poignée supérieure gauche, cliquez, maintenez le bouton enfoncé et déplacez cette poignée vers le haut.

4. Lorsque l'objet est suffisamment déformé, relâchez le bouton de la souris. CorelDRAW essaie immédiatement d'adapter le contour à la nouvelle forme de l'enveloppe.

5. Sélectionnez ensuite le point inférieur droit et répétez l'opération, mais en maintenant cette fois la touche **Ctrl** enfoncée : le déplacement se fait uniquement sur l'axe horizontal ou vertical. Déplacez la souris vers la droite, puis relâchez le bouton de la souris et enfin la touche **Ctrl**. La chronologie est importante, respectez-la.

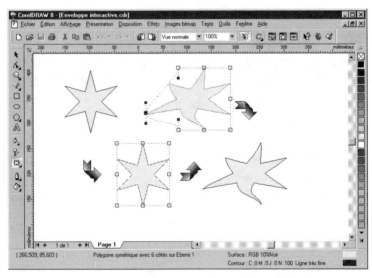

▲ Fig. 8.7 : Les déformations sont un jeu d'enfant avec l'outil interactif Enveloppe

---

Remarque : Sélection multiple de points nodaux

Il est possible de modifier simultanément plusieurs points. Pour mettre en place une sélection multiple, cliquez successivement sur les points concernés tout en maintenant la touche **Maj** enfoncée. Les points de l'enveloppe disposent des mêmes propriétés que les points nodaux du contour.

Une enveloppe appliquée par le menu flottant Enveloppe

Le menu flottant **Enveloppe** offre de nombreuses possibilités d'édition d'enveloppes. Il va bien au-delà de l'outil interactif **Enveloppe**. Pour découvrir quelques-unes de ces possibilités, faites l'exercice suivant.

◄ *Fig. 8.8 :*
Le menu flottant
Enveloppe

1. Créez un objet quelconque ; l'enveloppe est applicable à tous les objets, y compris les images bitmap.

2. Activez ensuite la commande **Effets/Enveloppe**. Le menu flottant **Enveloppe** s'affiche. Assurez-vous que l'objet est toujours sélectionné. Cliquez sur le bouton **Ajouter nouvelle** : la nouvelle enveloppe apparaît en rouge à l'écran.

---

3. Décidez la manière dont vous souhaitez déformer cette enveloppe. Le menu flottant propose une liste d'enveloppes prédéfinies ; vous pouvez les appliquer rapidement en cliquant sur le bouton **Ajouter une présélection**. Une barre de plusieurs boutons est placée sous le bouton précédent ; elle permet l'édition de l'enveloppe. Commencez par la solution la plus simple : cliquez sur le bouton **Ajouter une présélection**.

4. Sélectionnez une forme dans la liste.

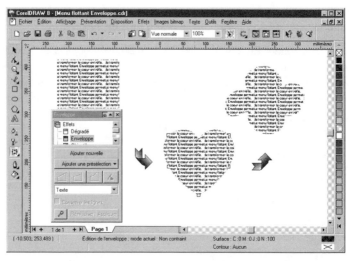

▲ *Fig. 8.9 : Le même objet affecté de différentes enveloppes*

5. L'enveloppe est affichée, mais elle n'est pas encore appliquée de manière définitive. Cliquez sur le bouton **Appliquer** du menu flottant. À partir de cet instant seulement, la forme de l'objet s'adapte à la nouvelle enveloppe. En fonction de la forme de départ de l'objet et de la forme de l'enveloppe, l'ajustement est plus ou moins réussi. Appuyez sur **Echap** pour mettre un terme à l'édition.

Remarque : Objet de texte courant déformé

L'enveloppe permet de déformer un objet de texte courant, c'est-à-dire de faire couler le texte effectif dans une forme autre que le rectangle de base des encadrés de texte. L'encadré prend exactement la forme de l'enveloppe, avec des effets intéressants. Il s'agit en fait de l'effet inverse de l'habillage de texte, par lequel un texte coule autour d'un objet.

Copier la forme de l'enveloppe

Vous êtes parvenu à une forme d'enveloppe particulièrement intéressante et vous souhaitez l'appliquer à d'autres objets. Le principe est simple : reprenez l'enveloppe source dans le menu flottant **Enveloppe**, puis appliquez-la à l'objet cible.

1. Créez un second objet. Veillez à ce que ce nouvel objet soit sélectionné pour que la copie fonctionne.

2. Cliquez sur le bouton **Pipette** dans le menu flottant **Enveloppe**. Le pointeur se transforme en une épaisse flèche noire.

3. Cliquez sur l'objet source, celui dont vous souhaitez copier l'enveloppe. L'objet sélectionné prend automatiquement la même enveloppe que l'objet source.

4. Pour ajuster au mieux l'objet cible à sa nouvelle enveloppe, cliquez sur le bouton **Appliquer**. Les résultats sont variables selon la forme de l'enveloppe. Ils sont en partie imprévisibles.

Remarque : Par les menus

Vous pouvez également copier la forme de l'enveloppe en utilisant les menus. Sélectionnez l'objet dont vous souhaitez modifier l'enveloppe, puis activez la commande **Effets/Copier**. Dans le sous-menu figure la commande **Enveloppe à partir de**. Activez-la, puis cliquez sur l'objet source, celui dont vous souhaitez récupérer l'enveloppe. Si vous sélectionnez simultanément plusieurs objets cibles, vous copiez l'enveloppe sur l'ensemble de la sélection en une seule opération.

Modifier une enveloppe existante

Vous avez la possibilité de modifier une enveloppe existante en utilisant l'outil interactif **Enveloppe**. Activez cet outil dans la boîte à outils. Cette seule activation fait apparaître l'enveloppe rouge de l'objet sélectionné. Déplacez ensuite les points. L'édition de l'enveloppe est également possible par le biais du menu flottant **Enveloppe**.

1. Sélectionnez l'objet que vous souhaitez éditer et cliquez dans le menu flottant sur le bouton **Ajouter nouvelle**.

2. Ce bouton restaure la forme initiale de l'enveloppe, à savoir celle de l'objet au moment de sa création. Pour pouvoir modifier la forme courante de l'enveloppe, cliquez sur le bouton **Réinitialiser**. Ce bouton restaure la dernière forme d'enveloppe. Vous êtes alors en mesure de la modifier.

3. Définissez ensuite la façon de modifier cette enveloppe. Souhaitez-vous que les segments de l'enveloppe restent des droites (premier bouton à gauche) ? Préférez-vous des formes courbes simples (second bouton) ou doubles (troisième bouton) ? Le quatrième bouton permet un déplacement absolument libre des points ; vous avez la possibilité d'influer sur ce déplacement en choisissant un mode (*Horizontale*, *Verticale*, *Originale* ou *Modelable*) dans la zone de liste placée sous les boutons du menu flottant.

4. Déplacez un des points.

5. Double-cliquez sur l'outil **Forme** : le menu flottant **Édition de point nodal** s'ouvre. Vous pouvez à présent ajouter, supprimer ou éditer les points nodaux de l'enveloppe.

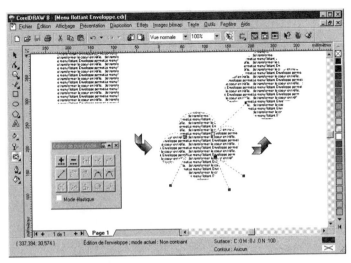

▲ *Fig. 8.10 : L'enveloppe est éditable comme une ligne ou une courbe*

Remarque : L'édition de l'enveloppe est proche de celle du contour

Comme le contour, l'enveloppe est formée de segments de droite ou de courbe reliés par des points nodaux. Selon leurs propriétés, ces points nodaux peuvent disposer de points de contrôle. À tout moment lors de l'édition de l'enveloppe, vous pouvez recourir à l'outil **Forme** et au menu flottant **Édition de point nodal** pour ajouter, supprimer, modifier des points. Au besoin, reportez-vous aux explications concernant cet outil et ce menu flottant.

Supprimer une enveloppe

La commande **Supprimer l'enveloppe** proposée dans le menu **Effets** permet d'annuler pas à pas l'enveloppe. "Pas à pas" signifie que cette commande annule une seule déformation. Si vous avez entrepris plusieurs déformations sur l'enveloppe, chaque appel de la commande annule une déformation.

1. Sélectionnez l'objet auquel vous avez appliqué une autre enveloppe, puis appelez la commande **Effets/Supprimer l'enveloppe**. L'objet reprend la forme qui était la sienne avant la dernière déformation de l'enveloppe.

2. Appelez la commande **Supprimer l'enveloppe** une fois encore. Cette opération provoque un nouveau pas en arrière et supprime une déformation. Répétez la procédure jusqu'à ce que l'objet retrouve sa forme initiale.

Le menu flottant Enveloppe

■ Touche **Ctrl**

Si vous appuyez sur cette touche, les points peuvent être déplacés uniquement selon l'axe vertical ou horizontal.

■ Touche **Maj**

Cette touche permet de sélectionner simultanément plusieurs points de l'enveloppe, en vue d'une édition commune.

■ **Droite**

Si vous cliquez sur ce bouton, le déplacement d'un point de l'enveloppe provoque la transformation des segments concernés en droites.

■ **Courbe simple**

Si vous cliquez sur ce bouton, le déplacement d'un point de l'enveloppe provoque la transformation des segments concernés en courbes simples.

■ **Courbe double**

Si vous cliquez sur ce bouton, le déplacement d'un point de l'enveloppe provoque la transformation des segments concernés en courbes doubles.

■ **Point nodal**

Ce bouton permet un déplacement libre des points nodaux de l'enveloppe.

■ *Mode*

Cette zone de liste propose quatre modes de travail : ils permettent de piloter le comportement du contour lors d'une modification de l'enveloppe ou ils l'influencent. En cas de déformation de l'enveloppe, Corel-DRAW essaie d'adapter le contour à l'enveloppe. À cet effet, le programme prend comme référence les points nodaux de l'enveloppe. En fonction du mode de travail sélectionné, certains des points nodaux d'enveloppe sont pris en compte et d'autres sont ignorés. L'effet est plus ou moins important selon qu'il s'agit d'un texte artistique, d'un texte courant ou d'un objet géométrique.

■ *Horizontale* et *Verticale*
La forme de l'objet change, mais sans que la dimension horizontale ou verticale ne soit déformée. Cet effet est particulièrement visible avec un texte artistique. Les lignes restent parallèles.

■ *Modelable*
Pour adapter le contour à l'enveloppe, CorelDRAW prend uniquement en compte les points d'angle de l'enveloppe ; il ignore tous les autres points. L'objet est peu déformé.

■ *Originale*
Les points d'angle de l'enveloppe servent de référence pour les points d'angle de l'objet. Tous les autres points de l'enveloppe sont ajustés avec les poignées médianes du cadre de sélection (pas du contour).

■ *Texte*
Ce mode est disponible avec les enveloppes de texte courant uniquement. Le contour du texte courant suit parfaitement l'enveloppe.

■ *Conserver les lignes*
Cette case à cocher ne concerne que les segments de droite. Si vous cochez cette case, ces segments restent droits ; seuls leurs angles changent. Cette option n'influe en rien sur les segments courbes.

8.4 Dégradés

La fonction **Dégradé** permet de passer de la forme d'un objet à la forme d'un autre objet par création de plusieurs formes intermédiaires. L'objet initial et l'objet final peuvent disposer de formes et/ou d'attributs de surface divers. La fonction crée un certain nombre (définissable par l'utilisateur) de formes intermédiaires. Les possibilités de cette fonction sont fantastiques. Vous pouvez par exemple partir d'un texte artistique pour arriver à une forme géométrique, comme un rectangle, une ellipse ou un polygone. Vous avez également la possibilité de créer un reflet de lumière sur une surface plane.

Trois types de dégradés

CorelDRAW propose trois types de dégradés : les dégradés directs, les dégradés le long d'un tracé et les dégradés composés.

Dégradé direct

L'objet de départ et l'objet d'arrivée sont reliés par une droite virtuelle, le long de laquelle sont alignés les objets intermédiaires.

Dégradé le long d'un tracé

Cette fonction consiste à aligner les objets intermédiaires le long d'une courbe de forme libre.

Dégradé composé

Il s'agit d'une combinaison de plusieurs dégradés ; le résultat forme une chaîne.

Créer un dégradé direct

Pour appliquer un dégradé direct, vous avez de nouveau le choix entre un outil interactif et un menu flottant.

Créer un dégradé avec l'outil interactif Dégradé

1. Pour créer un dégradé, vous devez disposer d'un objet initial et d'un objet final. Cependant, tous les types d'objet ne conviennent pas. Les textes courants, les cliparts, les images bitmap, les groupes ou les combinaisons d'objets ne peuvent pas intervenir dans la création d'un dégradé.

2. Activez l'outil interactif **Dégradé** dans la boîte à outils.

◄ *Fig. 8.11 :*
Le menu contextuel propose l'outil
interactif Dégradé

3. Cliquez sur l'objet de départ et maintenez le bouton gauche de la souris enfoncé.

4. Orientez le pointeur vers l'objet final et placez-le sur l'objet en question ; au cours de ce déplacement, le pointeur se transforme en un carré blanc et il est automatiquement attiré par le centre de l'objet lorsqu'il s'en approche.

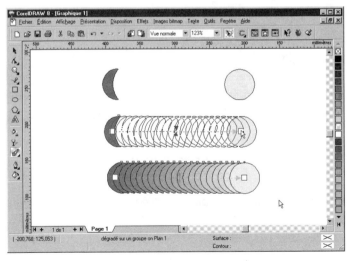

▲ *Fig. 8.12 : Le dégradé direct créé avec l'outil interactif Dégradé*

5. Relâchez le bouton de la souris. Vous obtenez un dégradé. Tant que ce dégradé est sélectionné, vous avez la possibilité d'en modifier les propriétés par l'intermédiaire de la barre des propriétés.

Créer un dégradé avec le menu flottant Dégradé

Ce menu offre beaucoup plus de possibilités que l'outil interactif. Il se compose de quatre onglets ; ils font l'objet d'une description détaillée en fin de section.

◄ *Fig. 8.13 :*
Les innombrables options
du menu flottant Dégradé
permettent d'obtenir des
résultats variés

1. Créez deux objets et appliquez-leur des couleurs de surface différentes.

2. Sélectionnez les deux objets avec l'outil **Sélecteur**. L'objet de départ du dégradé est toujours l'objet créé en premier lieu.

3. Appelez la commande **Effets/Dégradé** pour ouvrir le menu flottant **Dégradé**.

4. Cliquez sur le bouton **Appliquer**. Par défaut, la fonction crée 20 étapes intermédiaires, c'est-à-dire 20 nouveaux objets assurant la transition entre l'objet de départ et l'objet d'arrivée.

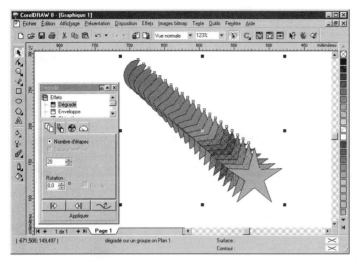

▲ *Fig. 8.14 : Un dégradé direct par le menu flottant*

Créer un dégradé le long d'un tracé

Par défaut, le dégradé suit une droite théorique reliant l'objet de départ à l'objet d'arrivée. Une fois créé, ce dégradé peut ensuite être accoler à une courbe. La condition pour cela est de disposer d'un dégradé et de la courbe.

Cette courbe peut être une courbe sinusoïdale ouverte, un objet fermé, par exemple un cercle, etc. Dans le cas d'une forme fermée, le dégradé suivra le contour de l'objet.

Avec l'outil Sélecteur

1. Créez une ligne de forme quelconque, ouverte ou fermée, droite ou courbe.

2. Activez l'outil **Sélecteur** dans la boîte à outils et cliquez avec le bouton droit de la souris sur le dégradé. Maintenez le bouton droit enfoncé et faites glisser le pointeur sur la courbe.

3. Arrivé exactement sur la ligne, le pointeur se transforme en un viseur. Relâchez le bouton droit.

4. Le menu contextuel apparaît, dans lequel vous cliquerez sur la commande **Accoler le dégradé au tracé**.

5. Recourez à la barre des propriétés pour modifier les propriétés ; les modifications prennent effet immédiatement.

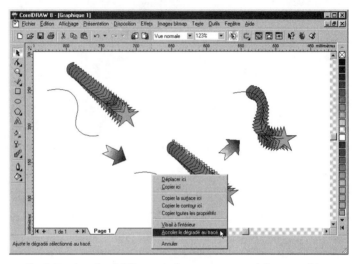

▲ Fig. 8.15 : Avec l'outil Sélecteur et le menu contextuel, il est possible d'accoler le dégradé au tracé

Créer un tracé libre avec l'outil interactif Dégradé

L'outil interactif **Dégradé** vous permet de créer un dégradé le long d'un tracé. La particularité de l'opération est la suivante : vous définissez le tracé pendant la création du dégradé. Vous n'avez pas besoin de créer au préalable le dégradé et la courbe.

1. Créez deux nouveaux objets de forme différente.

2. Activez ensuite l'outil interactif **Dégradé**. Avant de cliquer sur l'objet de départ, maintenez la touche **Alt** enfoncée.

3. Cliquez sur l'objet de départ, puis dessinez librement le tracé en maintenant le bouton gauche de la souris enfoncé.

4. Dès que vous relâchez le bouton de la souris, la fonction de dégradé entre en action. Vous pouvez ensuite modifier le dégradé en déplaçant les petits carrés ou le curseur de réglage.

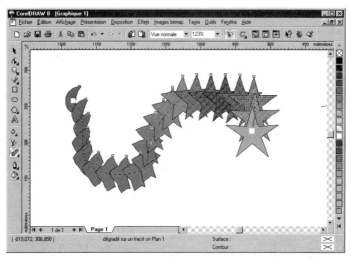

▲ *Fig. 8.16 : L'outil interactif Dégradé permet de tracer une courbe libre au moment de la création du dégradé*

Appliquer un nouveau tracé par le menu flottant Dégradé

1. Sélectionnez le dégradé avec l'outil **Sélecteur**.

2. Cliquez sur le bouton **Tracé** du menu flottant **Dégradé**. Il ne porte pas de libellé ; il est décoré d'une courbe sinusoïdale et d'un pointeur qui le rendent aisément identifiable.

3. Un petit menu s'affiche ; cliquez sur la commande **Nouveau tracé**.

◄ Fig. 8.17 :
Le menu contextuel propose
l'application d'un nouveau tracé

4. Le pointeur devient une courbe avec une pointe de flèche. Tracez avec ce pointeur la ligne sur laquelle le dégradé doit être accolé.

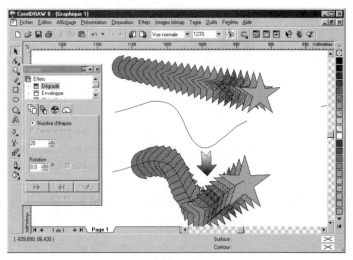

▲ Fig. 8.18 : Pour appliquer un nouveau tracé au dégradé, ouvrez le menu
déroulant en cliquant sur le bouton Tracé et activez la
commande Nouveau tracé

5. Si votre intervention n'a encore aucun effet, ne vous inquiétez pas. Il reste à cliquer sur le bouton **Appliquer** du menu flottant. Vous pouvez alors juger du résultat.

Créer un dégradé composé

1. Cliquez sur l'objet interactif **Dégradé**.

2. Vous devez ajouter un objet à un dégradé existant. À cet effet, faites glisser la poignée de fin de cet objet sur l'objet initial ou final du dégradé. Cette poignée s'affiche lorsque vous commencez à déplacer l'objet en question. Lorsqu'il se trouve au-dessus de l'objet initial ou final, le curseur affiche une flèche horizontale qui indique qu'un dégradé peut être appliqué.

3. Relâchez le bouton de la souris.

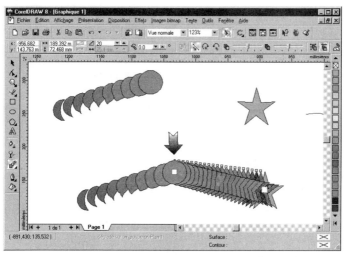

▲ *Fig. 8.19 : Un dégradé composé créé avec l'outil interactif Dégradé*

Copier un dégradé

Vous êtes peut-être parvenu à un dégradé particulièrement intéressant et vous souhaitez l'appliquer à d'autres objets. Procédez ainsi :

1. Sélectionnez les deux objets devant servir de base au dégradé.

2. Dans le menu **Effets**, cliquez sur la commande **Copier/Dégradé à partir de**. Le pointeur se transforme en une épaisse flèche noire.

3. Cliquez sur le dégradé servant de modèle.

4. Le programme crée immédiatement le dégradé entre les deux objets ,sélectionnés qui conservent néanmoins leurs attributs de surface.

Cloner un dégradé

1. Sélectionnez à nouveau les deux objets devant servir de base au dégradé.

2. Dans le menu **Effets**, cliquez sur la commande **Cloner/Dégradé à partir de**. Le pointeur se transforme en une épaisse flèche noire.

3. Cliquez sur le dégradé servant de modèle.

4. Les deux objets font immédiatement l'objet d'un dégradé. Ils conservent leurs attributs de surface. La barre d'état indique qu'il s'agit bien d'un clonage. Toute modification effectuée sur le dégradé source est automatiquement répercutée sur le clone.

Éditer un dégradé

Il est possible de sélectionner individuellement l'objet de départ ou de fin et surtout de les modifier. Si vous modifiez par exemple la couleur d'un de ces objets, les effets sont répercutés sur le dégradé.

Dissocier les objets de dégradé

Il est possible de dissocier le dégradé du groupe.

1. Cliquez au milieu du dégradé en évitant l'objet initial ou final ; appelez la commande **Disposition/Séparer**. Cette commande a pour effet de séparer le dégradé des objets placés aux deux extrémités.

2. Le dégradé est formé de l'association des divers objets intermédiaires. En activant la commande **Disposition/Dissocier**, vous annulez l'association et vous êtes en mesure d'accéder aux objets individuels.

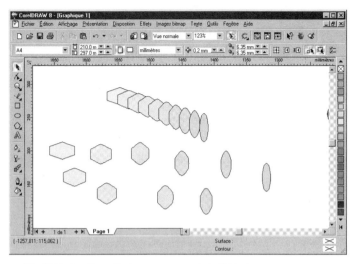

▲ *Fig. 8.20 : Le dégradé et ses composants individuels*

Vue d'ensemble du menu flottant Dégradé

Onglet Étapes

Cet onglet permet de définir les paramètres de base du dégradé, en l'occurrence le nombre d'étapes intermédiaires, la rotation et l'espacement entre les objets intermédiaires.

◄ *Fig. 8.21 :*
L'onglet Étapes

Tab. 8.3 : Les options de l'onglet Étapes	
Option	**Description**
Nombre d'étapes	Cette option permet de définir le nombre d'étapes intermédiaires composant le dégradé. Saisissez ce nombre dans le champ à toupie placé en dessous. Il accepte des valeurs comprises entre 1 et 999. Lorsqu'il s'agit d'un nouveau dégradé, l'option *Nombre d'étapes* est la seule disponible.
Espacement fixe	Cette option est réservée aux objets dégradés le long d'un tracé. L'espacement fixe définit une distance précise entre les objets intermédiaires du dégradé. Vous pouvez opter pour des valeurs d'espacement allant de 0,02 cm à 25,4 cm. Selon l'espacement fixe choisi, certains objets intermédiaires ne trouvent plus place sur le tracé ; ils sont purement et simplement supprimés.
Rotation	Saisissez dans ce champ un angle de rotation qui caractérise une rotation appliquée aux objets intermédiaires. Cette rotation s'effectue autour de l'axe des objets, dans le sens des aiguilles d'une montre. La saisie d'une valeur négative provoque une rotation des objets autour de leur axe, mais dans le sens contraire.
Boucle	Si vous activez l'option *Boucle*, les objets pivotent autour d'un point situé à mi-chemin entre les centres de rotation des objets de début et de fin. Vous pouvez saisir une valeur en degrés comprise entre -360 et 360. Les valeurs négatives font pivoter les objets dans le sens des aiguilles d'une montre.

Onglet Accélération

Cet onglet a vu le jour avec les versions 6 et 7 de CorelDRAW. Dans un dégradé de base, les objets intermédiaires sont espacés régulièrement lors de leur progression entre les objets de début et de fin. De même, les couleurs intermédiaires progressent de façon régulière tout au long du dégradé. Le menu flottant **Dégradé** et son onglet **Accélération** proposent des commandes qui permettent de modifier ces progressions linéaires : il est possible "d'accélérer" les objets intermédiaires vers les objets initial ou final. Si vous accélérez des objets dans une direction, ils se rapprochent les uns des autres en progressant dans cette direction.

◄ *Fig. 8.22 :*
L'onglet Accélération

Tab. 8.4 : Les options de l'onglet Accélération	
Option	**Description**
Accélérer les surf./cont.	Ce curseur permet de modifier les attributs de surface et de contour des objets intermédiaires. Si vous déplacez le curseur vers la gauche, les attributs de surface et de contour de l'objet final deviennent dominants. Si vous allez dans le sens contraire, les attributs de l'objet initial prévalent.
Accélérer les objets	Déplacez le curseur vers la gauche pour accélérer les objets vers l'objet initial et vers la droite pour les accélérer vers l'objet final. L'accélération augmente lorsque vous déplacez le curseur dans un sens ou l'autre. Le paramètre 0 ne provoque aucune accélération.
Appliquer aux dimensions	Activez cette case à cocher si vous souhaitez accélérer la taille des objets en même temps que les objets en question ou les couleurs.
Relier les accélérations	Vous pouvez lier les vitesses des accélérations d'objets et de couleurs ; il vous reste alors à régler un seul paramètre pour que les deux paramètres soient identiques. Pour ce faire, cochez cette case.

Onglet Roue chromatique

Par défaut, les couleurs de surface et de contour progressent sur un tracé en ligne droite à travers la roue chromatique. Les surfaces spéciales, telles que les surfaces dégradées, à motifs ou à textures, affichent une progression entre les surfaces des objets. Vous pouvez définir la façon dont les couleurs de surface et de contour progressent entre les objets placés aux deux extrémités de tout dégradé. CorelDRAW propose trois options, chacune d'entre elles produisant une progression des couleurs différente. Un tracé droit à travers le spectre de couleurs peut aller dans le sens des aiguilles d'une montre ou en sens contraire ; faites votre choix et appuyez sur les boutons correspondants, situés sur le côté gauche de l'onglet **Roue chromatique** du menu flottant **Dégradé**.

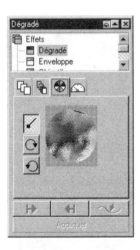

◄ Fig. 8.23 :
L'onglet Roue
chromatique

Tab. 8.5 : Les options de l'onglet Roue chromatique	
Option	**Description**
Tracé direct	Les couleurs de l'objet initial et de l'objet final sont reliées par une droite dans la roue chromatique. Les attributs de surface des objets intermédiaires sont repris des couleurs placées le long de cette droite.

Tab. 8.5 : Les options de l'onglet Roue chromatique	
Option	**Description**
Tracé horaire	Les couleurs de l'objet initial et de l'objet final sont reliées par un arc de cercle dans la roue chromatique, qui respecte le sens des aiguilles d'une montre.
Tracé anti-horaire	Les couleurs de l'objet initial et de l'objet final sont reliées par un arc de cercle dans la roue chromatique, qui respecte le sens opposé au sens des aiguilles d'une montre.

Onglet Options diverses

Chaque objet dispose d'un point nodal de départ. Si vous avez créé l'objet avec l'outil **Bézier**, il s'agit du point mis en place par le premier clic de souris. Après avoir défini le point de départ, vous avez placé d'autres points et éventuellement fermé l'objet en amenant le dernier point sur le point de départ. Le premier point est toujours le point de départ ; il est pris comme référence lors de la création d'un dégradé. Le tracé du dégradé commence au point de départ de l'objet initial et se termine au point de départ de l'objet final. Grâce à des fonctions étendues, il est possible de définir un autre point de départ. Cette opération provoque une modification du tracé.

◀ *Fig. 8.24 :*
L'onglet Options
diverses

Tab. 8.6 : Les options de l'onglet Options diverses	
Option	**Description**
Faire correspondre les points nodaux	En faisant correspondre des points nodaux, vous contrôlez la manière dont l'objet initial se transforme en objet final. De cette façon, vous contrôlez mieux l'aspect des objets intermédiaires du dégradé. Choisissez les points nodaux des objets placés aux deux extrêmes que CorelDRAW doit traiter comme premiers points nodaux et recourez à l'option **Faire correspondre les points nodaux** pour indiquer votre choix. Sélectionnez au préalable le dégradé (et pas seulement l'objet de fin). Lorsque vous cliquez sur **Faire correspondre les points nodaux**, le pointeur se transforme en une flèche courbe et les points nodaux de l'objet final s'affiche. Sélectionnez un autre point nodal. Ensuite, les points nodaux de l'objet initial apparaissent ; procédez comme précédemment. Pour finir, cliquez sur le bouton **Appliquer**.
Séparer	Tout dégradé est composé d'un objet initial, d'un certain nombre d'étapes intermédiaires et d'un objet de fin. En séparant un dégradé, vous en créez deux. L'objet du dégradé original correspondant au point de séparation devient l'objet initial de l'un des dégradés et l'objet final de l'autre dégradé. Un dégradé peut se voir appliquer la fonction de séparation une seule fois. Veillez impérativement à sélectionner tout le dégradé et pas seulement les objets des deux extrémités. Si vous cliquez sur **Séparer**, le pointeur prend la forme d'une flèche noire courbe ; dès lors, vous pouvez sélectionnez l'un des points nodaux d'un objet intermédiaire. Cet objet devient à la fois objet final d'un dégradé et objet initial de l'autre.
Début de fusion et **Fin de fusion**	Les commandes **Début de fusion** et **Fin de fusion** permettent de réunir les dégradés composés ou séparés. Vous obtenez l'effet inverse lorsque vous provoquez une séparation de dégradé. Les termes "début" et "fin" se rapportent à l'objet que les deux dégradés partagent, c'est-à-dire l'objet du dégradé original correspondant au point de séparation. Cet objet figure à la fin d'un dégradé (l'objet est sur le dessus) et au début d'un autre (l'objet est sur le dessous). Lorsque vous fusionnez le dégradé, il se reforme avec les objets de début et de fin d'origine. Pour éveiller ces boutons, maintenez la touche **Ctrl** enfoncée et sélectionnez l'un des éléments du dégradé (pas l'objet initial ou final) avec l'outil **Sélecteur**.

Les boutons du menu flottant Dégradé

Ces boutons sont visibles sur tous les onglets. Ils servent à la création de nouveaux dégradés.

◄ Fig. 8.25 :
Les boutons sont toujours affichés dans le menu

Tab. 8.7 : Les boutons du menu flottant Dégradé	
Option	**Description**
Nouveau début/Nouvelle fin	Le bouton **Démarrer** ouvre un menu composé des deux commandes **Nouveau début** et **Afficher le début**, tandis que le menu affiché par le bouton **Terminé** propose les commandes **Nouvelle fin** et **Afficher la fin**. **Nouveau début** et **Nouvelle fin** permettent d'affecter un nouvel objet de départ ou de fin à un dégradé. Après avoir créé le nouvel objet, activez l'une de ces deux commandes et cliquez sur l'objet concerné. Cliquez ensuite sur **Appliquer** pour valider l'opération.
Afficher le début/Afficher la fin	Il est quelque fois difficile de reconnaître l'objet initial ou final d'un dégradé. Pour pallier cette difficulté, sélectionnez le dégradé, puis appelez la commande adéquate. La cible est affichée dans un cadre de sélection.
Bouton **Tracé**, commande **Nouveau tracé**	À l'origine, un dégradé est accolé le long d'une droite. Vous pouvez ensuite créer un autre objet, ouvert ou fermé, et accoler le dégradé sur ce nouveau tracé. À cet effet, sélectionnez le dégradé, cliquez sur le bouton **Tracé** du menu flottant et cliquez sur la commande **Nouveau tracé** : le pointeur se transforme en une flèche courbe. Cliquez sur le tracé requis, puis sur la commande **Appliquer**.
Bouton **Tracé**, commande **Afficher le tracé**	Cette commande rend visible le tracé sur lequel le dégradé est accolé.
Bouton **Tracé**, commande **Séparer du tracé**	Cette commande sépare le dégradé du tracé : le dégradé retrouve sa forme initiale. Vous obtenez l'effet inverse lorsque vous activez la commande **Nouveau tracé**.

8.5 Gare au relief

Vous pouvez ajouter une troisième dimension à un objet pour lui donner un volume. Il s'agit alors d'une mise en relief . Vous disposez de plusieurs moyens pour représenter des objets en volume sur une surface plane. Si par exemple, vous appliquez des points de fuite à un objet (projection centrale), ainsi qu'un éclairage et des couleurs bien choisies, vous obtenez une image correcte d'un objet en 3 dimensions. Vous pouvez même faire pivoter cet objet dans l'espace.

Remarque : Toujours une surface de couleur uniforme

Pour obtenir un rendu convenable de l'effet de relief, utilisez des objets dont les surfaces sont de couleur uniforme. Un objet sans attribut de surface, dont il est difficile de distinguer les contours, se prête mal à une mise en relief : l'effet devient rapidement trompeur et troublant. Privilégiez par exemple les objets remplis de jaune, avec des traits de contour noirs. Une fois le relief en place, il est toujours temps de supprimer éventuellement les contours ou d'appliquer des dégradés à l'objet.

Mettre un objet en relief

CorelDRAW propose deux procédures de mise en relief : soit vous recourez à l'outil interactif **Relief**, soit vous utilisez le menu flottant **Relief**. L'outil interactif est plus rapide, mais permet moins de finesse dans l'opération. Cette remarque vaut d'ailleurs pour de nombreux effets.

L'outil interactif Relief

1. Il faut disposer d'un objet acceptant la mise en relief. Tous les types d'objets se prêtent au relief, hormis les objets de texte courant.

2. Activez l'outil interactif **Relief** dans la boîte à outils. S'il ne figure pas dans cette boîte, cherchez-le dans le menu contextuel des outils interactifs.

◄ *Fig. 8.26 :*
L'outil interactif Relief dans le menu contextuel

3. Dès que l'outil est activé, les poignées de sélection de l'objet concerné disparaissent et sont remplacées par les points nodaux.

4. Placez le pointeur sur l'un de ces points, enfoncez le bouton de la souris et, tout en maintenant le bouton gauche de la souris enfoncé, faites glisser le point dans une direction quelconque.

5. Le pointeur extrait une petite croix : il s'agit du point de fuite qui sert de référence à la perspective de l'objet. Relâchez le bouton de la souris lorsque la profondeur est suffisante.

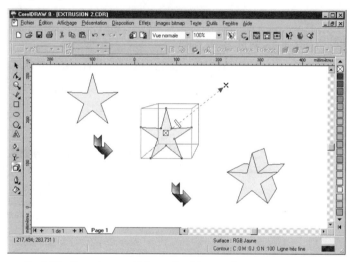

▲ *Fig. 8.27 : Une mise en relief avec l'outil interactif*

6. Le point de fuite reste affiché ; vous avez tout loisir de le déplacer ou de modifier le volume en faisant glisser le petit curseur de réglage positionné sur la flèche.

7. Lorsque vous avez fini les préparatifs, activez l'outil **Sélecteur**. L'objet est redessiné en fonction des paramètres définis ; il dispose désormais de faces complémentaires.

Remarque : Affichez la barre de propriétés

Affichez systématiquement la barre de propriétés lorsque vous travaillez avec l'outil interactif **Relief**. Elle vous permet de régler les
détails de l'opération souvent délicats à fixer avec le seul outil
interactif ; cette mise au point passe par l'intermédiaire de contrôles
ou de valeurs numériques. Pour afficher cette barre, appelez la
commande **Affichage/Barre de propriétés**.

Relief par le menu flottant Relief

1. Sélectionnez l'objet à traiter, puis appelez la commande **Effets/Relief**.

2. Le menu flottant **Relief** qui s'affiche comporte cinq onglets.

3. L'objet sélectionné est doté de faces complémentaires en pointillé
   ainsi que d'un point de fuite.

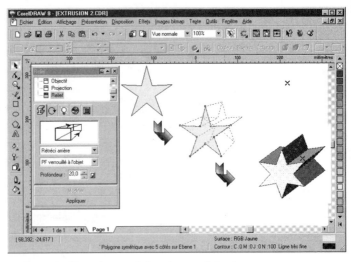

▲ *Fig. 8.28 : Une mise en relief par le menu flottant*

4. Le premier onglet du menu flottant permet de fixer le point de fuite et la profondeur de l'objet. Dès que vous modifiez un type de relief ou la profondeur, les nouveaux paramètres sont immédiatement appliqués sur l'objet au niveau des pointillés. Vous pouvez aussi déplacer le point de fuite dans l'espace de travail en utilisant la souris.

5. Cliquez sur le bouton **Appliquer** pour valider les options choisies et modifier l'objet définitif en conséquence.

6. Activez l'outil **Sélecteur** pour juger du résultat.

Modification d'un objet en relief

Un objet en relief n'est pas figé : il est modifiable à tout moment. Pour réaliser cette opération, vous disposez de deux moyens : l'outil interactif **Relief** ou le menu flottant **Relief**.

Modification avec l'outil interactif Relief

1. Cliquez sur l'outil en question, puis sur l'objet en relief à modifier.

2. Vous pouvez de nouveau déplacer le point de fuite ou le curseur de profondeur positionné sur la flèche.

Modification avec le menu flottant Relief

Ce menu propose de nombreuses possibilités d'édition des objets en relief. Le nombre d'options est impressionnant pour un programme graphique vectoriel. Une vue d'ensemble complète de ces options est proposée en fin de section.

1. Sélectionnez l'objet à modifier avec l'outil **Sélecteur**.

2. Appelez la commande **Effets/Relief** pour ouvrir le menu flottant.

3. Cliquez sur le bouton **Modifier**. Ce bouton affiche le point de fuite que vous pouvez déplacer au besoin.

4. Les options des autres onglets sont beaucoup plus intéressantes. Parcourez ces onglets, expérimentez les possibilités et cliquez sur **Appliquer**.

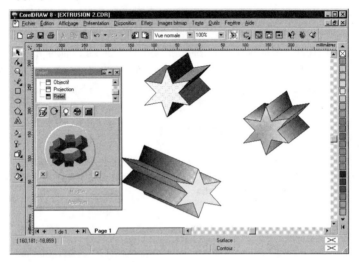

▲ *Fig. 8.29 : Quelques exemples d'options du menu flottant*

Copier un relief

Vous êtes parvenu à un effet de relief intéressant et vous souhaitez l'appliquer à d'autres objets. Procédez ainsi :

1. Pour que la copie fonctionne, sélectionnez l'objet auquel vous souhaitez appliquer le relief.

2. Appelez la commande **Effets/Copier/Relief à partir de**. Les autres commandes du sous-menu sont grisées lorsque aucun objet du graphique n'est doté d'effets.

3. Le pointeur se transforme en une épaisse flèche noire : utilisez-la pour cliquer sur l'objet source, celui dont vous souhaitez copier le relief. L'objet est automatiquement sélectionné et prend le même relief que l'objet source.

Cloner un relief

1. Sélectionnez l'objet auquel vous souhaitez appliquer le relief.

2. Dans le menu **Effets**, cliquez sur la commande **Cloner/Relief à partir de**. Le pointeur se transforme en une épaisse flèche noire.

3. Cliquez sur le relief servant de modèle.

4. CorelDRAW affecte immédiatement le même relief aux deux objets. Ils conservent leurs attributs de surface. La barre d'état indique qu'il s'agit bien d'un clonage. Toute modification effectuée sur le relief source est automatiquement répercutée sur le clone.

Supprimer le relief

Cette opération est un jeu d'enfant :

1. Sélectionnez l'objet concerné avec l'outil **Sélecteur**.

Astuce : CorelDRAW 8

Dans la version 8 de CorelDRAW, cliquez sur le relief de l'objet et non sur l'objet concerné. Vous pouvez supprimer l'objet en question, mais ce n'est pas but de l'opération.

2. Ouvrez le menu **Effets** et activez la commande **Supprimer le relief** : l'objet redevient tel qu'il était avant l'application de l'effet.

Vue d'ensemble du relief

Il s'agit d'une explication détaillée de toutes les fonctions du menu flottant **Relief**.

Onglet Point de fuite

Cet onglet regroupe les fonctions concernant le point de fuite. Ce point de fuite est appelé quelquefois "point de projection". De ce point partent les lignes de projection sur lesquelles sont orientées les faces ajoutées par l'effet de relief.

◄ Fig. 8.30 :
L'onglet Point
de fuite

Remarque : Plusieurs points de fuite

Si vous souhaitez créer plusieurs points de fuite, créez d'abord un relief. Cliquez ensuite sur l'objet de départ (appelé aussi "objet de contrôle") et appelez la commande **Disposition/Séparer**. Associez (**Disposition/Associer**) l'objet de départ avec son relief. Appelez la commande **Effets/Ajouter une perspective**. Il est maintenant possible d'ajouter des points de fuite en déplaçant les points nodaux.

Tab. 8.8 : Les options de l'onglet Point de fuite	
Option	**Description**
Parallèle arrière (valeur par défaut)	Le relief part de l'objet de contrôle au premier plan et s'étend vers l'arrière, sans déformation. Toutes les lignes sont parallèles ; le point de fuite est placé à l'arrière et les surfaces complémentaires filent vers l'arrière.

Tab. 8.8 : Les options de l'onglet Point de fuite	
Option	**Description**
Parallèle avant	Le relief part de l'objet de contrôle et s'étend vers l'avant, sans déformation. Toutes les lignes sont parallèles ; les surfaces complémentaires filent vers l'avant.
Rétréci arrière	Le relief est rétréci progressivement vers l'arrière. L'objet de contrôle reste au premier plan. Le point de fuite est placé à l'arrière et le relief file vers l'arrière en devenant de plus en plus petit. Cette option correspond à la perspective réelle.
Rétréci avant	Le relief est rétréci progressivement vers l'avant. Le point de fuite est placé devant l'objet de contrôle et le relief file vers l'avant en devenant de plus en plus petit.
Élargi arrière	Le relief est agrandi progressivement vers l'arrière. L'objet de contrôle reste au premier plan. Le point de fuite est placé à l'arrière et le relief file vers l'arrière en devenant de plus en plus grand.
Élargi avant	Le relief est agrandi progressivement vers l'avant. Le point de fuite est placé devant l'objet de contrôle et le relief file vers l'avant en devenant de plus en plus grand.
PF verrouillé à l'objet	Si vous déplacez l'objet de contrôle, le point de fuite suit le déplacement. Il garde toujours sa position relative par rapport à l'objet de contrôle.
PF verrouillé sur la page	Si vous déplacez l'objet de contrôle, le point de fuite ne suit pas le déplacement. Il est verrouillé sur la page : le relief est modifié.
Copier PF de...	Si vous avez appliqué des reliefs à plusieurs objets, chaque objet dispose de son propre point de fuite. Or, conformément à la réalité, tous ces objets devraient disposer du même point de fuite. Cette option permet d'orienter tous les reliefs sur un même point de fuite par copie du point de fuite d'un autre relief. Sélectionnez l'objet dont vous souhaitez modifier le point de fuite, puis activez l'option *Copier PF de...* dans le menu flottant. Le pointeur se transforme en un "X" avec un point d'interrogation. Cliquez sur l'objet dont vous souhaitez récupérer le point de fuite, puis sur le bouton **Appliquer** du menu flottant. L'image devient plus réaliste.

Tab. 8.8 : Les options de l'onglet Point de fuite	
Option	**Description**
Point de fuite partagé	Il en va de même qu'avec l'option précédente. Le point de fuite partagé est automatiquement verrouillé sur la page ; il ne bouge pas même en cas de déplacement des objets. Pour définir un point de fuite partagé, sélectionnez d'abord l'objet dont vous souhaitez modifier le point de fuite. Activez ensuite l'option *Point de fuite partagé* dans le menu flottant. Cliquez sur l'objet dont vous souhaitez récupérer le point de fuite, puis sur le bouton **Appliquer** du menu flottant.

Onglet Rotation 3D

Cette fonction permet de faire pivoter l'objet dans l'espace virtuel.

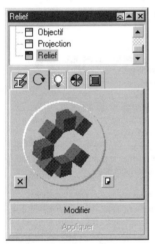

◄ *Fig. 8.31 :*
L'onglet Rotation 3D

Astuce : Pas de point de fuite verrouillé sur la page

Vous ne pouvez appliquer la rotation 3D aux objets dont le point de fuite est verrouillé sur la page.

Sélectionnez d'abord l'objet à traiter, puis cliquez sur l'onglet **Rotation 3D**. Faites glisser le logo de Corel qui apparaît au centre du menu flottant, en maintenant le bouton gauche de la souris enfoncé. Le logo pivote alors dans un espace en trois dimensions. Cliquez sur le bouton **Appliquer** pour valider l'opération.

Le bouton situé dans la partie inférieure gauche de l'onglet permet de restaurer la position de départ. Cliquez sur le bouton de droite pour définir vous-même la rotation : il suffit de saisir les valeurs numériques.

Onglet Éclairage

L'onglet **Éclairage** du menu flottant **Relief** propose des outils qui ajoutent des effets d'éclairage à un relief. Ces effets sont produits par la création et l'application de sources d'éclairage blanches simulées. Vous pouvez créer jusqu'à trois sources d'éclairage ; elles se projettent vers l'objet en relief à partir de différents angles et avec une intensité variable.

◄ *Fig. 8.32 :*
L'onglet Éclairage

Tab. 8.9 : Les options de l'onglet Éclairage	
Option	**Description**
Boutons **Source d'éclairage 1, 2, 3**	Vous avez la possibilité de définir jusqu'à 3 sources d'éclairage. Cliquez sur un bouton : la source est immédiatement positionnée sur le modèle. Vous pouvez ensuite la déplacer librement aux points d'intersection de la grille.

Tab. 8.9 : Les options de l'onglet Éclairage	
Option	Description
Curseur et zone de saisie *Intensité*	Ce curseur et cette zone de saisie servent à déterminer l'intensité de l'éclairage.
Case à cocher *Utiliser toute la gamme de couleurs*	L'activation de cette case améliore la représentation de la lumière et des ombres et la rend plus réaliste.

Onglet Roue chromatique

La couleur est un élément déterminant dans un relief : elle participe grandement au réalisme de la scène.

◄ *Fig. 8.33 : L'onglet Roue chromatique*

Tab. 8.10 : Les options de l'onglet Roue chromatique	
Option	Description
Utiliser la surface de l'objet	Cette option applique la surface de l'objet de contrôle à ses surfaces en relief.

Tab. 8.10 : Les options de l'onglet Roue chromatique	
Option	**Description**
Surfaces drapées	Si vous choisissez l'option *Utiliser la surface de l'objet*, la case *Surfaces drapées* s'affiche ; si vous cochez cette case, CorelDRAW remplit tout le relief avec la surface de l'objet de contrôle. Si vous ne la cochez pas, CorelDRAW applique une copie de la surface à chaque surface en relief. Cette option est utile pour les surfaces uniformes, les surfaces dégradées, les motifs bicolores et en couleur, les textures et les images bitmap.
Surface unie	Les surfaces en relief sont remplies avec la couleur unie de votre choix, indépendamment de la surface de l'objet de contrôle.
Nuance	Cette option repose sur le même principe que la précédente, mais mélange deux couleurs le long des surfaces en relief : des dégradés se forment. Le résultat est semblable à celui d'une surface dégradée linéaire. Si vous sélectionnez cette option, deux cases de couleur s'affichent ; elles servent à définir la couleur de début et de fin du dégradé.
Util. surf. de relief pour biseau	Les surfaces biseautées prennent la même surface que leur objet de contrôle. En général, cette case est grisée ; elle devient disponible dans la mesure où vous affectez à l'objet des surfaces biseautées. Si vous cochez la case *Utiliser un biseau* sur l'onglet **Biseaux**, cette option devient active et se retrouve cochée par défaut. Si vous retirez la coche, l'option est remplacée par l'option *Couleur du biseau* qui vous permet de choisir une couleur spécifique pour le biseau.

Onglet Biseaux

L'onglet **Biseaux** du menu flottant **Relief** vous propose d'appliquer des bords biseautés à un objet ou à un relief. Ces biseaux ajoutent encore à l'aspect réaliste des objets en relief.

Tab. 8.11 : Les options de l'onglet Biseaux	
Option	**Description**
Utiliser un biseau	Si cette case est désactivée, l'objet n'est pas pourvu de bords biseautés. Dans le cas contraire, les biseaux sont mis en place et les options de paramétrage de ces biseaux s'affichent.

Tab. 8.11 : Les options de l'onglet Biseaux	
Option	**Description**
Affich. seulement le biseau	Il est possible d'appliquer à un objet des surfaces de relief, des bords biseautés ou les deux. Si vous cochez cette case, le relief se limite aux bords biseautés.
Prof. de biseau	Indiquez la profondeur du biseau. Plus la valeur est grande, plus les surfaces biseautées sont importantes. Évitez de définir dans le champ suivant, *Angle de biseau*, une valeur trop faible, sous peine de rendre le biseau imperceptible. La valeur minimum est 10.
Angle de biseau	Indiquez l'angle de biseautage. Les valeurs possibles sont comprises entre 1 (biseau presque droit) et 89 degrés (biseau grand angle). Ne passez pas en dessous de la barre des 10 degrés.
Zone interactive *Affichage*	Cette zone interactive permet de configurer les biseaux à l'aide de la souris. Faites glisser le petit carré blanc verticalement pour indiquer la profondeur de biseau et horizontalement pour indiquer l'angle de biseau.

8.6   Rien que des projections

Recourez à cette fonction pour ajouter un contour aux objets de Corel-DRAW. Ces contours présentent une particularité : chacun d'eux est un nouvel objet. Les objets sont agencés de manière à donner à l'utilisateur l'impression qu'il s'agit d'un contour adjoint à l'objet de départ.

Créer une projection

La projection d'un objet sélectionné génère de nouveaux objets. La projection s'applique uniquement aux lignes, aux objets plats et aux textes artistiques. Un texte courant ne peut être doté d'une projection.

1. Créez un objet simple. Choisissez par exemple un texte artistique avec des caractères de 180 points.

2. Appelez ensuite la commande **Effets/Projection**. Le menu flottant **Projection** s'affiche ; il se compose de deux onglets de propriétés.

3. Sur le premier onglet, activez l'option *Extérieur* pour que les contours soient placés à l'extérieur de l'objet créé. En fait, il s'agit de duplicata de l'objet en question, créés automatiquement par CorelDRAW, légèrement plus grands ou plus petits que l'original, et placés derrière lui. En activant cette option, vous obtenez une impression de contour.

4. Fixez un décalage de 2 mm et le nombre d'étapes à 3. Le texte artistique est dupliqué trois fois ; chaque duplicata voit sa taille augmenter de 2 mm par rapport à son prédécesseur.

5. Passez au second onglet, à savoir l'onglet **Roue chromatique**. Cliquez sur le bouton **Couleur de surface**. Sélectionnez une couleur de surface uniforme quelconque. Cette couleur est appliquée à dernier objet créé ; il s'agit ici du troisième duplicata. CorelDRAW se charge de produire un dégradé entre la couleur de l'objet original et la couleur appliquée au dernier duplicata.

6. Cliquez sur le bouton **Appliquer**. Après quelques instants, le texte artistique est doté de son contour.

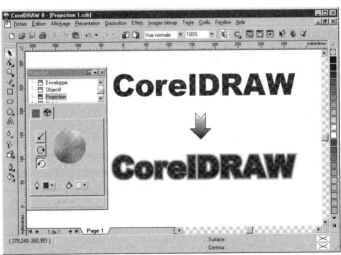

▲ *Fig. 8.34 : La projection est un effet facile à appliquer*

Copier une projection

Vous réalisez une projection intéressante et vous souhaitez l'appliquer à d'autres objets. Procédez ainsi :

1. Sélectionnez l'objet auquel vous souhaitez appliquer la projection.

2. Appelez la commande **Effets/Copier/Projection à partir de**.

3. Le pointeur se transforme en une épaisse flèche noire : utilisez-la pour cliquer sur l'objet source, celui dont vous souhaitez copier la projection. L'objet sélectionné prend automatiquement la même projection que l'objet source.

Cloner une projection

1. Sélectionnez l'objet auquel vous souhaitez appliquer la projection.

2. Dans le menu **Effets**, cliquez sur la commande **Cloner/Projection à partir de**. Le pointeur se transforme en une épaisse flèche noire.

3. Cliquez sur la projection servant de modèle.

4. Les deux objets sont immédiatement affectés du même contour. La barre d'état indique qu'il s'agit bien d'un clonage. Toute modification effectuée sur la projection source est automatiquement répercutée sur le clone.

Séparer un objet de sa projection

L'objet projeté est automatiquement relié aux objets issus de sa projection. Cependant, vous pouvez annuler cette liaison. Comme il ne s'agit ni d'une association, ni d'une combinaison, vous ne pouvez pas faire appel aux commandes **Dissocier** ou **Scinder** du menu **Disposition**. Procédez ainsi :

1. Sélectionnez la projection (il ne s'agit pas de l'objet initial, mais réellement de la projection) avec l'outil **Sélecteur**. Notez que l'objet initial peut être sélectionné isolément, mais ce n'est pas le but de l'opération.

2. Appelez la commande **Disposition/Séparer**.

3. Annulez la sélection en appuyant sur la touche **Echap**. Vous pouvez déplacer la projection sans l'objet de départ.

4. L'ensemble des lignes de projection est une association. Pour accéder aux objets individuels, appelez la commande **Disposition/Dissocier**.

Le menu flottant Projection

Cette section est consacrée au menu flottant **Projection**. En quelques clics de souris, vous pouvez créer des effets intéressants.

Onglet Étapes

Ce premier onglet permet de définir le nombre d'étapes, le décalage et le sens de la projection.

◄ *Fig. 8.35 :*
L'onglet Étapes

Tab. 8.12 : Les options de l'onglet Étapes	
Option	**Description**
Vers le centre	Les lignes de projection progressent vers le centre de l'objet sélectionné. Le nombre de lignes dépend de la taille de l'objet et de la valeur affichée dans la zone *Décalage*. La zone *Étapes* est grisée lors d'une projection vers le centre d'un objet.

Tab. 8.12 : Les options de l'onglet Étapes	
Option	**Description**
Intérieur	Cette option est assez proche de la précédente. Les lignes de contour sont également créées vers l'intérieur de l'objet, mais cette fois le champ *Étapes* est pris en compte. CorelDRAW ne fixe pas le nombre d'étapes en fonction de la taille de l'objet.
Extérieur	Les lignes de contour sont créées vers l'extérieur. Vous devez définir le décalage et le nombre d'étapes.
Décalage	Indiquez l'espacement entre les lignes de projection.
Étapes	Indiquez le nombre de lignes de projection à créer.

Onglet Roue chromatique

Lorsque la projection est créée, vous pouvez en définir les couleurs. Elles concernent soit la surface, soit les traits de contour.

◄ *Fig. 8.36 :*
L'onglet Roue
chromatique

Tab. 8.13 : Les options de l'onglet Roue chromatique	
Option	**Description**
Bouton **Direct**	La couleur de départ et la couleur cible sont reliées par une droite. Les lignes de projection prennent les couleurs placées le long de cette droite.

Tab. 8.13 : Les options de l'onglet Roue chromatique	
Option	**Description**
Bouton **Horaire**	La couleur de départ et la couleur cible sont reliées par un arc tournant dans le sens des aiguilles d'une montre. Les lignes de projection prennent les couleurs placées le long de cette droite.
Bouton **Anti-horaire**	La couleur de départ et la couleur cible sont reliées par un arc tournant dans le sens contraire des aiguilles d'une montre.

8.7 Objectifs et autres particularités

La fonction *Objectif* est extrêmement intéressante. Elle offre des résultats variés : inversion partielle des couleurs d'un objet, éclaircissement, mélange avec d'autres couleurs, agrandissement, etc. L'application de l'effet est d'une simplicité enfantine : il suffit d'affecter à un objet un attribut d'objectif pour que tous les objets placés en dessous soient instantanément modifiés selon la fonction d'objectif sélectionnée. En fait, l'objet objectif est invisible, contrairement aux objets placés en dessous. Vous pouvez déplacer ou supprimer l'objectif à votre guise.

Appliquer un effet d'objectif

La mise en œuvre de cette fonction nécessite l'existence d'un objet. Tous les objets, hormis le texte courant et les lignes, peuvent devenir des objectifs.

1. Créez une forme simple et appliquez-lui une couleur de surface quelconque. Cet objet vous permet de visualiser l'objectif ; sans lui, l'effet est invisible.

2. Créez un second objet auquel vous allez appliquer l'objectif. Superposez-le, au moins partiellement, au premier objet.

3. Appelez la commande **Effets/Objectif**.

◄ Fig. 8.37 :
Le menu flottant Objectif : peu
d'options, mais beaucoup d'effets

4. Le menu flottant **Objectif** s'ouvre. Sélectionnez un effet d'objectif. CorelDRAW propose un paramétrage complémentaire pour chacun des effets.

5. Sélectionnez le dernier objet créé et cliquez sur le bouton **Appliquer**. L'effet devient visible immédiatement. Pensez à placer l'objectif devant l'objet à déformer pour obtenir un effet.

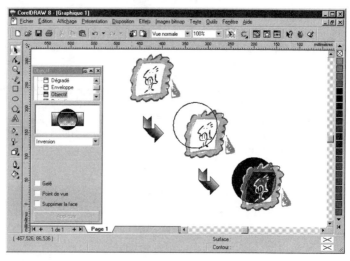

▲ Fig. 8.38 : Le résultat de l'effet Inversion

Copier un objectif

Vous avez défini un objectif particulièrement intéressant et vous souhaitez l'appliquer à d'autres objets. La procédure est la suivante :

1. Sélectionnez l'objet auquel vous souhaitez appliquer l'objectif.

2. Appelez la commande **Effets/Copier/Objectif à partir de**.

3. Le pointeur se transforme en une épaisse flèche noire : utilisez-la pour cliquer sur l'objet source, celui dont vous souhaitez copier la projection. L'objet sélectionné prend automatiquement la même projection que l'objet source.

Annuler l'objectif

1. Sélectionnez l'objet pour lequel vous souhaitez supprimer l'objectif.

2. Ouvrez le menu flottant **Objectif**. Sélectionnez l'entrée *Aucun effet d'objectif* dans la liste déroulante ; elle est en première position dans la liste.

Vue d'ensemble des objectifs

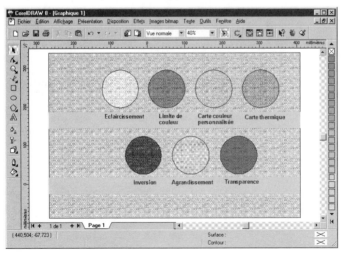

▲ *Fig. 8.39 : Quelques exemples d'effets d'objectif*

Les fonctions d'objectif sont diverses et variées, mais toujours simples à appliquer.

Tab. 8.14 : Les options d'objectif	
Options	**Description**
Aucun effet d'objectif	Annule l'effet d'objectif de l'objet sélectionné.
Éclaircissement	Éclaircit les couleurs de surface et de contour sous l'objectif.
Ajout de couleur	Cet objectif est basé sur le système chromatique additif. Imaginez trois projecteurs (un rouge, un bleu et un vert) sur un fond noir. À l'endroit où les trois projecteurs se rencontrent, la lumière est blanche. Les couleurs intermédiaires sont le magenta, le cyan et le jaune. Avec cet objectif, les couleurs des objets situés derrière l'objectif sont ajoutées à la couleur de l'objectif ; il s'agit en quelque sorte d'un mélange de couleurs de lumière. La valeur *Proportion* contrôle l'étendue de l'ajout de couleur.
Limite de couleur	Cet objectif fonctionne à peu près de la même manière qu'un objectif de filtre de couleur sur une caméra : il laisse uniquement passer le noir et la couleur de l'objectif. Les couleurs blanches et claires des objets situés derrière l'objectif sont converties en couleur de l'objectif. Si par exemple, vous placez un objectif *Limite de couleur* rouge sur une image bitmap, toutes les couleurs sont filtrées à l'intérieur de la zone de l'objectif, à l'exception du rouge et du noir.
Carte couleur personnalisée	L'objectif *Carte couleur personnalisée* définit toutes les couleurs sous-jacentes à une gamme de couleurs définie par deux couleurs précises. Vous devez définir les couleurs de début et de fin de la gamme, ainsi que la progression entre les couleurs. Par défaut, l'objectif utilise l'option *Palette directe*. Cependant, préférez les options *Arc-en-ciel vers l'avant* ou *Arc-en-ciel inverse* pour créer des effets intéressants. Si vous choisissez une de ces deux options, la progression entre les couleurs se fait suivant un tracé qui va dans le sens des aiguilles d'une montre ou dans le sens contraire. Ce tracé passe au travers du spectre défini par les couleurs sélectionnées.
Fish Eye	Les objets placés derrière l'objectif sont agrandis et déformés. Le champ *Taux* permet de régler la puissance de l'effet.

Tab. 8.14 : Les options d'objectif	
Options	**Description**
Carte thermique	Cet objectif crée l'effet d'une image infrarouge. Il utilise une palette limitée pour illustrer les niveaux de chaleur qui affectent les couleurs des objets situés derrière l'objectif. Cette palette se compose des couleurs suivantes : blanc, jaune, orange, rouge, bleu, violet et cyan. En ajustant la valeur de la zone *Rotation de palette*, vous contrôlez les couleurs considérées comme chaudes ou froides. Les couleurs chaudes sous l'objectif apparaissent rouges ou orange, alors que les couleurs froides sont représentées par le bleu. Si vous optez pour cet objectif, vous profitez d'un nombre de couleurs limité.
Inversion	Les couleurs de l'objet sous l'objectif sont remplacées par les couleurs complémentaires (celles qui sont placées à l'opposé sur la roue chromatique). Le cyan devient rouge, le magenta se transforme en vert, le jaune laisse sa place au bleu et le noir est remplacé par le blanc. Même les mélanges sont convertis.
Agrandissement	L'effet de l'objectif *Agrandissement* est comparable à celui produit par un morceau de verre grossissant. Il écrase la surface de l'objet pour qu'il ait l'air transparent. Les objets sous l'objectif sont grossis selon le coefficient spécifié dans la zone *Montant*.
Niveaux de gris nuancés	Les couleurs des objets auxquels s'applique cet objectif sont transformées en niveaux de gris équivalents. Au lieu d'utiliser la palette des niveaux de gris, vous pouvez définir une autre couleur. La valeur de luminosité de cette couleur remplace alors toutes les autres couleurs.
Transparence	L'objet placé sous cet objectif prend l'apparence d'un morceau de film ou de verre teinté. Un objectif *Transparence* peut être de n'importe quelle couleur. Lorsque vous placez l'objectif au-dessus des autres objets, ces objets prennent la teinte de l'objectif. L'option *Proportion* contrôle le niveau de transparence de l'objectif. Plus il est haut, plus l'objectif est transparent. Si la valeur de *Proportion* est nulle, l'objectif est opaque.
Fil de fer	Les objets situés derrière l'objectif *Fil de fer* s'affichent avec la surface et le contour de votre choix. Si par exemple, vous définissez un contour rouge et une surface bleue, tous les objets (ou parties des objets) situés derrière l'objectif ont des contours rouges et des surfaces bleues. Si vous ne voulez pas que l'objectif affecte le contour ou la surface, désactivez la case correspondante.

Tab. 8.14 : Les options d'objectif	
Options	**Description**
Case à cocher *Gelé*	Si cette case est activée, le contenu d'un objectif est fixé. Vous pouvez ensuite déplacer l'objectif sans en modifier le contenu. Les modifications apportées aux objets visibles à travers l'objectif n'ont aucun effet sur le contenu de l'objectif.
Case à cocher *Point de vue*	Cette option vous permet d'afficher une partie d'un dessin à travers un objectif sans avoir à déplacer l'objectif. L'activation de cette case entraîne l'affichage du bouton **Modifier**. Si vous cliquez sur ce bouton, une petite croix s'affiche dans la page de dessin. Vous pouvez positionner cette croix librement ; elle indique la zone affichée dans l'objectif. Lorsque la croix est à sa place, cliquez sur le bouton **Terminer**.
Case à cocher *Supprimer la face*	L'objectif est affiché uniquement à l'endroit où il recouvre d'autres objets. En conséquence, l'effet n'est pas visible à l'endroit où l'objectif couvre l'espace vide du dessin.

Qui fait quoi ?

Tous les objets ne peuvent pas devenir objectif. Les objectifs s'appliquent uniquement à des objets fermés (rectangles, ellipses, polygones) et aux textes artistiques. En revanche, n'importe quel objet peut être placé "sous" l'objectif.

Tab. 8.15 : Les possibilités offertes par les différents types d'objets		
Objet	**Peut devenir objectif**	**Peut être placé sous l'objectif**
Ligne	non	oui
Forme géométrique fermée	oui	oui
Texte artistique	oui	oui
Texte courant	non	oui
Image bitmap	non	oui
Objets combinés et associés	oui	oui

8.8 La puissance à l'état brut : l'effet vitrail

Cet effet permet d'appliquer à un objet un contenu spécial, en l'occurrence un autre objet ou un groupe d'objets. L'ensemble est alors assemblé en un vitrail. Un vitrail se compose toujours d'un contenant et d'un contenu. Le contenant est l'objet ou le groupe d'objets qui prend en guise d'attribut de surface un autre objet ou un groupe d'objets appelé contenu. Le contenu peut être plus grand que le contenant : dans ce cas, seule la partie du contenu délimitée par le contenant est visible. Après avoir appliqué l'effet, vous êtes en mesure de poursuivre l'édition du contenu et du contenant. Si vous avez dessiné un rectangle (contenant) et appliqué comme contenu une photo, vous pouvez par exemple couper le rectangle en plusieurs morceaux pour en faire un puzzle.

Créer un vitrail

Deux conditions sont requises pour la création d'un vitrail : il faut disposer d'un contenant et d'un contenu. Un vitrail peut lui-même devenir contenu d'un autre vitrail. En répétant l'opération, il est possible d'imbriquer cinq vitraux les uns dans les autres.

Créer un vitrail par les menus

1. Créez le contenant. Il peut s'agir d'un objet fermé (rectangle, ellipse, polygone) ou d'un texte artistique. Le texte courant et les lignes ne peuvent servir de contenant. Il est également envisageable de créer plusieurs objets et de les associer ou de les combiner en guise de contenant.

2. Créez ou importez un objet ou un groupe d'objets en guise de contenu. Tous les types d'objets sont autorisés.

3. À l'aide de l'outil **Sélecteur**, sélectionnez l'objet que vous voulez utiliser comme contenu et appelez la commande **Effets/Vitrail**.

4. Cliquez sur **Placer dans le contenant** dans le sous-menu.

5. Un pointeur en forme d'une épaisse flèche noire s'affiche. Cliquez sur l'objet à utiliser comme contenant. L'objet contenu est placé dans l'objet contenant. Le contenu et le contenant forment alors une seule entité.

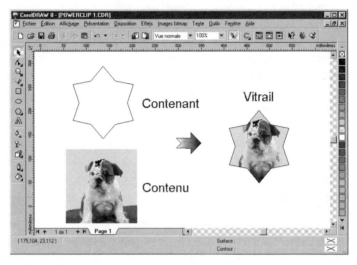

▲ *Fig. 8.40 : Les deux objets choisis et le vitrail obtenu*

Créer un vitrail en utilisant le bouton droit de la souris

Cette technique est un peu plus rapide.

1. Vous devez disposer des objets destinés à être contenu et contenant.

2. Activez l'outil **Sélecteur**. Cliquez avec le bouton droit de la souris sur l'objet qui fait office de contenu et faites-le glisser sur l'objet qui tient le rôle de contenant.

3. Lorsque le pointeur prend la forme d'une croix, relâchez le bouton de la souris.

4. Cliquez sur la commande **Vitrail à l'intérieur** du menu contextuel.

Modifier le contenu du vitrail

Vous pouvez modifier l'objet vitrail à tout moment, tant au niveau du contenu que du contenant.

Modifier le contenu du vitrail par les menus

1. Sélectionnez l'objet Vitrail avec l'outil **Sélecteur**, puis appelez la commande **Effets/Vitrail**

2. Dans le sous-menu, cliquez sur **Modifier le contenu**. L'objet contenu s'affiche en totalité alors que l'objet contenant apparaît à l'écran en mode Fil de fer.

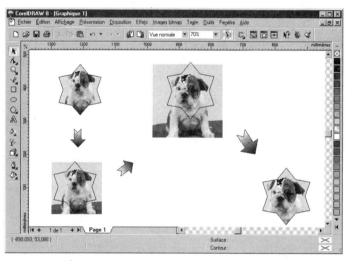

▲ *Fig. 8.41 : Édition du contenu du vitrail*

3. Sélectionnez l'objet à modifier avec l'outil **Sélecteur**, puis entreprenez toutes les modifications souhaitées. Il s'agit d'un objet normal. Néanmoins, vous ne pouvez pas modifier le contenant.

4. Lorsque l'objet est au point, abandonnez le mode d'édition du contenu. Dans ce mode, il est possible de modifier le contenu uniquement, tous les autres objets sont inaccessibles. Appelez la commande **Effets/Vitrail**.

5. Dans le sous-menu, cliquez sur la commande **Finir l'édition de ce niveau**.

6. L'affichage redevient normal.

Modifier le contenu du vitrail par le bouton droit de la souris

1. Cliquez avec le bouton droit de la souris sur l'objet vitrail.

2. Dans le menu contextuel, cliquez sur la commande **Modifier le contenu**. Le contenu est maintenant prêt pour l'édition.

3. Pour abandonner l'édition du contenu, cliquez avec le bouton droit de la souris sur l'objet vitrail, puis sur la commande **Finir l'édition de ce niveau** du menu contextuel.

Modifier le contenant

Le contenant du vitrail peut être modifié comme un objet ordinaire. Vous pouvez par exemple fractionner le contenant en plusieurs morceaux et le modifier à l'aide de l'outil **Forme**.

1. Activez l'outil **Forme** ou l'outil **Couteau**, et coupez au minimum deux points nodaux du contenant du vitrail.

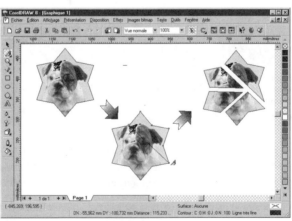

▲ *Fig. 8.42 : En modifiant le contenant, vous pouvez obtenir des effets intéressants*

2. Si vous utilisez l'outil **Forme**, annulez par la suite la combinaison des objets.

3. Chaque objet devient ainsi une entité à part, que vous pouvez déplacer indépendamment des autres objets.

Extraire le contenu d'un vitrail

Vous avez la possibilité d'extraire le contenu d'un vitrail. En fonction du traitement que vous avez fait subir au contenant, vous risquez de retrouver le contenu initial dans un état différent.

Extraire le contenu par les menus

1. À l'aide de l'outil **Sélecteur**, sélectionnez le vitrail dont vous voulez extraire le contenu.

2. Dans le menu **Effets**, cliquez sur **Vitrail/Extraire le contenu**.

Extraire le contenu d'un objet avec le bouton droit de la souris

1. Cliquez avec le bouton droit de la souris sur le vitrail.

2. Cliquez sur la commande **Extraire le contenu**.

Vue d'ensemble de l'effet Vitrail

Tab. 8.16 : Les commandes de vitrail	
Option	**Description**
Placer dans le contenant	Place un objet ou un groupe d'objets préalablement sélectionné dans un objet ou un groupe d'objets. Il en résulte un vitrail.
Extraire le contenu	Le contenu est extrait de son contenant. Vous obtenez l'effet inverse lorsque vous activez la commande précédente.

Tab. 8.16 : Les commandes de vitrail	
Option	Description
Modifier le contenu	Modifie le contenu du vitrail sans annuler le vitrail. Seul ce contenu est accessible.
Finir l'édition de ce niveau	Termine l'édition du contenu ; tous les autres objets redeviennent accessibles.
Verrouiller le contenu au vitrail	Cette commande est disponible dans le menu contextuel d'un objet vitrail. Elle contrôle la relation entre le contenant et le contenu d'un vitrail. Lorsqu'elle est activée, cette commande verrouille l'objet contenu à son contenant. En cas de déplacement, de rotation ou de mise à l'échelle du vitrail, les objets contenu et contenant subissent les mêmes modifications. Si vous n'activez pas cette commande, l'objet contenu est verrouillé à la page et ne bouge pas.

Qui fait quoi ?

Tous les objets ne peuvent pas devenir vitrail.

Tab. 8.17 : Les possibilités offertes par les divers types d'objets en matière de vitrail		
Objet	Peut devenir contenant	Peut devenir contenu
Ligne	non	oui
Forme géométrique fermée	oui	oui
Texte artistique	oui	oui
Texte courant	non	oui
Image bitmap	non	oui
Objets combinés et associés	oui	oui

8.9 Ajustement des couleurs

Cette fonction n'est pas réellement un effet. La fonction *Ajustement des couleurs* de CorelDRAW est néanmoins classée dans le menu **Effets**, c'est pourquoi elle est décrite dans cette section. Elle permet de modifier simplement les couleurs des objets. En quelques clics de souris, vous pouvez rendre un objet méconnaissable, voire une image bitmap ou un clipart. La commande **Effets/Ajustement des couleurs** propose un sous-menu composé de 6 commandes.

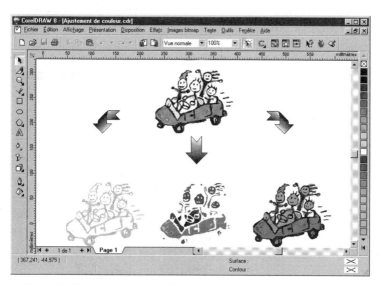

▲ *Fig. 8.43 : Quelques exemples d'ajustement des couleurs*

Annulation et copie de ces effets

Pour annuler un ajustement des couleurs, appelez immédiatement après la mise en place de l'effet la commande **Édition/Annuler** ou cliquez sur le bouton **Réinitialiser** de la boîte de dialogue de l'effet.

Vous n'avez pas la possibilité de transférer un ajustement des couleurs sur un autre objet, à moins de créer un style à partir de l'objet source. Cependant, le style transfère également tous les autres attributs de surface.

Les images bitmap

Dans la boîte de dialogue de l'ajustement des couleurs figure un bouton **Effets**. Ce bouton propose plusieurs effets 2D et 3D particulièrement intéressants. Vous avez la possibilité de les appliquer aux seules images bitmap.

À cet effet, importez une image bitmap ou convertissez une image vectorielle en bitmap (**Images bitmap/Convertir en image bitmap**). Nous reviendrons en détail sur cette conversion bitmap dans le chapitre suivant.

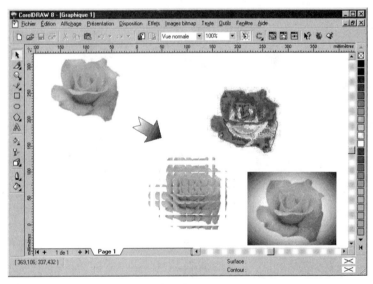

▲ *Fig. 8.44 : Certains effets sont réservés aux seules images bitmap*

Remarque : Dans les version précédentes

Il semble que dans les versions précédentes de CorelDRAW, l'ajustement des couleurs ne fonctionnait pas toujours correctement. Les images bitmap acceptaient un ajustement, contrairement aux objets créés avec les outils de CorelDRAW (rectangle, ellipse, polygone) et dotés d'une couleur de surface uniforme. Seuls les objets affectés d'une surface spéciale (dégradé, motif ou texture) admettaient l'ajustement des couleurs.

Luminosité, contraste, intensité

Lors de l'importation d'une image bitmap, les couleurs ne sont pas toujours correctement restituées : soit elles sont trop claires, soit elles sont trop sombres. Le résultat convient rarement. Heureusement, vous pouvez modifier la luminosité, le contraste et l'intensité d'une image bitmap.

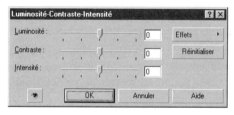

◄ *Fig. 8.45 :*
Les curseurs permettent
un réglage rapide

Tab. 8.18 : Les options de la boîte de dialogue Luminosité-Contraste-Intensité	
Option	**Description**
Luminosité	Intensifie la luminosité par augmentation de la proportion de blanc ou réduit la luminosité par augmentation de la proportion de noir. Toutes les couleurs de l'image subissent le même traitement. En principe, les valeurs de luminosité varient de 0 (noir) à 100 (blanc). Notez que CorelDRAW utilise une autre échelle, où le noir équivaut à la valeur -100 et le blanc à +100. La luminosité normale est représentée dans CorelDRAW par la valeur 0.

Tab. 8.18 : Les options de la boîte de dialogue Luminosité-Contraste-Intensité	
Option	**Description**
Contraste	Modifie le contraste. Si vous augmentez le contraste, les zones sombres deviennent plus sombres et les zones claires plus claires. Si vous réduisez le contraste, les différences entre clair et sombre s'amenuisent. En réduisant la valeur de 0 jusqu'à -100, la saturation en couleur diminue ; les couleurs se rapprochent de plus en plus du gris. En augmentant le contraste de 0 jusqu'à +100, les couleurs deviennent de plus en plus vives. Les effets du changement de contraste sont visibles dans certaines circonstances : par exemple, si vous modifiez au préalable la luminosité ou l'intensité. Si vous réduisez l'intensité d'une image bien colorée, vous pouvez rattraper les différences de couleurs en augmentant le contraste.
Intensité	En théorie, l'augmentation de l'intensité des couleurs se traduit par une augmentation de la luminosité des couleurs claires, les zones sombres restant en l'état. Dans la pratique, l'intérêt principal de l'intensité est le suivant : elle compense les effets négatifs des deux autres curseurs. Si vous réduisez le contraste d'une couleur, vous pouvez compenser cette réduction en augmentant l'intensité. Modifiez de concert le contraste et l'intensité.

Équilibre des couleurs

Vous avez sans doute remarqué qu'une photo placée dans un cadre et exposée quelques temps au soleil prend une teinte bleutée. L'explication est simple : le magenta subit l'influence des rayons ultraviolets du soleil. Les autres couleurs sont renforcées, surtout les valeurs de cyan, et l'image semble piquée de bleu.

▲ *Fig. 8.46 : Avec l'équilibre des couleurs, vous compenserez facilement les décolorations*

L'effet **Équilibre des couleurs** peut pallier les décolorations de ce genre. Vous pouvez ainsi réduire ou augmenter certaines valeurs de nuances, tout en limitant ces modifications aux zones claires, aux tons moyens ou aux zones sombres.

La notion d'équilibre des couleurs s'explique relativement bien par une balance. Lorsqu'un des plateaux de la balance est en bas, l'autre plateau est forcément en haut : il est impossible d'abaisser simultanément les deux plateaux. Il en va de même des paramètres de l'équilibre des couleurs. Observez la roue chromatique (qu'il s'agisse d'un système additif ou soustractif) ; il s'avère que les paires de couleurs des paramètres de la boîte de dialogue **Équilibre des couleurs** sont toujours distribuées de part et d'autre de la roue ; les couleurs formant une paire s'excluent mutuellement. Si vous augmentez le pourcentage de cyan d'une couleur, le pourcentage de rouge diminue. Vous n'êtes pas en mesure d'augmenter les deux simultanément.

Dans CorelDRAW, ce principe est matérialisé par des curseurs. Si vous déplacez le curseur *Cyan-Rouge* vers la gauche, en direction du cyan, vous augmentez le pourcentage de cyan, tout en réduisant le pourcentage de rouge.

Aperçu des systèmes chromatiques

RVB (rouge-vert-bleu), système colorimétrique additif

Ce modèle est basé sur trois composantes : le rouge (R), le vert (V) et le bleu (B). Dans le modèle colorimétrique RVB, chaque couleur est composée d'un mélange de ces trois couleurs ; une valeur comprise entre 0 et 255 est attribuée à chacune de ces trois composantes et définit la saturation. Si les trois composantes sont sur 0 (absence de couleur), vous obtenez du noir. Si elles sont sur 255, vous obtenez du blanc.

En mélangeant ces trois couleurs de base, vous retrouvez les couleurs du modèle CMJN :

```
rouge + vert = jaune
vert + bleu = cyan
```

```
bleu + rouge = magenta
rouge + vert + bleu = blanc
```

CMJN (cyan-magenta-jaune-noir/contraste), système colorimétrique soustractif

Ce modèle est basé sur les couleurs cyan (C), magenta (M), jaune (J) et noir (N). Les valeurs des couleurs sont exprimées en pourcentages : une valeur de 100 signifie que la couleur est appliquée à son niveau de saturation maximal ; le 0 correspondant à l'absence de couleur. Si les quatre couleurs sont à 0, vous obtenez du blanc ; à 100, il s'agit de noir.

Les mélanges restituent les couleurs du système RVB :

```
magenta + jaune = rouge
jaune + cyan = vert
cyan + magenta = bleu
cyan + magenta + jaune = noir
```

À partir des mélanges, vous comprenez aisément la raison pour laquelle certaines couleurs s'excluent mutuellement. Ainsi, le cyan est le résultat du mélange de vert et de bleu. Le cyan ne peut donc contenir du rouge (faute de quoi il ne s'agit pas de cyan pur). On dit que le cyan et le rouge sont des couleurs complémentaires.

Tab. 8.19 : Les options de la boîte de dialogue Équilibre des couleurs	
Options	**Description**
Ombres, *Tons moyens* et *Zones claires*	En cochant ou en désactivant ces cases, vous définissez le type de zone sur lequel l'effet doit influer. L'option *Ombres* correspond aux zones sombres, *Tons moyens* correspond à peu près à 50 % de luminosité et *Zones claires* aux parties les plus claires de l'image.
Conserver la luminosité	Par l'ajustement des couleurs, vous avez la possibilité d'éclaircir ou d'assombrir les couleurs. Si cette case est cochée, CorelDRAW essaie de conserver la luminosité des couleurs pendant l'application de l'effet.
Cyan - Rouge	Définissent la quote-part de cyan ou de rouge. Une valeur négative correspond à une augmentation du cyan et donc une réduction automatique du rouge. Une valeur positive a l'effet inverse.

Tab. 8.19 : Les options de la boîte de dialogue Équilibre des couleurs	
Options	**Description**
Magenta - Vert	Définissent la quote-part de magenta ou de vert. Une valeur négative correspond à une augmentation du magenta et donc une réduction automatique du vert. Une valeur positive a l'effet inverse.
Jaune - Bleu	Définissent la quote-part de jaune ou de bleu. Une valeur négative correspond à une augmentation du jaune et donc une réduction automatique du bleu. Une valeur positive a l'effet inverse.

Gamme

Chaque image (vectorielle ou bitmap) dispose d'une gamme de couleurs. Cette gamme est un spectre entre les teintes les plus sombres et les plus claires. Chaque couleur a une valeur de gris qui définit sa position dans cette gamme. Au milieu de la gamme sont placés les tons moyens, c'est-à-dire les couleurs ni sombres ni claires.

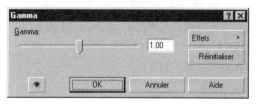

◀ *Fig. 8.47 : Ajustement de gamme*

La valeur de gamme définit le contraste des tons moyens sans affecter de manière significative les zones sombres ou claires. En modifiant la valeur de gamme, vous pouvez assombrir ou éclaircir les tons moyens de l'image. Contrairement à la luminosité qui agit sur tout le spectre, la valeur de gamme intervient plus spécialement sur les tons moyens.

Teinte, saturation, luminance

Les paramètres TLS permettent d'ajuster les couleurs de l'image, plus précisément de modifier l'intensité des couleurs, voire de changer complètement les couleurs.

◄ Fig. 8.48 :
Les paramètres
Teinte, Saturation
et Luminance

Les options de la boîte de dialogue

Curseur et champ Teinte

Ce paramètre agit sur la couleur ou la teinte. Choisissez une valeur entre 0 et 360. Le tableau suivant reprend les principales valeurs et leur conversion :

Tab. 8.20 : Les valeurs de teinte							
Valeur	R	V	B	C	M	J	N
0 = Rouge	255	-	-	-	100	100	-
60 = Jaune	255	255	-	-	-	100	-
120 =Vert	-	255	-	100	-	100	-
180 = Cyan	-	255	255	100	-	-	-
240 = Bleu	-	-	255	100	100	-	-
300 = Magenta	255	-	255	-	100	-	-

Curseur et champ Saturation

Ce paramètre définit la saturation des couleurs. Plus une couleur est saturée, plus elle est pure et vive. La valeur maximale est de +100. En réduisant cette valeur, vous diminuez la saturation et augmentez la valeur de gris. À -100, il n'y a plus aucune couleur : il ne reste qu'un niveau de gris.

Curseur et champ Luminance

Plus une teinte est claire, plus elle contient de blanc. Si la valeur maximale +100 est atteinte, il reste uniquement du blanc. En réduisant la valeur, le couleur se voit adjoindre du noir. La valeur -100 correspond au noir total.

Inversion

Cet effet transforme l'image en négatif par conversion de toutes les valeurs de couleur en valeurs opposées : le noir devient blanc, le bleu devient jaune, etc.

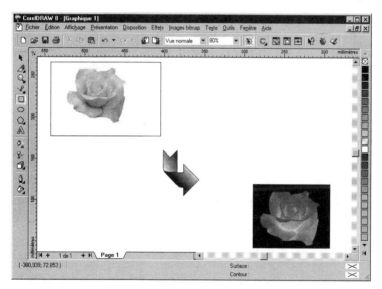

▲ *Fig. 8.49 : Un négatif créé avec la fonction d'inversion*

Postérisation

Cette fonction permet de réduire le nombre des couleurs d'une image. Une valeur basse réduit fortement le nombre de couleurs, une valeur élevée le réduit peu. La plage des valeurs possibles va de 2 (deux couleurs) à 32 (32 couleurs différentes).

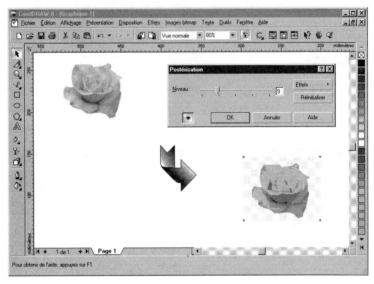

▲ *Fig. 8.50 : La postérisation réduit le nombre des couleurs*

8.10 Ombre portée interactive (uniquement dans CorelDRAW 8)

Il s'agit de l'une des nouvelles fonctions de la version 8 de CorelDRAW. Elle permet de créer rapidement et sans complication une ombre portée à partir d'un objet existant. Auparavant, cet effet était réalisable dans un programme de retouche d'images uniquement. Désormais, il est à votre portée en quelques clics de souris. L'ombre est une image bitmap créée automatiquement par CorelDRAW. Le plus extraordinaire de toute l'histoire est que cette ombre portée peut être appliquée à tout type d'objet, même les images bitmap importées.

Remarque : Copie bitmap de l'objet de départ

Cette fonction crée une copie bitmap de l'objet de départ. En raison de la taille mémoire occupée par les images bitmap, la création de l'ombre peut nécessiter un temps de traitement assez conséquent. Il arrive parfois que les ombres ne soient pas affichées correctement à l'écran. Si votre ordinateur est souvent pris à défaut, il est peut-être temps d'en changer pour un modèle plus puissant.

▲ *Fig. 8.51 : L'ombre portée confère plus de profondeur à l'image*

Créer une ombre portée

1. Créez ou importez un objet quelconque.

2. Sélectionnez cet objet avec l'outil **Sélecteur**, puis activez l'outil interactif **Ombre portée**.

3. Le pointeur de la souris est à présent accompagné d'un petit rectangle. Pointez l'objet sur lequel vous souhaitez appliquer une ombre portée.

▲ Fig. 8.52 : L'outil interactif Ombre portée permet de créer rapidement une ombre

4. Cliquez et, tout en maintenant le bouton gauche de la souris enfoncé, faites glisser latéralement le pointeur.

5. Lorsqu'il est à une certaine distance de l'objet, un cadre bleu en pointillé s'affiche. Ce cadre correspond à la taille de la future ombre. Relâchez le bouton de la souris lorsque cette taille vous convient.

6. CorelDRAW crée une copie de l'objet, convertit cette copie en bitmap et la place derrière l'objet initial. En fonction de la complexité de l'objet, l'opération peut durer quelques instants. Ne désespérez pas : le résultat n'en sera que plus beau !

Modifier une ombre portée

Pour modifier les propriétés d'une ombre portée, le plus simple est d'utiliser la barre de propriétés.

1. Pour afficher la barre de propriétés (si elle ne l'est pas déjà), appelez la commande **Affichage/Barre de propriétés**. Cette barre est en principe horizontale ; elle propose des options pour l'objet sélectionné dans l'espace de dessin.

2. À l'aide de l'outil interactif **Ombre portée**, sélectionnez l'objet dont vous voulez ajuster les propriétés de l'ombre portée.

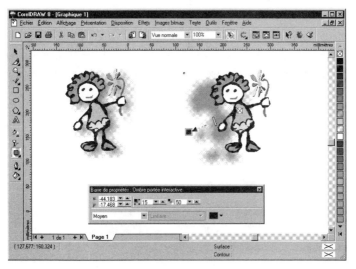

▲ *Fig. 8.53 : L'édition la plus simple d'une ombre portée passe par la barre de propriétés*

3. La barre de propriétés propose plusieurs champs de saisie, de liste et un bouton. Entrez les valeurs de votre choix et validez en appuyant sur la touche **Entrée**. CorelDRAW calcule immédiatement l'ombre à partir des nouveaux paramètres.

4. L'objet est accompagné d'une carré blanc (avec une croix). Cette case n'a pas grande importance. En revanche, son homologue noir est beaucoup plus intéressant. Déplacez cette case avec la souris pour modifier manuellement le positionnement de l'ombre.

5. Le curseur de réglage placé sur la flèche permet de régler l'intensité de l'ombre. Il matérialise théoriquement la distance entre l'objet et l'arrière-plan. Plus cette distance est importante, plus l'ombre est douce.

Annuler une ombre portée

Si l'ombre portée ne vous convient pas, vous pouvez la supprimer à tout moment.

1. À l'aide de l'outil **Sélecteur**, cliquez sur l'ombre portée que vous souhaitez supprimer. Prenez garde : lorsque vous cliquez sur l'ombre portée, vous sélectionnez à la fois l'ombre portée et son objet parent. En revanche, si vous cliquez sur l'objet initial, l'ombre portée n'est pas sélectionnée.

2. Dans le menu **Effets**, cliquez sur la commande **Supprimer l'ombre portée**.

Séparer l'objet de son ombre

Lorsque vous appliquez une ombre portée à un objet, vous créez un objet "ombre". L'objet initial et son ombre sont reliés ; en d'autres termes, en déplaçant l'un, vous déplacez l'autre. Cette relation peut cependant être rompue ; vous disposez alors de deux objets totalement indépendants. Après séparation, il est souvent plus facile de positionner les deux objets.

1. Cliquez avec l'outil **Sélecteur** sur l'ombre. En cliquant sur l'ombre, vous sélectionnez à la fois l'ombre et l'objet initial (comme pour la suppression).

2. Ces deux objets étant sélectionnés, appelez la commande **Disposition/ Séparer**.

3. Annulez la sélection an appuyant sur la touche **Echap**. Chacun des deux objets est désormais indépendant.

▲ *Fig. 8.54 : En séparant l'objet de son ombre, vous obtenez deux objets distincts*

9. Les bitmaps décryptées : les graphiques en pixels

Ce chapitre aborde les principes de base des graphiques informatiques. Vous y apprendrez la différence entre les graphiques vectoriels et bitmap. Bien que CorelDRAW soit un logiciel graphique vectoriel, il permet malgré tout de faire intervenir des images bitmap. Voici comment les agencer et les effets que vous pouvez en obtenir.

9.1 Pixel ou vecteur? Vous avez le choix!

L'informatique graphique est un domaine complexe. Vos chefs-d'œuvre se composeront d'éléments très divers. Il peut s'agir par exemple de cliparts tirés d'un CD, de photos que vous aurez numérisées, de textes ou d'objets graphiques créés à l'aide des outils de CorelDRAW (lignes, formes géométriques, etc.). Aussi différents que puissent vous sembler tous ces objets, ils sont classés en deux grandes catégories : les graphiques vectoriels et les graphiques bitmap ou à pixels. Ces deux catégories doivent être considérées comme deux matières premières différentes à partir desquelles vous composez votre image. Ces deux "matériaux" ont chacun des caractéristiques spécifiques. C'est leur combinaison dans une même image qui fait toute la diversité des images informatiques. En voici un exemple : imaginez que vous êtes artiste peintre. Pour réaliser votre œuvre, vous disposez de deux outils : les brosses (pour l'aquarelle) et le fusain (pour le dessin au trait). L'aquarelle vous permettra de créer de superbes dégradés de couleur, le fusain vous servira pour le dessin des contours. Les deux outils sont complémentaires et leur conjonction donne naissance à l'œuvre. Il en va de même en informatique graphique.

Les dessins vectoriels

Les dessins vectoriels sont composés de lignes et de courbes définies par des formules mathématiques. Lors de la création du dessin, vous mettez en place des points (les points nodaux) que le programme se charge de relier par des droites ou des courbes. Le tracé des segments définissant les lignes est mémorisé dans ces points. D'où la possibilité de dessiner des lignes ouvertes ou fermées (rectangles, ellipses, etc.). Les lignes fermées peuvent se voir attribuer des propriétés de surface, par exemple des dégradés de couleurs. Les graphiques vectoriels se composent de formes géométriques simples, telles que des lignes droites ou courbes, des rectangles, des ellipses ou des polygones, dont la combinaison forme le dessin. Chaque élément de base conserve son indépendance, le graphique vectoriel est composé d'objets.

Les images bitmap

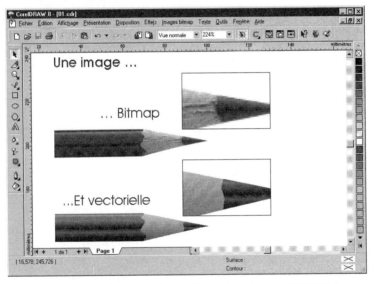

▲ *Fig. 9.1 : Comparatif entre une image bitmap et une image vectorielle : les pixels sont clairement visibles dans l'agrandissement du haut*

Les images bitmap sont proches d'une représentation photographique. L'image est constituée d'un nombre fixe de points, appelés pixels. Chaque pixel est doté d'une valeur de couleur et d'une intensité. Grâce au grand nombre de points et à la résolution relativement faible de l'œil humain, il en résulte une image. Les graphiques bitmap sont parfaits pour représenter des images en demi-teintes, avec d'innombrables couleurs et nuances, par exemple les photos numérisées.

Petite vue d'ensemble

C'est ce que propose le tableau ci-dessous, afin que vous sachiez à quoi vous en tenir avec les divers types d'objets.

Tab. 9.1 : Images vectorielles et bitmap	
Peuvent être des images vectorielles	**Peuvent être des images bitmap**
Cliparts (par exemple *Wmf*, *Cdr*) Polices TrueType (*Ttf*) Polices PostScript (*Pfb*, *Afm*)	Photos ou images (*Bmp*, *Tif*, *Jpg*, *Cpt*) Polices bitmap (elles sont rares aujourd'hui)
Les images vectorielles sont créées et éditées avec des logiciels graphiques vectoriels (par exemple CorelDRAW)	Les images bitmap sont créées et éditées avec des programmes de retouche d'images, par exemple CorelPHOTO-PAINT

Qui fait quoi ?

Pour la création et l'édition des deux types d'image, des programmes fondamentalement différents sont requis, aussi bien en ce qui concerne leur structure que leurs fonctions ou leur domaine d'application. Le package Corel se compose de plusieurs programmes. CorelDRAW est le champion des graphiques vectoriels, CorelPHOTO-PAINT est le spécialiste des images bitmap. Les deux se rejoignent sur un point : l'insertion (ou plutôt l'importation) d'un type de fichier "étranger" dans un document. En revanche, une fois que le fichier étranger est en place dans un document, les possibilités offertes pour le modifier sont limitées. Elles vont rarement au-delà du redimensionnement ou du déplacement. Ainsi, vous ne pouvez en principe pas procéder à l'édition d'une image bitmap dans un document vectoriel. Si c'est le cas, c'est tout simplement que le programme vectoriel fait appel à des routines d'un autre programme pour effectuer ces opérations. Souvent, cet appel à des routines externes est si discret que l'utilisateur ne s'en rend pas compte, pensant toujours travailler avec une seule et même application. C'est le cas dans CorelDRAW. Si vous appelez des commandes du menu **Images bitmap**, sachez qu'à l'arrière-plan, c'est CorelPHOTO-PAINT qui est mis à contribution.

Qu'appelle-t-on une image bitmap ?

Le terme "bitmap" est né de la combinaison de deux mots anglais : "bit" et "map". Un "bit" est lui-même une abréviation de "Binary Digit", c'est-à-dire la plus petite unité de mémoire d'un ordinateur. La valeur d'un bit peut être 0 (pas de tension) ou 1 (sous tension). Le mot "map" peut être traduit par le français "carte" ou "plan". Une image bitmap est une matrice (une grille rectangulaire) de bits, un peu comme une feuille quadrillée.

Points d'image et profondeur de couleur

▲ *Fig. 9.2 : Avec un fort agrandissement, les pixels sont faciles à reconnaître*

Tab. 9.2 : Les modes de couleurs			
Mode	**Nombre de bits**	**Nombre de couleurs**	**Description**
Bitmap	1 bit	2 couleurs (noir et blanc)	Dans ce type d'image, chaque pixel ne peut être que blanc ou noir. Même si le noir et le blanc ne sont pas à proprement parler des couleurs, ce sont les seules utilisables dans ce type d'image.
Niveaux de gris	8 bits	256 couleurs (noir, blanc, plus 254 niveaux de gris)	Chaque pixel dispose de 8 bits de mémoire. Il en résulte 28 niveaux de gris. Si l'on ajoute le blanc et le noir, on obtient les 256 couleurs.
16 couleurs	4 bits	16 couleurs	Pour pouvoir créer une palette de 16 couleurs, chaque pixel doit disposer d'une mémoire de 4 bits (24 = 16). La faible étendue de cette palette ne permet de réaliser que des dessins très simples. Impossible par exemple de créer des dégradés de couleurs dignes de ce nom. Ce mode n'est à utiliser que si la couleur n'est pas l'élément déterminant de l'image.
Couleurs indexées	8 bits	256 couleurs	Les couleurs indexées constituent une palette de 256 couleurs prédéfinies. Pour pouvoir afficher 256 couleurs, chaque pixel doit disposer de 8 bits de mémoire. Ce mode permet de conserver à l'image une taille raisonnable.
Couleurs RVB	24 bits	16,7 millions de couleurs	En mode RVB, il existe trois couleurs de base : rouge, vert et bleu. Chacune de ces couleurs peut intervenir dans une gamme de 256 teintes (28). Par le mélange des trois teintes, chaque pixel a à sa disposition une palette de 256 x 256 x 256, soit 16,7 millions de couleurs. Chaque pixel nécessite pour cela une mémoire de 28 x 28 x 28, soit 224 bits.

Tab. 9.2 : Les modes de couleurs			
Mode	**Nombre de bits**	**Nombre de couleurs**	**Description**
Couleurs CMJN	32 bits	4,294 milliards de couleurs	Ce mode de couleur est basé sur quatre couleurs primaires cyan, magenta, jaune et noir. Chacune de ces couleurs peut prendre une valeur parmi 256 valeurs possibles. Le nombre total de couleurs est de 256 x 256 x 256 x 256, soit 4,294 milliards de couleurs.

Les petites cases ou points d'une image bitmap sont appelés les pixels. Chaque pixel peut représenter une couleur spécifique. La taille de la palette des couleurs disponible pour colorer ces pixels est fonction de la taille mémoire attribuée au pixel. S'il ne s'agit véritablement que d'un bit unique, le pixel ne pourra prendre que deux couleurs, noir ou blanc. Dans ce cas, on parle de dessin au trait. En revanche, si le pixel dispose de 24 bits pour enregistrer ses informations, la palette pourra comporter un nombre de couleurs égal à 224, soit 16,7 millions de couleurs. La valeur permettant de définir le nombre de couleurs disponibles est appelée profondeur de couleur. Si votre carte graphique est capable d'afficher 16,7 millions de couleurs, on parle d'un mode d'affichage TrueColor. Le tableau suivant répertorie les divers types d'image.

La résolution

En travaillant avec des images bitmap, vous serez fréquemment confronté à la notion de résolution d'image. La résolution est exprimée par un nombre de pixels sur une certaine distance. En principe, cette distance est le pouce anglais, représentant 2,54 cm. Si une image est annoncée en 96 dpi, cela signifie que sur une longueur de 2,54 cm sont rangés 96 pixels. L'unité de mesure dpi est l'abréviation de "dots per inch", ou points au pouce. La qualité d'une image est étroitement liée à sa résolution. Plus le nombre de pixels au pouce est élevé, meilleure est l'image. L'inconvénient de cette qualité est la taille de l'image, qui augmente de manière exponentielle avec la résolution.

Remarque : Résolution d'écran et résolution d'image

Ne confondez pas ces deux notions. Les moniteurs ordinaires, compatibles IBL, travaillent en principe avec une résolution d'écran de 96 ppi (Points per inch). Une image en résolution de 96 dpi sera affichée sur cet écran avec une échelle de 1:1.

La mémoire nécessaire à une image bitmap

Une image bitmap est rectangulaire, le nombre de pixels est livré par une simple multiplication. La taille du fichier est facile elle aussi à calculer : nombre de pixels multiplié par la taille d'un pixel. Une image en 800 x 600 se compose de 800 x 600 = 480 000 pixels. Avec une profondeur de 24 bits (RVB), la taille du fichier sera de 480 000 x 24 soit 12 000 000 bits. 8 bits forment un octet, le fichier occupe donc 1 500 000 octets, soit 1,43 Mo. Cette image tiendrait tout juste sur une disquette !

Remarque : Taille d'une image

Si vous déterminez la taille d'image en pixels (par exemple 800 x 600), la première valeur représente la largeur (le nombre de pixels selon l'axe horizontal) et la seconde la hauteur. Sachez qu'une image bitmap est toujours rectangulaire. Des fonctions spéciales permettent de masquer des zones de l'image, d'où l'impression que l'image n'est pas rectangulaire. Mais en fait, les zones ainsi traitées ne sont que masquées, l'image en elle-même est bien rectangulaire. Ceci est tout simplement lié à la structure de la matrice, la carte des points (d'où bitmap).

Les principaux formats de fichier

Tab. 9.3 : Les divers formats de fichier	
Format	**Description**
Windows Bitmap - *Bmp*	Le format *Bmp* fait partie des plus anciens formats bitmap. Il est largement répandu et pris en charge par la plupart des programmes. Ce format accepte des profondeurs jusqu'à 24 bits (16,7 millions de couleurs).
Tagged Information File - *Tif* ou *Tiff*	Lorsqu'il s'agit d'images de haute qualité et d'échange de données entre plates-formes différentes (par exemple entre Macintosh et PC), le format *Tif* est la solution idéale. Il prend en charge des profondeurs de 24 bits et dispose en cas de besoin d'une compression LZW intégrée. Il est recommandé lorsque la qualité de l'image est prépondérante.
Joint Photographic Expert Group - *Jpeg* ou *Jpg*	Ce format est idéal pour des images comportant beaucoup de couleurs (24 bits) et dont la taille doit être aussi réduite que possible. Lors de l'enregistrement, les données sont compressées sur la base d'un facteur de compression définissable par l'utilisateur. Se pose alors le problème du choix entre qualité et taille. La compression entraîne toujours des pertes de qualité.
CompuServe Graphics Interchange Format - *Gif*	Les images *Gif* sont principalement utilisées sur l'Internet. Sur le réseau, la priorité est donnée à la petitesse des fichiers et à la rapidité de transfert. Lors de l'enregistrement d'une image au format *Gif*, vous pourrez choisir entre 1 et 8 bits par pixel. La profondeur est donc limitée au mieux à 256 couleurs.
Encapsulated PostScript - *Eps*	Ce format de fichier est utilisable aussi bien pour des images vectorielles que bitmap. Il est surtout utilisé pour l'importation d'image dans des logiciels de PAO tels que Quark XPress ou PageMaker. Lors de l'enregistrement, vous aurez à choisir un format complémentaire qui sera intégré au format *Eps*. Ce format a pour particularité de prendre en charge des zones blanches transparentes. Il est surtout utilisé dans le domaine professionnel.

En centimètre ou en pouce : la taille de l'image

À partir de la résolution (le nombre de pixels au pouce) et du nombre de points d'image, il est possible de calculer la taille de l'image, exprimée en pouces ou en centimètres. Comme le nombre de pixels est défini au moment de la création de l'image, vous pouvez appliquer la formule suivante : le nombre de points divisé par le nombre de points d'image par pouce (résolution). Une image en 800 x 600 et d'une résolution de 96 dpi a une taille de 800 : 96 = 8,3 pouces de large, sur 600 : 96 = 6,25 pouces de haut. En centimètres, elle mesure 21,17 x 15,86 cm.

9.2 Importer des bitmaps

Pour utiliser des bitmaps dans CorelDRAW, deux possibilités s'offrent à vous : soit l'importation d'images bitmap existantes, soit la conversion d'une image vectorielle en bitmap. Les techniques d'importation sont nombreuses et variées. Il est notamment possible d'utiliser la commande **Importer**, le Presse-papiers ou encore le classeur.

Importer des images bitmap à l'aide du classeur

◄ *Fig. 9.3 :*
Le classeur de CorelDRAW 6 et 7 et la page Parcourir de CorelDRAW 8

Le classeur est similaire à un gestionnaire de fichiers intégré dans la mesure où il permet d'importer divers types de fichiers de manière très simple. Il fait office d'album d'images, les images individuelles étant insérées dans le document par Glisser-déplacer. Les fichiers présentés par le classeur proviennent par exemple d'un CD de cliparts ou de votre disque dur. Dans les versions 6 et 7 de CorelDRAW, le classeur était un menu flottant ordinaire. Dans CorelDRAW 8, il est devenu menu fixe, ancré le long de la bordure droite de l'espace de travail. Chaque onglet est spécifique à un type d'objet, par exemple les cliparts.

Dans CorelDRAW 6 et 7

1. Appelez cette fonction par le menu **Outils**.

2. Cliquez ensuite sur **Parcourir**, **Cliparts**, **Photos** ou **Surfaces et contours préférés**.

Les quatre commandes vous amènent au même endroit. Le plus simple est de commencer par la commande **Parcourir**. La boîte de dialogue dispose de quatre onglets pour les répertoires, les fichiers CorelDRAW, les images bitmap et les motifs et textures. Pour importer une image bitmap, optez pour la commande **Photos**.

3. Le classeur apparaît à l'écran. Le champ *Parcourir* vous permet de sélectionner le lecteur et le dossier dans lequel se trouvent vos photos. Pour insérer par exemple l'image d'un CD de CorelDRAW, insérez le CD dans le lecteur de CD-ROM, sélectionnez ce lecteur dans la liste déroulante et double-cliquez sur les dossiers jusqu'à ce que celui dans lequel se trouve le fichier requis apparaisse.

4. Localisez le fichier à insérer dans le document CorelDRAW. Pour importer une photo, il suffit de faire glisser sa miniature dans le document à l'aide du bouton gauche de la souris. Lorsque vous relâchez le bouton de la souris, l'image est mise en place.

Dans CorelDRAW 8

1. Appelez la commande **Affichage/Classeur**.

2. Le sous-menu propose 6 commandes permettant de présélectionner le type d'objet à insérer. En fonction de la commande activée, Corel-DRAW lance une recherche ciblée. Si vous cliquez par exemple sur la commande **Photos**, il recherchera le CD de Corel sur le lecteur de CD-ROM. Pour accéder à un autre endroit, cliquez sur la commande **Parcourir** du sous-menu.

3. Le classeur est affiché sur le côté droit de l'écran. Vous pouvez désormais repérer les fichiers dans l'arborescence des lecteurs et des dossiers.

4. Tous les fichiers de ce dossier sont présentés avec leur nom et une miniature. Lorsque vous aurez trouvé le fichier à insérer, faites-le glisser sur la page de dessin puis relâchez le bouton de la souris.

Remarque : Toutes les images bitmap ne peuvent pas être présentées dans le classeur

Dans certains cas, la miniature de l'image est remplacée par une icône de CorelPHOTO-PAINT. Il s'agit alors d'un problème de format de fichier. Sachez cependant que CorelDRAW accepte les formats les plus courants, tels que *Bmp*, *Tif* et *Jpg*.

Insérer une image bitmap par le Presse-papiers

Cette technique implique la copie préalable de l'image concernée dans le Presse-papiers de Windows.

Commande Coller

Appelez la commande **Édition/Coller** pour insérer l'image contenue dans le Presse-papiers.

Commande Collage spécial

La commande **Collage spécial** permet d'incorporer ou de lier l'objet. Vous pouvez également déterminer le format de fichier de la photo insérée. Pour accéder à cette commande, il faut avoir effectué une opération de copie à partir d'une autre application.

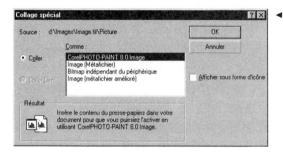

◄ *Fig. 9.4 :*
Cette boîte de dialogue permet de choisir le format d'importation de l'objet contenu dans le Presse-papiers

1. Copiez un fichier ou une partie d'image depuis une autre application, par exemple CorelPHOTO-PAINT, dans le Presse-papiers de Windows, puis repassez dans CorelDRAW.

2. Appelez la commande **Édition/Collage spécial**.

3. La boîte de dialogue **Collage spécial** propose d'abord de choisir entre l'incorporation (*Coller*) ou la liaison (*Coller lien*). Par l'incorporation, un duplicata de la sélection initiale est inséré dans le document. Il n'y a aucun lien entre l'original et cette copie. Par la liaison, c'est également une copie de l'original qui est insérée, mais cette fois avec une liaison avec l'original : toute modification de l'original est répercutée sur la copie et inversement.

4. Si vous avez opté pour le lien, vous ne disposerez pas de plusieurs options de format de fichier.

5. Si vous choisissez l'option *Coller*, pour une incorporation en règle, plusieurs formats sont proposés. Une courte description de l'option sélectionnée est affichée dans le bas de la boîte de dialogue. Si vous choisissez le format original du fichier source, vous aurez l'occasion d'éditer l'objet inséré dans son application source, en double-cliquant simplement dessus.

La commande Importer

La commande **Fichier/Importer** permet de définir certains paramètres lors de l'insertion. En fonction du format de fichier, vous pourrez par exemple sélectionner une partie seulement du fichier ou encore créer une liaison.

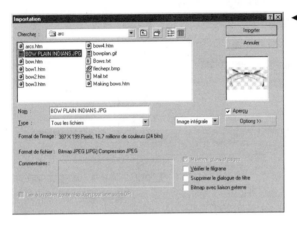

◀ *Fig. 9.5 : Cette boîte de dialogue permet d'importer divers types d'objet*

1. Appelez la commande **Fichier/Importer**.

2. Localisez le dossier contenant le fichier à importer. Veillez à ce que le champ *Type* affiche l'entrée *Tous les fichiers*. À défaut, vous ne verrez dans la boîte de dialogue que les fichiers du type sélectionné.

3. Une fois que vous avez trouvé le fichier à importer, cliquez dessus pour le sélectionner. Attention, un double clic l'importe directement.

4. Cliquez sur le bouton **Options** pour faire apparaître le volet inférieur de la boîte de dialogue. Ce volet vous permettra de prendre connaissance de la taille du fichier (en pixel), du nombre de couleurs et d'informations détaillées sur le format de fichier.

5. La liste *Méthode*, à gauche du bouton **Options**, permet de choisir diverses méthodes d'ouverture de fichier : *Image intégrale*, *Recadrer* et *Rééchantillonner*.

Recadrer une image bitmap lors de l'importation

Si vous décidez de ne pas importer l'intégralité de l'image bitmap, vous pouvez sélectionner la zone précise à importer.

1. Ouvrez la boîte de dialogue **Importation** et sélectionnez le fichier à importer d'un clic de souris.

2. Dans la liste *Méthode*, sélectionnez l'option *Recadrer*.

3. Cliquez sur le bouton **Importer** pour ouvrir la boîte de dialogue **Recadrage de l'image**.

4. L'image intégrale est affichée dans le haut de cette boîte. Elle est accompagnée de 8 poignées que vous pourrez déplacer avec la souris. Délimitez précisément la zone à importer en utilisant ces poignées.

5. Si vous cliquez dans la zone de sélection, le pointeur se transforme en une main. Elle permet de déplacer la zone de sélection.

6. Les champs *Haut*, *Gauche*, *Largeur* et *Hauteur* permettent de définir la zone à importer par saisie de valeurs numériques. Ces valeurs peuvent être tapées au clavier ou réglées par les toupies.

7. Le champ *Unités* permet de sélectionner l'unité de mesure utilisée pour la définition du cadre de sélection par les champs de saisie.

8. Le bouton **Tout sélectionner** sert à agrandir à nouveau la zone de sélection de recadrage à sa taille maximale. L'image est sélectionnée en intégralité pour l'importation. Au fil des modifications, CorelDRAW calcule la taille du fichier (en octets) et l'affiche dans le bas de la boîte de dialogue.

Rééchantilloner l'image bitmap

Le rééchantillonnage consiste à modifier la résolution ou la taille d'une image pour modifier le nombre de pixels qu'elle contient.

1. Ouvrez la boîte de dialogue **Importation** et sélectionnez l'image à importer.

2. Dans la liste *Méthode*, sélectionnez l'option *Rééchantillonner*.

3. Cliquez sur le bouton **Importer**. La boîte de dialogue **Rééchantillon-nage de l'image** s'affiche alors.

4. Les champs *Largeur* et *Hauteur* permettent de redimensionner l'image. L'unité utilisée est choisie dans le champ *Unités*.

5. Si la case à cocher *Conserver les proportions* est activée, toute modification de la largeur ou de la hauteur est immédiatement réper-cutée sur l'autre paramètre. Si la case est désactivée, vous pourrez déformer l'image.

6. Vous pouvez modifier la résolution de l'image dans les champs *Horizontale* et *Verticale* de la rubrique *Résolution*. En général, la case à cocher *Valeurs identiques* reste activée.

7. Cliquez sur le bouton OK pour valider ces options. CorelDRAW crée une copie du fichier original et l'insère dans le document CorelDRAW en respectant les paramètres choisis.

9.3 Conversion en bitmap

▲ *Fig. 9.6 : Lors d'une conversion d'image vectorielle en bitmap, CorelDRAW crée des pixels visibles en cas d'agrandissement*

Les bitmaps décryptées : les graphiques en pixels

La différence entre un graphique vectoriel et bitmap est importante. Ces deux types d'image ne sont pas seulement édités différemment, ils ont également une apparence, un aspect différent et les possibilités d'effets ne sont pas les mêmes. Dans certains cas, il sera nécessaire de convertir une image vectorielle en bitmap. Cette nouvelle image bitmap pourra ainsi profiter des fonctions d'édition propre à ce type et surtout des effets bitmap.

Conversion d'objet en bitmap

Il est pratiquement possible de convertir n'importe quel objet (ligne, surface, texte artistique ou texte courant) en bitmap. Même une image bitmap peut être convertie en bitmap, avec ainsi possibilité d'en modifier le mode de couleur.

◄ *Fig. 9.7 :*
La fonction de conversion
en bitmap permet de transformer
un objet vectoriel au format bitmap

1. Sélectionnez l'objet à traiter à l'aide de l'outil **Sélecteur**.

2. Dans le menu **Images bitmap**, cliquez sur la commande **Convertir en image bitmap**.

3. Sélectionnez le mode de couleur à enregistrer avec l'image bitmap dans la zone de liste *Couleurs*.

4. Au besoin, activez les cases à cocher *Juxtaposées*, *Fond transparent* ou *Utiliser le profil de couleurs*.

Le tableau suivant reprend les options de cette boîte de dialogue.

Tab. 9.4 : Les options de couleur de la conversion en bitmap	
Option	**Description**
Juxtaposées	Cette option améliore la transition entre les couleurs. Les pixels sont distribués de manière aléatoire. Cette méthode améliore l'aspect des images photographiques.
Fond transparent	Cette fonction est intéressante pour se libérer des images bitmap rectangulaires. Si vous placez l'image bitmap devant une autre surface, le rectangle couvre cette surface. Si vous sélectionnez cette case à cocher, le fond de la bitmap devient automatiquement transparent, avec pour conséquence une bitmap donnant l'impression de ne pas être rectangulaire.
Utiliser le profil de couleurs	Les profils de couleurs sont utilisés pour une meilleure restitution des couleurs à l'écran et en impression. Lors de la conversion de vecteurs en bitmap (ou inversement) ou lors de la sortie sur différents périphériques (imprimante et moniteur), des modèles de couleurs différents sont utilisés pour restituer les couleurs. Pour réduire les différences, CorelDRAW fait appel à des profils de couleurs. Il est conseillé de cocher systématiquement cette case pour obtenir un résultat aussi correct que possible. N'en attendez toutefois pas de miracles. Dans CorelDRAW 6 et 7, vous utiliserez le Gestionnaire de couleurs du menu **Outils**. Dans CorelDRAW 8, appelez la commande **Outils/Options**, puis double-cliquez sur l'entrée *Global*, dans le volet de gauche et sur l'entrée *Gestion des couleurs*. Vous voici enfin aux deux entrées *Générales* et *Profils*. Le volet de gauche affiche l'onglet **Gestion des couleurs**. Un clic sur le bouton **Assistant de profil de couleur** lance cet assistant.

5. Dans la zone de liste *Résolution*, sélectionnez une résolution parmi les options prédéfinies. Pour une future impression professionnelle, optez pour la valeur 300 ppp. Pour un simple affichage à l'écran ou une impression sur un périphérique de bureau, une résolution de 150 ou 75 ppp est suffisante. Le fichier conservera ainsi une taille raisonnable.

6. Activez l'un des boutons de la section Anticrénelage pour régulariser les bords de l'image bitmap. L'option *Normal* filtre l'image bitmap et supprime les bords irréguliers. Les pixels irréguliers sont remplis avec des couleurs intermédiaires ou des nuances de gris, ce qui a pour effet de lisser les transitions entre les couleurs. L'option *Super-échantillonnage* agrandit l'image vectorielle, puis réduit sa résolution afin de lisser les bords irréguliers. Cette opération est plus longue et consomme nettement plus de capacité de traitement que l'option *Normal*, mais elle permet d'obtenir de bien meilleurs résultats.

7. Un clic sur le bouton OK lance la conversion.

9.4   Le masque couleur bitmap

Les possibilités d'édition des images bitmap sont au moins aussi vastes et variées que celles des images vectorielles. La plupart des fonctions du menu **Images bitmap** sont en fait des fonctions de CorelPHOTO-PAINT. La commande **Modifier le bitmap**, par exemple, charge CorelPHOTO-PAINT et donne accès aux fonctions de ce programme de retouche d'images. Dans cette section, nous aborderons les fonctions spécifiques à CorelDRAW, parmi lesquelles les masques couleur bitmap.

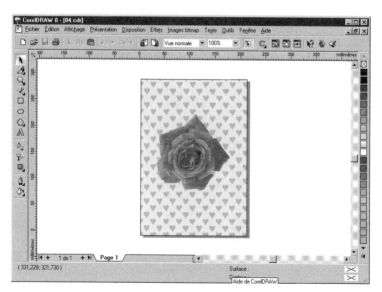

▲ *Fig. 9.8 : Le masque couleur bitmap permet de masquer certaines zones de couleur*

À quoi sert-il ?

Vous avez aménagé un bel arrière-plan dans CorelDRAW et souhaitez placer dessus une image bitmap. Le problème est que l'image bitmap est, par définition, une image rectangulaire. C'est pourquoi vous voyez non seulement la fleur, mais également un rectangle blanc du plus mauvais effet. Avec le masque couleur bitmap, le problème est facile à régler.

▲ *Fig. 9.9 : L'image bitmap avant et après le masque couleur*

Créer un masque couleur bitmap

Le masque couleur bitmap n'est applicable qu'à des images bitmap, il ne concerne pas les objets vectoriels. Cette image bitmap sera importée, mais il peut également s'agir d'un objet vectoriel converti en bitmap.

Remarque : Convertir une image bitmap en bitmap

Dans certains cas, l'image bitmap importée devra être reconvertie en bitmap avant qu'il ne soit possible de lui appliquer un masque couleur. Si l'outil **Pipette** ne permet pas de sélectionner une couleur, appelez la commande **Images bitmap/Convertir en image bitmap**. Pour éviter toute perte de qualité lors de la conversion, optez pour le système de couleurs RVB et l'anticrénelage *Normal*. En ce qui concerne la résolution, faites des tests jusqu'à trouver la bonne valeur.

1. Sélectionnez l'image bitmap à l'aide de l'outil **Sélecteur**, puis appelez la commande **Images bitmap/Masque couleur bitmap**.

2. Le menu flottant **Masque couleur bitmap** s'affiche alors. Ce menu est composé de 10 champs de couleur, librement définissables à l'aide de l'outil **Pipette**. Au départ, toutes ces zones sont noires. Une fois les couleurs récupérées, vous pourrez les afficher ou les masquer grâce aux cases à cocher placées devant les champs de couleur.

3. Pour masquer une couleur indésirable dans l'image bitmap, sélectionnez d'abord l'option *Masquer les couleurs* dans la liste en haut du menu flottant, à droite du bouton **Pipette**.

4. Activez la case à cocher de la première zone de couleur.

5. Cliquez sur le bouton **Pipette**. Placez le pointeur en forme de pipette sur la couleur à masquer de l'image bitmap et cliquez sur le bouton gauche de la souris. Cette couleur est automatiquement reprise dans le menu flottant. Attention : c'est la pointe de l'outil pipette qui sert de référence à la sélection de la couleur.

6. Déplacez le curseur *Tolérance* pour préciser la tolérance propre à chaque couleur. Lorsque vous augmentez la tolérance, CorelDRAW supprime une gamme plus large de couleurs autour de la couleur sélectionnée.

7. Cliquez sur le bouton **Appliquer**. Un clic sur le bouton **Supprimer** restaure l'affichage de toutes les couleurs.

◄ *Fig. 9.10 :*
Le menu flottant Masque
couleur bitmap

Définir une couleur par la boîte de dialogue Sélection des couleurs

Une image bitmap se compose d'une multitude de petits points. Chacun de ces pixels disposant de sa propre couleur, il n'est pas toujours évident, même avec un fort agrandissement du zoom, de sélectionner la couleur voulue à l'aide de la pipette. Par chance, le menu flottant **Masque couleur bitmap** propose une autre solution : la boîte de dialogue **Sélection des couleurs**.

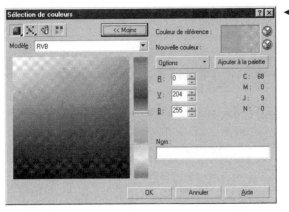

◄ *Fig. 9.11 :*
La boîte de
dialogue
Sélection des
couleurs

1. Sélectionnez l'image bitmap à modifier.

2. Cliquez sur l'une des zones de couleur pour la sélectionner. Vous reconnaîtrez cette sélection au cadre en pointillé et à l'affichage en vidéo inverse de la valeur de tolérance, à sa droite.

3. Cliquez sur le petit bouton marqué d'une flèche, situé en haut du menu flottant. Il ouvre un menu.

4. Dans ce menu, cliquez sur la commande **Modifier la couleur**. Et voici la boîte de dialogue **Sélection des couleurs**.

5. Cliquez sur le bouton **Plus**. La boîte de dialogue est complétée à droite par un nouveau volet proposant des champs de saisie pour la définition numérique des couleurs.

6. Lorsque vous avez défini la couleur, cliquez sur OK. La boîte de dialogue se referme et la couleur choisie s'affiche dans la zone de couleur sélectionnée du menu flottant.

7. Il reste à cliquer sur le bouton **Appliquer** pour déclencher le masque.

Enregistrer un masque couleur bitmap

Si vous travaillez souvent avec des masques couleur bitmap, il devient rapidement fastidieux de recréer à chaque fois les mêmes masques. D'où l'intérêt d'enregistrer le masque une fois qu'il est au point et de le rappeler ultérieurement, en cas de besoin. L'enregistrement du masque mémorise tous les paramètres définis dans le menu flottant.

◄ *Fig. 9.12 :*
Les masques couleur bitmap sont enregistrés comme fichier Ini

1. Dans le menu flottant **Masque couleur bitmap**, cliquez sur le petit bouton fléché qui se trouve en haut du menu flottant, pour ouvrir le menu.

2. Cliquez sur **Enregistrer le masque de couleur**.

3. Dans la zone *Nom*, saisissez un nom de fichier. L'extension *.ini* est ajoutée automatiquement par CorelDRAW.

4. Cliquez sur **Enregistrer**.

Ouvrir un masque couleur bitmap

1. Dans le menu flottant **Masque couleur bitmap**, cliquez sur le petit bouton fléché qui se trouve en haut du menu flottant, pour ouvrir le menu.

2. Cliquez sur **Ouvrir un masque de couleur**.

3. Dans la zone *Type*, sélectionnez le format de fichier de l'image bitmap que vous souhaitez ouvrir.

4. Cliquez sur le fichier de masque puis sur le bouton **Ouvrir**.

Instantanément, le menu flottant **Masque couleur bitmap** reprend tous les paramètres du masque que vous venez d'ouvrir.

Modifier un masque couleur bitmap

C'est un jeu d'enfant : ouvrez le masque concerné, modifiez les paramètres puis enregistrez-le sous le même nom.

10. Les extras

CorelDRAW est un programme graphique absolument fabuleux. Sa multitude d'outils et de fonctions ouvre à l'utilisateur des horizons pratiquement illimités. Et pourtant, le travail quotidien implique souvent la réalisation de tâches très spécifiques dont la résolution ne suppose pas seulement une bonne connaissance du programme mais une approche astucieuse. La véritable efficacité dans la réalisation de ces tâches est souvent liée à la configuration du programme. Et dans ce domaine, CorelDRAW est à la hauteur de toutes les situations : il peut s'adapter à tous les besoins et à toutes les circonstances.

10.1 Vue d'ensemble des paramètres de base importants

Une liste exhaustive de tous les paramètres de base de CorelDRAW dépasserait largement le cadre du présent ouvrage. Aussi avons-nous sélectionné les options qui nous semblaient les plus judicieuses et les plus importantes. Beaucoup des choix proposés dans la boîte de dialogue **Options** s'expliquent d'eux-mêmes et ne nécessitent aucun commentaire détaillé. D'autres sont tellement techniques qu'ils ne concernent qu'une petite minorité de professionnels des arts graphiques pour lesquels ils sont limpides. Nous nous bornerons dans cette section à expliciter les paramètres intéressants pour le commun des mortels, en les complétant de conseils et d'astuces pratiques.

Le centre de commandement

La version 8 de CorelDRAW apporte quelques innovations en matière de définition des paramètres de base.

CorelDRAW 6 et 7

Dans les versions 6 et 7 de CorelDRAW, les paramètres de base sont rassemblés dans une boîte de dialogue à onglets. Vous y accéderez par la commande **Outils/Options**.

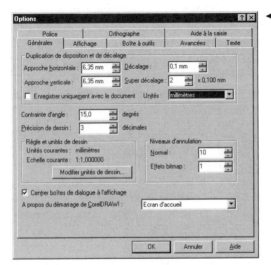

◄ *Fig. 10.1 :*
La boîte de dialogue
des paramètres de
base dans
CorelDRAW 6 et 7

CorelDRAW 8

Dans la version 8, les deux boîtes de dialogue **Options** et **Personnalisation** ont été regroupées dans une seule et même boîte : **Options**. Les divers domaines sont accessibles par l'arborescence présentée dans le volet gauche de la boîte de dialogue, comme c'est le cas dans l'Explorateur de Windows 95. Cette présentation permet non seulement de simplifier les manipulations en uniformisant les interfaces, mais également de maîtriser le nombre sans cesse croissant des options. Dans la version 8, une boîte de dialogue à onglets ne suffirait plus à gérer toutes les possibilités de paramétrage. Les domaines sont structurés de manière logique. Vous trouverez cette boîte de dialogue en appelant la commande **Outils/Options**.

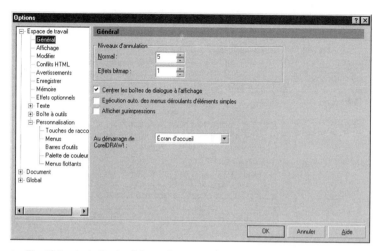

▲ *Fig. 10.2 : La boîte de dialogue Options de CorelDRAW 8*

Option	Niveaux d'annulation/Normal
CorelDRAW 6 et 7	Onglet **Générales**
CorelDRAW 8	Onglet **Général**
Description	Ce champ détermine le nombre d'opérations que vous pouvez annuler. Cette valeur a trait aux opérations habituelles de travail et de mise en forme. Pour les opérations effectuées sur des images bitmap à l'aide du menu **Images bitmap**, c'est l'option suivante, *Effets bitmap*, qui intervient. Notez que pour annuler des opérations, CorelDRAW est dans l'obligation d'enregistrer l'état de votre fichier après chaque action et de conserver ces enregistrements temporaires sur le disque dur pour pouvoir annuler plusieurs actions. Bien sûr, ces enregistrements sont automatiques et vous n'avez pas à vous en soucier. Sachez cependant que chacun de ces enregistrements nécessite des ressources de traitement et de l'espace sur le disque dur. Plus le nombre de niveaux d'annulation est important (vous pouvez fixer jusqu'à 99 999 niveaux d'annulation), plus votre PC devra être puissant. Nous vous conseillons d'indiquer la valeur 5 dans le champ *Normal*.

Option	Niveaux d'annulation/Effets bitmap
CorelDRAW 6 et 7	Onglet **Générales**
CorelDRAW 8	Onglet **Général**
Description	Ce champ détermine le nombre d'opérations réalisées à l'aide des commandes du menu **Images bitmap** que vous avez la possibilité d'annuler. Les fonctions de ce menu sont beaucoup plus "pesantes" pour le système que les opérations habituelles et nécessitent beaucoup plus de puissance. Il est recommandé de ne pas dépasser 2 niveaux d'annulation pour cette option. D'ailleurs, si votre image bitmap est totalement dénaturée, il vaut souvent mieux la supprimer et procéder à une nouvelle importation, plutôt que d'annuler des opérations.

Option	Au démarrage de CorelDRAW (A propos du démarrage de CorelDRAW en version 6 et 7)
CorelDRAW 6 et 7	Onglet **Générales**
CorelDRAW 8	Onglet **Général**
Description	Par défaut, ce champ propose l'écran d'accueil de CorelDRAW à l'ouverture de l'application. Dans cet écran d'accueil, une petite case à cocher vous attend et vous permet de désactiver cet écran (Afficher cet écran au démarrage). Pour l'activer de nouveau ultérieurement, sélectionnez dans ce champ l'entrée Écran d'accueil. Cet écran d'accueil s'avère très pratique à l'usage, surtout pour les débutants.

Option	Rafraîchissement pouvant être interrompu (Rafraîchissement interruptible en version 6 et 7)
CorelDRAW 6 et 7	Onglet **Affichage**
CorelDRAW 8	Onglet **Affichage**
Description	À chaque opération entreprise sur le dessin, CorelDRAW reconstruit l'écran. Cette reconstruction peut durer relativement longtemps si le dessin est complexe ou si vous y avez importé une image bitmap. Si cette option est activée, elle fige l'écran pendant le retraçage d'un dessin lorsque vous appuyez sur le bouton de la souris ou sur une touche. Si vous travaillez sur un dessin complexe, cette option représente un gain de temps car les outils et les commandes peuvent être activés sans qu'il soit nécessaire d'attendre que l'écran soit complètement reconstruit.

Option	Rafraîchissement manuel
CorelDRAW 6 et 7	Onglet **Affichage**
CorelDRAW 8	Onglet **Affichage**
Description	Cette option va un peu plus loin que la précédente. Si vous l'activez, l'écran ne sera reconstruit que si vous appelez la commande **Fenêtre/Rafraîchir la fenêtre** ou si vous activez la combinaison de touches **Ctrl + W**.

Option	Panoramique automatique
CorelDRAW 6 et 7	Onglet **Affichage**
CorelDRAW 8	Onglet **Affichage**
Description	Si cette case à cocher est activée, CorelDRAW fait automatiquement défiler la fenêtre de dessin lorsque vous faites glisser le curseur de la souris au-delà de ses bordures. Ainsi, vous n'avez pas besoin de recourir aux barres de défilement ou à l'outil **Panoramique** de la boîte à outils. L'activation de cette case à cocher peut s'avérer très pratique en certaines circonstances et gênante dans d'autres.

Option	Afficher les étapes de dégradé
CorelDRAW 6 et 7	Onglet **Affichage**
CorelDRAW 8	Onglet **Affichage**
Description	Par défaut, cette option est définie à la valeur *256*. Grâce à elle, vous pouvez indiquer le nombre d'étapes des surfaces dégradées d'un travail d'impression. Ce que s'affiche à l'écran n'est toujours qu'une prévisualisation de ce qui est enregistré. L'affichage dépend de la carte graphique et du moniteur ainsi que de leur configuration. En matière de dégradé, un autre facteur intervient : CorelDRAW permet, par ce paramètre, de déterminer le nombre de couleurs dont se compose le dégradé. Si ce nombre est faible, le dégradé risque d'être composé de bandes visibles ; son affichage en revanche sera très rapide. Avec une valeur élevée, le dégradé sera beaucoup plus fluide, mais son temps d'affichage sera plus long. En principe, nous vous conseillons de conserver la valeur 256, sauf si vous travaillez sur une machine très lente ou si vous souhaitez simuler une impression sur un périphérique peu performant.

Option	*Activer vue améliorée lors de l'édition*
CorelDRAW 6 et 7	Onglet **Affichage**
CorelDRAW 8	N'existe pas
Description	Si elle est activée, cette case à cocher permet d'accéder à la commande **Affichage/Améliorée**, qui n'est en principe pas disponible. Cette option force CorelDRAW à faire plus d'efforts en matière de fidélité d'affichage et de restitution correcte des couleurs. Pour les utilisateurs professionnels travaillant avec des systèmes étalonnés, ce mode d'affichage est intéressant. Sachez cependant que si cette option est activée, l'affichage sera plus lent.
Option	*Afficher les surfaces PostScript en vue améliorée*
CorelDRAW 6 et 7	Onglet **Affichage**
CorelDRAW 8	Onglet **Affichage**
Description	Les surfaces PostScript constituent un type spécial de motifs. En principe, ces surfaces sont représentées à l'écran sous la forme d'une mosaïque constituant les lettres PS (PostScript) et n'apparaissent qu'à l'impression sous leur forme réelle. Si vous activez cette case à cocher, il est également possible de visualiser ces surfaces à l'écran. Activez de temps en temps ce mode d'affichage pour vérifier le résultat de vos travaux. Pour visualiser les surfaces PostScript, appelez la commande **Affichage/Amélioré**. Vous pouvez sans problème laisser cette option active en permanence. Dans la version 7 de CorelDRAW, il faut également activer la case à cocher *Activer vue améliorée lors de l'édition* pour que les surfaces PostScript apparaissent.
Option	*Décalage*
CorelDRAW 6 et 7	Onglet **Générales**
CorelDRAW 8	Onglet **Modifier**
Description	Par défaut, la valeur est de 2,54 mm. Nous vous conseillons une valeur de 0,1 mm. Les touches de direction du clavier permettent de déplacer un objet sélectionné dans n'importe quelle direction. Chaque fois que vous appuyez sur une touche de direction du clavier, l'objet est décalé en fonction de la valeur définie dans ce champ.

Option	*Super décalage*
CorelDRAW 6 et 7	Onglet **Générales**
CorelDRAW 8	Onglet **Modifier**
Description	Cette option est complémentaire à la précédente, il s'agit d'un facteur de multiplication. Par défaut, la valeur est de 2. Nous vous conseillons la valeur de 10. Si pendant le déplacement à l'aide d'une touche de direction, vous appuyez sur la touche **Maj**, le décalage se transforme en super décalage. Le super décalage est égal au décalage multiplié par le facteur défini dans ce champ.
Option	*Unités*
CorelDRAW 6 et 7	Onglet **Générales**
CorelDRAW 8	Onglet **Modifier**
Description	Par défaut, ce champ propose le millimètre comme unité de mesure. À conserver.
Option	*Sauvegarde automatique/Sauvegarde toutes les X minutes (Sauvegarde automatique/Sauvegarde automatique X minutes dans CorelDRAW 7)*
CorelDRAW 6 et 7	Onglet **Avancées**
CorelDRAW 8	Onglet **Enregistrer**
Description	Par défaut, la valeur est de 10 minutes. Si l'édition d'une image et la réalisation du type de dessin souhaité ont pris beaucoup de temps, il est important de sauvegarder le travail. Personne n'est à l'abri d'une panne inopinée ou d'une coupure de courant brutale. Si le travail n'est pas enregistré, tout est perdu. D'où l'intérêt de la sauvegarde automatique. Cette procédure présente néanmoins un petit inconvénient : pendant l'enregistrement, le PC est bloqué et vous êtes condamné à l'attente. Avec un petit fichier, il ne vous en coûtera que quelques secondes, mais si le dessin est complexe, l'enregistrement peut prendre entre 30 et 40 secondes. Il est bien sûr possible de compenser en augmentant l'intervalle de sauvegarde, mais cette solution augmente les risques d'autant. La meilleure tactique consiste à désactiver la sauvegarde automatique et à enregistrer manuellement de temps à autre (et surtout après des étapes importantes réussies). Pour cela, vous utiliserez la combinaison de touches **Ctrl+S** ou le bouton **Enregistrer** de la barre d'outils. Le choix entre les deux solutions, automatique ou manuelle, est une question d'habitude. À vous de les tester pour déterminer celle qui vous convient le mieux.

Option	*Sauvegarde à l'enregistrement*
CorelDRAW 6 et 7	Onglet **Avancées**
CorelDRAW 8	Onglet **Enregistrer**
Description	Une autre solution pour sauvegarder votre travail consiste à enregistrer l'image à deux emplacements. Pour cela, activez cette case à cocher. Dans ce cas, CorelDRAW crée automatiquement une copie de sauvegarde chaque fois que vous enregistrez l'image, soit par la combinaison de touches **Ctrl + S**, soit par le bouton **Enregistrer** de la barre d'outils. Le fichier, appelé Sauvegarde_de_nom du fichier.cdr., est enregistré dans le même dossier que le fichier CorelDRAW. Si cette option nécessite un espace disque non négligeable, nous ne pouvons que vous conseiller de l'activer avant toute opération critique ou délicate.
Onglet **Mémoire**	N'existe pas dans les versions 6 et 7
Description	Une autre solution pour sauvegarder votre travail consiste à Cet onglet permet de réserver une part déterminée de la mémoire vive disponible sur l'ordinateur au stockage des images que vous ouvrez ou modifiez. Définissez la quantité de mémoire en fonction du type de travail que vous effectuez et du nombre d'applications que vous utilisez simultanément. Si un petit nombre de programmes fonctionne simultanément, vous pouvez sans problème atteindre 80 %. Si, après avoir augmenté la quantité de mémoire réservée aux images, vous constatez que l'application est moins performante, libérez une partie de cette mémoire afin d'assurer le bon fonctionnement de CorelDRAW. La rubrique *Échanger les disques* permet de paramétrer la mémoire virtuelle, c'est-à-dire l'espace disque disponible simulant la mémoire RAM. Sachez que cette mémoire virtuelle est plus lente que la véritable mémoire RAM. Si vous disposez de plusieurs disques durs, vous pourrez peut-être améliorer les performances de CorelDRAW en remplaçant C:\ dans le champ *Premier disque* par cet autre disque dur. Nous vous recommandons de paramétrer Windows pour qu'il crée son fichier d'échange sur un disque autre que C:\. Pour ce faire, passez par le Gestionnaire de périphériques dans le Panneau de configuration.

10.2 Fabrication d'une barre d'outils personnalisée

CorelDRAW propose une série de barres d'outils prédéfinies que vous appellerez et fermerez par la commande **Affichage/Barres d'outils**. Ces barres se révèlent souvent fort pratiques. Si vous utilisez CorelDRAW de manière intensive, nous vous conseillons de créer des barres d'outils personnalisées. Elles vous permettront de rassembler les fonctions et les commandes que vous utilisez le plus fréquemment dans une barre d'outils et de ne pas avoir à recourir constamment aux menus ; votre travail en sera accéléré. Vous profiterez aussi de l'occasion pour éliminer des boutons que vous n'utilisez jamais et qui ne font qu'encombrer l'écran. Cette section est consacrée à la création de barres d'outils personnalisées et livre de nombreuses astuces pratiques concernant cette opération.

Les barres d'outils prédéfinies

Dans CorelDRAW 6 et 7, il existe 7 barres d'outils prédéfinies. Dans la version 8, elles sont au nombre de 8. En voici un rapide aperçu.

Barre de propriétés : Cette barre des propriétés est un véritable caméléon. En fonction de l'objet sélectionné, elle change d'aspect et affiche un ensemble d'options et de fonctions directement liées à la sélection. Si vous avez par exemple sélectionné un objet de texte artistique, vous pourrez en modifier les attributs de formatage par cette barre de propriétés.

Standard : Cette barre héberge les fonctions de fichier de base, **Ouvrir**, **Enregistrer**, **Nouveau**, etc. Vous reconnaîtrez la plupart des boutons : ils apparaissent également dans d'autres programmes.

Boîte à outils : Cette boîte contient tous les outils de dessin de CorelDRAW, c'est sans conteste la plus importante. En principe, elle est ancrée le long du bord gauche de la fenêtre, à la verticale. Elle doit toujours être affichée.

Texte : Jusqu'à la version 5, il existait un menu flottant **Texte**. Depuis CorelDRAW 6, il a été remplacé par une barre d'outils spécifique, proposant les fonctions courantes de formatage des textes. Si vous utilisez beaucoup de textes, nous vous conseillons de l'afficher en permanence.

Zoom : Lors du travail avec CorelDRAW, vous serez très fréquemment amené à modifier l'affichage en agrandissant ou réduisant telle ou telle partie du dessin. Cette barre d'outils propose l'accès rapide aux facteurs prédéfinis de zoom. Si vous n'avez pas envie de passer par la zone de liste *Zoom*, affichez cette barre d'outils.

Menus flottants : Cette barre est réservée aux amateurs de *Memory*. Ses innombrables boutons permettent d'afficher les menus flottants d'un simple clic de souris. Les menus flottants concernant toujours des fonctions très spécifiques que vous n'emploierez qu'occasionnellement, cette barre n'est pas indispensable. Il vaut mieux regrouper les principales fonctions utilisées dans une barre personnalisée.

Espace de travail : Cette barre permet de configurer l'espace de travail. Cet espace se compose des barres d'outils et des menus flottants que vous pourrez afficher ou masquer en fonction de vos besoins. Toutefois, votre espace de travail étant généralement configuré, il est tout à fait possible de se passer de cette barre.

Bibliothèque : Cette barre permet un accès rapide au menu fixe **Symboles** et à d'autres menus fixes permettant l'importation de photos, de cliparts ou d'images bitmap. Si vous travaillez beaucoup avec des images externes, cette barre est intéressante.

Objets Internet : Cette barre très spéciale n'est nécessaire que si vous créez des pages Web. Elle vous permettra de définir des propriétés Internet pour les objets placés sur ces pages Web.

Transformation : Elle n'existe que dans CorelDRAW 8 et peut être considérée comme la petite sœur de la barre de propriétés. Elle aussi propose des fonctions et des options spécifiques à la sélection. Si vous trouvez la barre de propriétés trop encombrante, essayez la barre *Transformation*.

Afficher/Masquer les barres d'outils

Dans CorelDRAW, il existe deux façons d'afficher une barre d'outils (Voir Fig. 10.3) :

Par les menus

1. Appelez la commande **Affichage/Barres d'outils**.

2. La barre de propriétés peut être appelée directement depuis le menu, par la commande **Affichage/Barre de propriétés**.

3. La boîte de dialogue **Options** s'ouvre alors. Vous trouverez dans l'onglet **Personnalisation** la liste des barres d'outils disponibles, chacune dotée en regard d'une case à cocher. Toutes les barres affichées sont activées, les autres n'attendent que votre bon vouloir.

4. Si vous cliquez sur l'une de ces cases, la barre concernée s'affiche immédiatement. Si vous cliquez sur une case déjà cochée, la barre disparaît.

5. Cliquez sur le bouton OK pour valider votre opération et refermer la boîte de dialogue.

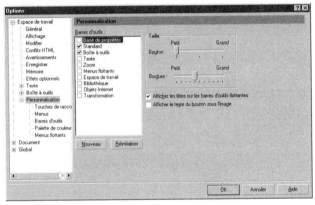

▲ *Fig. 10.3 : La boîte de dialogue Personnalisation de CorelDRAW 8*

Par le bouton droit de la souris

C'est la méthode la plus rapide.

1. Cliquez avec le bouton droit de la souris sur une barre d'outils quelconque affichée à l'écran.

2. Dans le menu contextuel ainsi ouvert, la liste des barres d'outils disponibles vous attend. Les barres déjà affichées à l'écran sont activées.

3. Un clic sur le nom d'une barre suffit pour masquer la barre si elle est activée ou pour l'activer dans le cas contraire.

Déplacer et ancrer les barres d'outils

Les barres d'outils sont loin d'être des éléments de contrôle figés. Vous pourrez par exemple les déplacer librement à l'écran, ou les ancrer le long de n'importe quelle bordure de la fenêtre.

Déplacer une barre d'outils

1. L'opération demande un minimum de précision s'il s'agit de déplacer une barre d'outils ancrée. Il faut placer le pointeur très exactement sur la mince zone située entre les boutons et la bordure de la barre. Cette zone n'est large que d'un ou deux millimètres, d'où la difficulté.

> *Astuce : Agrandir la bordure de la barre d'outils*
>
> La mince bordure de la barre d'outils peut être élargie. Dans Corel-DRAW 8, ouvrez la boîte de dialogue **Personnalisation** par la commande **Affichage/Barre d'outils**. La rubrique *Taille* comporte deux curseurs de réglage pour la taille des boutons et la taille des bordures des barres d'outils.

2. Cliquez sur la bordure de la barre, en dehors des boutons, et maintenez le bouton de la souris enfoncé.

3. Vous pouvez ainsi faire glisser la barre à sa nouvelle place. Si vous relâchez le bouton alors que la barre d'outils est au milieu de l'écran, elle devient flottante et se voit doter d'une barre de titre. Vous pourrez désormais déplacer cette barre en cliquant dans sa barre de titre.

Ancrer une barre d'outils

En principe, les barres d'outils sont ancrées le long des bordures de la fenêtre. Il est possible à tout moment de positionner une barre le long d'une autre bordure.

Si la barre de titre de la barre d'outils est visible, il suffit de double-cliquer dessus : la barre d'outils vient automatiquement s'ancrer le long de la fenêtre.

Vous pouvez également saisir la barre d'outils par sa barre de titre et la faire glisser vers la bordure choisie de la fenêtre. N'hésitez pas à positionner le rectangle matérialisant la barre à cheval sur la bordure, vous constaterez qu'elle vient s'ancrer d'elle-même le long de la fenêtre lorsque vous relâchez le bouton de la souris.

Créer une nouvelle barre d'outils

Les barres d'outils présentent l'avantage de pouvoir être modifiées (section suivante). Vous pouvez même créer votre propre barre ce qui vous permet d'adapter parfaitement les outils à vos besoins. Ainsi, votre barre ne comportera plus de boutons inutiles puisque vous ne mettez en place que ceux dont vous avez réellement besoin.

1. Appelez la commande **Affichage/Barres d'outils** pour ouvrir la boîte de dialogue **Options** et son onglet **Personnalisation**. Sous Corel-DRAW 6 et 7, cette commande ouvre la boîte de dialogue **Barres d'outils**.

2. Vous accéderez ainsi à la liste de toutes les barres d'outils disponibles. Pour créer une nouvelle barre, cliquez sur le bouton **Nouveau**.

3. Une nouvelle barre d'outils, appelée *Barre d'outils 1*, s'affiche immédiatement dans la liste des barres. Tapez un nom pour la nouvelle barre d'outils : il remplace automatiquement le nom par défaut. Si le nom n'est pas en édition, sachez que vous pourrez renommer à tout moment une barre en cliquant avec le bouton droit de la souris sur son nom et en appelant la commande **Renommer** dans le menu contextuel (Voir Fig. 10.4).

4. Vous pouvez également constater la présence d'une mini-barre d'outils (si vous ne la voyez pas, elle est certainement cachée derrière la boîte de dialogue).

5. Dans le volet de gauche de la boîte de dialogue **Options**, cliquez sur le signe + placé en regard de l'entrée *Personnalisation*, puis, dans la liste ainsi déroulée, sur l'entrée *Barres d'outils*.

6. Dans le volet de gauche, la liste de tous les menus s'affiche. Un double clic sur l'un des menus en affiche les commandes. Vous y trouverez l'ensemble des commandes de CorelDRAW, mais sous forme de boutons.

7. Dans un sous-menu, vous verrez apparaître à droite les boutons correspondants. Lorsque vous ne savez pas à quoi correspond un bouton, cliquez dessus et sa description s'affiche dans le bas de la boîte de dialogue.

8. Pour insérer l'un de ces boutons dans votre propre barre d'outils, cliquez dessus et, tout en maintenant le bouton de la souris enfoncé, faites-le glisser dans la mini-barre.

9. Lorsque vous relâchez le bouton de la souris, le bouton est en place. Vous pouvez alors personnaliser votre barre d'outils comme bon vous semble (Voir Fig. 10.5).

10. Lorsque tous les boutons sont en place, validez l'opération en cliquant sur le bouton OK de la boîte de dialogue.

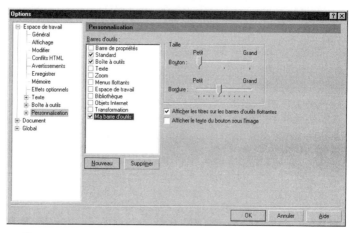

▲ Fig. 10.4 : La nouvelle barre d'outils a été renommée

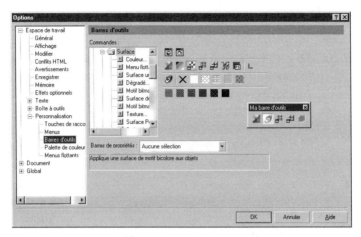

▲ *Fig. 10.5 : Les boutons de Ma barre d'outils*

Modifier une barre d'outils

De temps en temps, vous serez amené à ajouter ou à supprimer des boutons dans les barres d'outils. La marche à suivre est la suivante.

1. Appelez la commande **Affichage/Barres d'outils**.

2. Si la barre à modifier n'est pas affichée, cochez sa case dans la liste des barres d'outils. Pour pouvoir la modifier, vous devez l'avoir sous les yeux.

3. Pour pouvoir ajouter ou retirer des boutons dans les barres d'outils, cliquez sur le signe + placé en regard de l'entrée *Personnalisation*, puis, dans la liste ainsi déroulée, sur l'entrée *Barres d'outils*.

4. Il vous est alors possible d'éditer les boutons. Pour retirer un bouton d'une barre, saisissez-le avec la souris et faites-le glisser en dehors de la barre d'outils. Le pointeur de la souris est accompagné d'un gros X noir.

5. Lorsque vous relâchez le bouton de la souris, le bouton a disparu.

6. Pour ajouter un bouton, sélectionnez la fonction correspondante dans le volet de gauche de la boîte de dialogue **Personnalisation** et faites

glisser le bouton dans la barre d'outils, comme vous l'avez fait précédemment, lors de la création de la barre.

7. Il est possible de structurer les barres d'outils en séparant les groupes de boutons à l'aide de barres de séparation verticales. Pour insérer un de ces séparateurs, cliquez sur le bouton devant lequel la barre verticale doit prendre place, maintenez le bouton gauche de la souris enfoncé et déplacez légèrement le bouton vers la droite. Vous verrez apparaître brièvement une grosse flèche noire. Lorsque vous relâchez le bouton de la souris, le séparateur est en place.

8. Pour déplacer les boutons dans la barre, recourez à cette même technique : il suffit de saisir le bouton avec la souris et de le faire glisser à la position requise. Une barre verticale matérialise l'emplacement où le bouton prend place lorsque vous relâchez le bouton de la souris.

Astuce : Ne surchargez pas vos barres d'outils

Il est préférable de ne pas surcharger les barres d'outils. Il vaut mieux créer deux ou trois barres de taille normale, plutôt qu'une barre énorme contenant une multitude de boutons. Si cette énorme barre est ancrée le long de la fenêtre, certaines des fonctions ne figurent pas à l'écran et resteront indisponibles.

Une barre d'outils pour tous

Fichier et mise en page

Fichier/Nouveau document : Crée un nouveau document sur la base du gabarit par défaut, Coreldrw.cdt.

Fichier/Ouvrir : Ouvre la boîte de dialogue **Ouverture de dessin**, pour charger un dessin existant.

Fichier/Enregistrer : Si vous venez de créer un nouveau dessin et qu'il s'agit du premier enregistrement, cette commande appelle la boîte de dialogue **Enregistrement de dessin**. Dans le cas contraire, si le dessin a déjà été enregistré, CorelDRAW sauvegarde les modifications que vous venez d'y apporter.

Fichier/Importer : Ouvre la boîte de dialogue **Importation**, par laquelle vous insérerez des cliparts, des photos ou des images bitmap dans le dessin.

Fichier/Imprimer : Ouvre la boîte de dialogue **Impression**.

Grille et repères magnétiques/Configurer les repères : Les repères peuvent être sortis des règles et placés manuellement, à l'aide de la souris, dans l'espace de travail. Mais pour un positionnement précis, le passage par la boîte de dialogue est indispensable. Ce bouton ouvre l'onglet **Grille et repères** de la boîte de dialogue **Options**.

Grille et repères magnétiques/Repères magnétiques : Cette fonction a pour effet de magnétiser les repères. Ainsi, les objets seront attirés par les repères et viendront s'aligner parfaitement. Dans certains cas, le magnétisme est gênant car il vous empêche de placer l'objet exactement où vous le souhaitez. Dans ce cas, ce bouton sera bien pratique : il vous permettra de désactiver momentanément le magnétisme des repères.

Gestion de styles, plans et objets/Gestionnaire d'objets : Les plans sont très importants dans CorelDRAW. Ce bouton vous permettra d'accéder rapidement au Gestionnaire d'objets.

Gestion de styles, plans et objets/Styles : Le formatage des objets par application des styles est une technique particulièrement efficace.

Modifications et transformations

Commandes d'édition/Répéter : Cette fonction permet de répéter sur un autre objet la dernière action exécutée, sans avoir à déclencher à nouveau la fonction par les menus.

Commandes d'édition/Couper : Cette commande supprime la sélection et en place une copie dans le Presse-papiers de Windows. Vous pourrez ensuite coller le contenu du Presse-papiers à un autre endroit, dans un autre fichier ou dans une autre application.

Commandes d'édition/Copier : Cette commande place une copie de la sélection dans le Presse-papiers de Windows. Vous pourrez ensuite coller le contenu du Presse-papiers à un autre endroit, dans un autre fichier ou dans une autre application.

Commandes d'édition/Coller : Cette commande permet d'insérer le contenu du Presse-papiers de Windows.

Commandes d'édition/Dupliquer : Cette commande crée un duplicata de la sélection. Ce duplicata est placé sur la sélection, avec un léger décalage. Sous l'onglet **Modifier** de la boîte de dialogue **Options** dans CorelDRAW 8 ou l'onglet **Générales** dans CorelDRAW 6 et 7, vous pourrez définir ce décalage.

Commandes d'édition/Copier les paramètres : Le chemin permettant d'arriver à un objet joliment agencé est souvent long et fastidieux. Si vous créez un nouvel objet et souhaitez lui appliquer les mêmes propriétés qu'un objet déjà formaté (attributs de contour ou de surface par exemple), vous ferez appel à cette fonction. Sélectionnez le nouvel objet, cliquez sur ce bouton, puis sur l'objet devant servir de modèle.

Visualisation et affichage

Zoom et panoramique/Panoramique ou **Panoramique 1X** : Il est fréquent que certaines parties du dessin ne soient pas affichées parce que le facteur de zoom est trop grand. Au lieu de modifier ce facteur pour accéder aux parties masquées, il est souvent plus simple de déplacer la portion affichée du dessin. Cette opération est réalisable à l'aide des barres de défilement, mais ces barres sont peu pratiques. Avec la fonction **Panoramique**, ce déplacement est un jeu d'enfant. La fonction **Panoramique 1X** a pour effet de revenir à la vue précédente après une exécution du panoramique.

Zoom et panoramique/Zoom avant : Vous le savez : pour un travail précis, il faut toujours agrandir l'objet au maximum. Cette fonction permet d'agrandir une zone du dessin en cliquant dessus.

Zoom et panoramique/Zoom arrière : Pour revenir à un affichage plus général, après un fort grossissement, utilisez cette fonction. Elle permet de réduire l'affichage pas à pas.

Zoom et panoramique/Zoom sur la sélection : Cette fonction est extrêmement intéressante. Si vous avez sélectionné un ou plusieurs objets, elle vous permet d'agrandir l'affichage au maximum, pour ne visualiser que la sélection.

Zoom et panoramique/Zoom sur tous les objets : Cette fonction permet une vue d'ensemble de votre dessin. Elle optimise l'affichage de manière à présenter à l'écran l'ensemble des objets. Les objets qui se trouvent en dehors de la page de dessin sont également concernés.

Zoom et panoramique/Zoom sur la page : Cette fonction optimise l'affichage de la page complète.

Espace de travail/Repères : Cette fonction permet d'afficher ou de masquer les repères.

Menus flottants/Position, Rotation, Échelle et effet miroir, Taille : Il s'agit de quatre menus flottants que vous pouvez afficher et masquer rapidement grâce à ces boutons.

Ordre

Ordre/Devant, Derrière : Ces deux boutons permettront de modifier rapidement la disposition des objets et leur ordre de superposition. Cette solution est beaucoup plus rapide que le passage par les menus. Elle a également l'avantage de permettre une disposition précise "devant" ou "derrière" un objet donné.

Texte

Mise en forme du texte/Formater le texte : Rares sont les dessins dans lesquels n'apparaissent pas quelques objets de texte. Grâce à ce bouton, vous pourrez ouvrir rapidement la boîte de dialogue de formatage des textes, celle proposant les divers attributs de police.

Outils Texte/Afficher les contrôles cachés : Lors de la mise en forme de textes courants, l'affichage des contrôles non imprimables est important, il permet de voir de quelle manière le texte a été créé. Ces caractères cachés ou non imprimables, par exemple les marques de paragraphe, les tabulations, les sauts de lignes, sont affichés ou masqués par un clic sur ce bouton.

10.3 L'organisation des menus flottants

Les menus flottants sont ces petites fenêtres qu'il est possible d'afficher ou de réduire. Ils présentent donc l'avantage de ne pas encombrer l'écran en permanence comme le font les boîtes de dialogue. Ces menus donnent accès à des fonctions importantes, directement applicables aux objets sélectionnés. Certains de ces menus regroupent plusieurs fonctions, sachant que vous avez la possibilité de modifier ces regroupements et de les adapter à vos besoins.

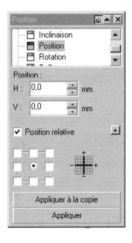

◄ *Fig. 10.6 :*
Le menu flottant Position,
un exemple parmi
d'autres

Mode d'emploi

Les menus flottants permettent d'exécuter des fonctions courantes, certaines de ces fonctions sont même uniquement disponibles sous forme de menu flottant (par exemple l'édition des points nodaux). Pour travailler efficacement avec ces menus, il faut maîtriser leur utilisation. Le tableau suivant répertorie les fonctions offertes par ces menus flottants.

Tab. 10.2 : Utilisation des menus flottants	
Action	**Description**
Ouvrir le menu flottant	Il existe plusieurs solutions pour ouvrir les menus flottants. L'une de ces solutions consiste à faire appel aux boutons de la boîte à outils. Vous y trouverez par exemple des boutons affichant le menu flottant **Plume** ou encore **Surface spéciale**. Le menu flottant **Édition de point nodal**, en revanche, s'ouvre par un double clic sur l'outil **Forme**. D'autres menus flottants sont affichés par des commandes de menus. CorelDRAW 6 et 7 : La commande **Affichage/Barres d'outils** propose une vue d'ensemble des menus flottants et affiche la liste de toutes les barres d'outils disponibles, parmi lesquelles une barre d'outils *Menus flottants*. Cette barre permet un accès rapide à tous les menus flottants. CorelDRAW 8 : Cette version dispose d'une commande **Menus flottants** dans le menu **Affichage**. Le sous-menu présente la grande majorité des menus flottants. CorelDRAW 8 dispose également d'une barre d'outils *Menus flottants*.
Dérouler ou enrouler le menu flottant	Cliquez sur la flèche dans l'angle supérieur droit du menu flottant ou double-cliquez sur sa barre de titre.
Fermer le menu flottant	Cliquez sur la case de fermeture, celle dotée d'une croix, à droite de la barre de titre.
Fermer tous les menus flottants	Cliquez sur la barre de titre d'un menu flottant ouvert à l'aide du bouton droit de la souris, puis cliquez sur **Tout fermer**, dans le menu contextuel
Déplacer un menu flottant	Cliquez sur la barre de titre, puis, tout en maintenant le bouton gauche de la souris enfoncé, faites glisser le menu à l'emplacement souhaité.
Réorganiser/Tout réorganiser	Cliquez sur la barre de titre d'un menu flottant ouvert avec le bouton droit de la souris, puis cliquez sur **Réorganiser** pour le placer dans l'angle supérieur gauche ou droit de l'espace de travail.

Tab. 10.2 : Utilisation des menus flottants	
Action	**Description**
Réorganiser/Tout réorganiser (Suite)	Pour réorganiser l'ensemble des menus flottants affichés, cliquez à l'aide du bouton droit de la souris sur la barre de titre de l'un de ces menus, puis appelez la commande **Tout réorganiser** pour réduire tous les menus flottants ouverts et les placer dans les angles supérieurs de l'espace de travail.

Créer un regroupement personnalisé de menus flottants

La plupart des menus flottants sont déjà regroupés, mais il est très facile de modifier cette organisation et de créer vos propres groupes de menus flottants.

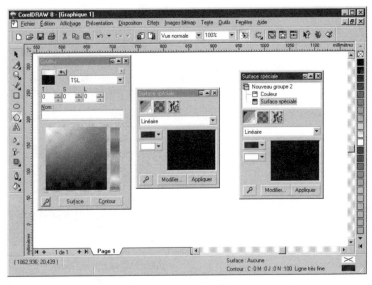

▲ *Fig. 10.7 : Deux menus flottants, avant et après regroupement*

1. Ouvrez les menus flottants à grouper. Il peut par exemple s'agir des menus **Couleurs** et **Surface spéciale**, dont le groupement est intéressant.

2. Pour les ouvrir, ouvrez le menu contextuel de l'outil **Surface**, dans la boîte à outils, et cliquez sur les deux derniers boutons.

3. Appuyez sur la touche **Alt** et maintenez-la enfoncée.

4. Cliquez sur la barre de titre de l'un des menus, maintenez le bouton gauche de la souris enfoncé et faites glisser le menu sur l'autre.

5. Lorsque vous relâchez le bouton de la souris, les deux menus sont groupés.

Cette technique permet de regrouper tout à fait librement les menus et de gagner de la place à l'écran.

Séparer les menus flottants d'un groupe

La même technique vous permettra également de scinder un groupe et de retrouver les menus individuels.

1. Appuyez sur la touche **Alt** et maintenez-la enfoncée.

2. La petite fenêtre située en haut du groupe des menus flottants comporte les noms de ces derniers ; vous pouvez ainsi les activer individuellement. Cliquez sur le nom du menu que vous souhaitez sortir du groupe, maintenez le bouton gauche de la souris enfoncé et faites glisser le menu dans l'espace de travail.

3. Relâchez le bouton de la souris : le menu est à nouveau isolé.

Organiser les menus flottants par la boîte de dialogue Options

Si ces techniques ne vous conviennent pas, vous pouvez également réaliser ces opérations par la boîte de dialogue **Options**.

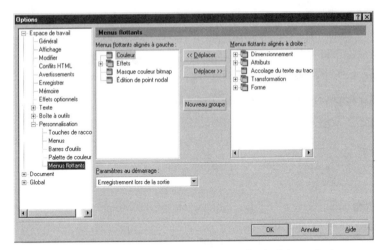

▲ Fig. 10.8 : Organiser les menus flottants par la boîte de dialogue Options

Dans CorelDRAW 6 et 7

1. Dans ces versions, appelez la commande **Outils/Personnaliser**, puis cliquez sur l'onglet **Menus flottants**.

Dans CorelDRAW 8

1. Dans CorelDRAW 8, activez la commande **Outils/Options**, puis double-cliquez sur l'entrée *Personnalisation*, dans le volet de gauche. Cliquez ensuite sur *Menus flottants*.

2. Cet onglet présente deux fenêtres séparées. Celle de gauche contient les menus flottants alignés du côté gauche de l'espace de travail, celle de droite montre les menus flottants alignés à droite de l'espace de travail. Cette organisation intervient lorsque vous activez la commande **Réorganiser** ou **Réorganiser tout**, dans le menu contextuel d'un menu flottant (voir précédemment le tableau des actions applicables aux menus flottants).

3. Les groupes de menus flottants sont identifiés par le signe +. Si vous double-cliquez sur ce signe, la liste des menus flottants formant le groupe s'affiche.

4. Pour insérer un menu individuel dans un groupe, sélectionnez son nom, cliquez ensuite dans la fenêtre opposée sur le nom d'un groupe ou d'un autre menu individuel, puis activez le bouton **Déplacer**.

5. Dans la zone de liste *Paramètres au démarrage*, trois options sont proposées.

Tab. 10.3 : Les paramètres au démarrage de CorelDRAW	
Option	**Description**
Aucun menu flottant	Au démarrage de CorelDRAW, tous les menus flottants sont fermés, aucun d'eux n'est affiché.
Tous les menus flottants disposés	Au démarrage de CorelDRAW, tous les menus flottants sont affichés.
Enregistrement lors de la sortie	Au démarrage de CorelDRAW, le programme restaure la situation active au moment du dernier abandon du programme.

10.4 Personnalisation des menus

CorelDRAW permet même de personnaliser et d'adapter les menus. Chaque commande, chaque fonction peut être insérée dans le menu principal. Et ce n'est pas tout : vous avez même la possibilité de personnaliser les menus contextuels, ceux qui apparaissent lorsque vous cliquez à l'aide du bouton droit de la souris sur un objet ou un contrôle de l'écran. La procédure de modification des menus ou des menus contextuels étant identique, nous nous limiterons dans l'exemple suivant à une adaptation du menu principal.

Ajouter de nouvelles commandes

Dans CorelDRAW 6 et 7

Dans ces versions, appelez la commande **Outils/Personnaliser**, puis cliquez sur l'onglet **Menu**.

Dans CorelDRAW 8

1. Dans CorelDRAW 8, activez la commande **Outils/Options**, puis double-cliquez sur l'entrée *Personnalisation*, dans le volet de gauche. Cliquez ensuite sur *Menus*.

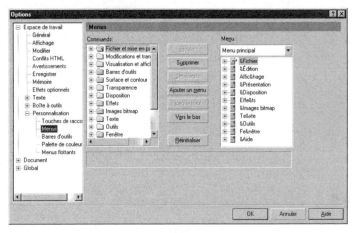

▲ *Fig. 10.9 : Créer et personnaliser les menus*

2. Là encore, l'onglet propose deux fenêtres. Celle de gauche répertorie toutes les commandes disponibles dans CorelDRAW, sous forme d'une arborescence comportant dossiers et sous-dossiers. Celle de droite présente la configuration actuelle des menus.

3. Dans la fenêtre de gauche, localisez la commande à ajouter aux menus et sélectionnez-la. Les commandes sont matérialisées par de petits boutons gris portant un point d'exclamation. Sélectionnez par

exemple la commande **&Tout enregistrer**, nous allons l'ajouter au menu **Fichier** de CorelDRAW.

4. Sélectionnez dans la fenêtre de droite le menu à modifier en utilisant pour cela la zone de liste *Menu*. Dans notre exemple, il s'agit du menu principal.

5. Sous la zone de liste sont présentées toutes les commandes actuelles du menu sélectionné. Un double clic sur le menu **Fichier** en affiche le contenu.

6. Nous souhaitons placer la nouvelle commande sous la commande **En&registrer sous**. Sélectionnez cette commande d'un clic de souris.

7. Cliquez sur le bouton **Ajouter**. C'est fait !

8. Pour finir, validez l'opération en cliquant sur le bouton OK de la boîte de dialogue. Votre menu **Fichier** dispose dorénavant d'une nouvelle commande.

Déplacer des commandes de menu

1. Si vous souhaitez déplacer une commande de menu, rappelez la boîte de dialogue et l'onglet **Menus**. Localisez dans la fenêtre de droite la commande à déplacer et sélectionnez-la d'un clic.

2. Utilisez ensuite les boutons **Vers le haut** et **Vers le bas** (dans la version 6 et 7, ces boutons s'appellent **Monter** et **Descendre**) pour la déplacer dans la direction requise.

Supprimer des commandes de menus ou des traits de séparation

Vous avez certainement noté, dans l'onglet **Menus** de la boîte de dialogue **Options**, l'absence du bouton **Supprimer**. Il n'existe pas ! Et pourtant, il est très simple de supprimer une commande de menu. Cliquez avec le bouton droit de la souris sur la commande en question et appelez la commande **Supprimer** dans le menu contextuel. C'est terminé !

Insérer des traits de séparation

Dans le souci d'une bonne organisation des commandes des menus, celles-ci sont souvent regroupées par thème et séparées des autres commandes du même menu par des traits de séparation horizontaux. Voici comment mettre en place ces séparateurs.

1. Sélectionnez dans la fenêtre de droite de la boîte de dialogue la commande sous laquelle vous souhaitez positionner le séparateur.

2. Cliquez sur le bouton **Séparateur**.

Redéfinir les touches d'accès rapide

Avez-vous remarqué que devant certains caractères des commandes de menu apparaît le signe "&" ?

Ce signe détermine le caractère qui servira de touche d'accès rapide à la commande en cas d'activation par le clavier. Ces touches d'accès rapides sont personnalisables.

1. Cliquez avec le bouton droit de la souris sur la commande que vous souhaitez modifier.

2. Dans le menu contextuel, appelez la commande **Renommer**.

3. Le nom de la commande passe en édition et vous pouvez modifier le nom.

4. Déplacez la barre d'insertion jusque devant le caractère "&" et supprimez-le par la touche **Suppr**.

5. Si vous souhaitez définir une autre touche d'accès rapide, insérez le caractère "&" devant le caractère de votre choix. Cliquez sur le bouton OK pour valider et fermer la boîte de dialogue.

Vous pouvez désormais lancer la commande en appuyant sur la touche **Alt** et le caractère choisi.

Insérer un nouveau menu

Pour l'instant, nous nous sommes contentés de modifier les menus existants et leurs commandes. Mais qu'en est-il de la création d'un menu personnel ?

La création d'un nouveau menu principal ne pose aucun problème.

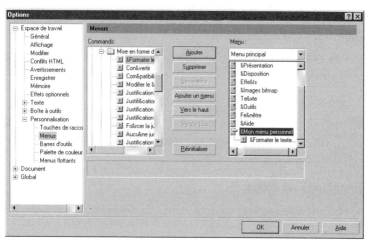

▲ *Fig. 10.10 : Création d'un menu personnalisé*

1. Dans la fenêtre de droite de la boîte de dialogue, les menus sont représentés par un petit carré gris, les commandes de menus par un petit carré gris doté d'un point d'exclamation. Pour ajouter un nouveau menu à la barre des menus, affichez uniquement les menus. Si l'un des menus est déroulé et présente la liste de ses commandes, double-cliquez sur son nom pour refermer la liste des commandes.

2. Sélectionnez ensuite l'un des menus principaux d'un clic de souris. C'est sous ce menu que viendra prendre place le nouveau menu que nous allons créer. La position n'a que peu d'importance, vous aurez l'occasion de le déplacer ultérieurement si sa position ne vous convient pas.

3. Cliquez sur le bouton **Ajouter un menu**. Le nouveau menu est mis en place, vous pouvez immédiatement le renommer pour lui donner un nom plus significatif. En ce qui nous concerne, nous l'avons appelé *&Mon menu personnel.*

4. Pour permettre l'ouverture de ce menu par le clavier, n'oubliez pas de lui affecter une touche d'accès rapide. Attention à ne pas choisir par mégarde une touche déjà attribuée à un autre menu.

Modifier l'ordre des menus

L'ordre des menus peut être modifié de la même façon que l'ordre des commandes.

1. Sélectionnez le menu à déplacer.

2. Utilisez les boutons **Vers le haut** et **Vers le bas** (dans la version 6 et 7, ces boutons s'appellent **Monter** et **Descendre**) pour déplacer le menu dans la direction requise.

Renommer un menu

1. Cliquez avec le bouton droit de la souris sur le menu dont vous souhaitez modifier le nom.

2. Dans le menu contextuel, appelez la commande **Renommer**.

3. Le nom du menu passe en édition : vous pouvez le modifier comme un texte ordinaire.

Affecter des commandes à un menu

La procédure est la même que pour les menus par défaut de CorelDRAW.

1. Dans la fenêtre de gauche, localisez la commande à ajouter aux menus et sélectionnez-la d'un clic de souris.

2. Sélectionnez dans la fenêtre de droite votre menu personnel et double-cliquez dessus pour le dérouler.

3. Cliquez sur le bouton **Ajouter**. C'est fait !

10.5 Pour les champions du clavier : les raccourcis clavier

Les raccourcis clavier sont une invention extrêmement pratique qui permet d'activer une fonction autrement que par la souris, les boutons des barres d'outils ou les menus. Un raccourci clavier est une combinaison de touches permettant d'exécuter directement une fonction donnée. C'est par exemple le cas de **Ctrl+S** pour la commande **Fichier/Enregistrer** ou encore **Ctrl+I** pour ouvrir la boîte de dialogue **Importation**. Dans ce cadre, CorelDRAW permet de personnaliser les raccourcis clavier.

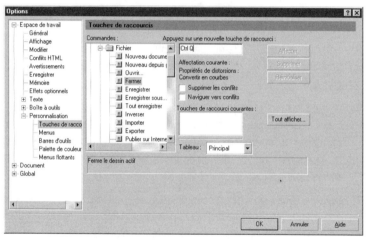

▲ *Fig. 10.11 : Les raccourcis clavier dans la boîte de dialogue Options*

Définir des raccourcis clavier personnalisés

Dans CorelDRAW 6 et 7

1. Dans ces versions, appelez la commande **Outils/Personnaliser**, puis cliquez sur l'onglet **Clavier**.

Dans CorelDRAW 8

1. Dans CorelDRAW 8, sélectionnez la commande **Outils/Options**, puis double-cliquez sur l'entrée *Personnalisation*, dans le volet de gauche. Cliquez ensuite sur *Touches de raccourcis*.

2. À gauche, l'arborescence de toutes les commandes disponibles s'affiche. Ouvrez par exemple le dossier *Fichier et mise en page*.

3. Dans la liste des sous-dossiers, cliquez sur le dossier *Fichier* pour accéder aux commandes.

4. Sélectionnez l'une de ces commandes d'un clic de souris. Choisissez par exemple la commande **Fermer**, qui ne dispose pas en standard d'un raccourci clavier.

5. Lorsque la commande est sélectionnée, cliquez dans le champ *Appuyez sur une nouvelle touche de raccourci*. La barre d'insertion y clignote.

6. Activez le raccourci clavier que vous souhaitez affecter à cette commande. Utilisez pour cela la touche **Ctrl**, **Maj** ou **Alt**, complétée par un caractère ou un chiffre. À la fin de cette section, vous trouverez un tableau des touches utilisables pour cela. Pour cet exemple, nous avons opté pour le raccourci **Ctrl+Q**.

7. Si vous avez choisi un raccourci qui n'est pas encore affecté à une commande, il vous reste à cliquer sur le bouton OK. Si votre raccourci est déjà en place pour une autre commande, une étape supplémentaire vous attend. CorelDRAW affichera alors le nom de la commande concernée sous le champ *Appuyez sur une nouvelle touche de raccourci*.

8. Dans CorelDRAW 6 et 7, pour résoudre le conflit, activez la case à cocher *Aller au conflit d'affectation*, puis cliquez sur le bouton **Affecter**. La sélection saute directement à la commande en conflit, à laquelle vous pourrez éventuellement affecter un nouveau raccourci clavier.

Dans CorelDRAW 8, il suffit d'activer la case à cocher *Résoudre les conflits*. CorelDRAW affecte le raccourci à la commande que vous êtes en train de manipuler et le retire de la commande qui en disposait précédemment. Cliquez sur le bouton **Affecter**. Le problème est réglé !

Astuce : Appeler les raccourcis clavier par les tableaux

Il existe dans CorelDRAW des tableaux, que vous pouvez sélectionner par la zone de liste du même nom, dans cette boîte de dialogue. Chaque tableau contient une série de raccourcis clavier spécifiques.

Supprimer un raccourci clavier

Pour supprimer un raccourci clavier, sélectionnez dans la liste de gauche la commande concernée et appuyez sur la touche **Retour arrière**. Attention : n'utilisez pas la touche **Suppr**.

Restaurer les paramètres originaux

Si les nouvelles affectations de raccourcis clavier ne vous satisfont pas, vous pouvez à tout moment restaurer les affectations par défaut de CorelDRAW. Il suffit pour cela de cliquer sur le bouton **Réinitialiser** de la boîte de dialogue.

Imprimer les raccourcis clavier

Pour obtenir une vue d'ensemble de tous les raccourcis clavier, sachez que CorelDRAW permet de les imprimer sous forme d'une liste.

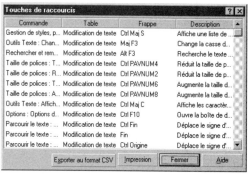

◄ *Fig. 10.12 : Tous les raccourcis clavier, prêts à l'impression*

Dans CorelDRAW 6 et 7

1. Dans ces versions, appelez la commande **Outils/Personnaliser**, puis activez l'onglet **Clavier**. Sélectionnez le bouton **Imprimer** pour ouvrir la boîte de dialogue **Raccourcis clavier**. Il ne vous reste plus qu'à cliquer sur le bouton **Imprimer** pour lancer l'impression.

Dans CorelDRAW 8

1. Dans CorelDRAW 8, activez la commande **Outils/Options**, puis double-cliquez sur l'entrée *Personnalisation*, dans le volet de gauche. Cliquez ensuite sur *Touches de raccourcis*. Vous y trouverez un bouton **Tout afficher** donnant accès à la boîte de dialogue **Touches de raccourcis**. Un clic sur **Impression** lance l'impression.

Les touches utilisables pour les raccourcis

Le tableau suivant répertorie toutes les touches utilisables pour les raccourcis clavier.

Tab. 10.4 : Les touches utilisables dans les raccourcis	
Touche	**Apparaît sous la forme**
Touche de contrôle	Ctrl
Touche alternative	Alt
Touche de commutation	Maj
Touches de chiffres	de 1 à 0
Touches de caractères	de A à Z
Touches de caractères spéciaux	par exemple + ou #

Quelles combinaisons ?

Tab. 10.5 : Les combinaisons possibles
Combinaisons de touches
Ctrl + chiffre
Ctrl + caractère
Ctrl + caractère spécial
Ctrl + **Alt** + chiffre
Ctrl + **Alt** + caractère
Ctrl + **Alt** + caractère spécial
Alt + chiffre
Alt + caractère
Alt + caractère spécial
Maj + chiffre
Maj + caractère
Maj + caractère spécial

11. Les formats DIN

DIN	mm	DIN	mm	DIN	mm
A0	841 x 1189	B0	1000 x 1414	C0	917 x 1297
A1	594 x 841	B1	707 x 1000	C1	648 x 917
A2	420 x 594	B2	500 x 707	C2	458 x 648
A3	297 x 420	B3	353 x 500	C3	324 x 458
A4	210 x 297	B4	250 x 353	C4	229 x 324
A5	148 x 210	B5	176 x 250	C5	162 x 229
A6	105 x 148	B6	125 x 176	C6	114 x 162
A7	74 x 105	B7	88 x 125	C7	81 x 114
A8	52 x 74	B8	62 x 88	C8	57 x 81
A9	37 x 52	B9	44 x 62	-	-
A10	26 x 37	B10	31 x 44	-	-

12. Les meilleures astuces de CorelDRAW

INDEX

A

B

C

D

E

F

G

H

I

J-L

CHAPITRE 13

M

O

P

R

S

T

U

V

W

Z

Aubin Imprimeur

LIGUGÉ, POITIERS

Achevé d'imprimer en avril 1998
N° d'impression L 55590
Dépôt légal avril 1998
Imprimé en France